命理學教材

第一級

心一堂當代術數文庫 星命類

書名：命理學教材 第一級
系列：心一堂當代術數文庫・星命類
作者：段子昱
編輯：陳劍聰

出版：心一堂有限公司
地址/門市：香港九龍旺角西洋菜南街5號好望角大廈10樓1003室
電話號碼：(852)6715-0840
網址：publish.sunyata.cc
電郵：sunyatabook@gmail.com
網上書店http://book.sunyata.cc
網上論壇http://bbs.sunyata.cc/

版次：二零一六年十月初版
平裝

定價：港幣　二百九十八元正
　新台幣　一千二百八十元正

國際書號　978-988-8317-34-9

香港及海外發行：香港聯合書刊物流有限公司
香港新界大埔汀麗路36號中華商務印刷大廈3樓
電話號碼：(852)2150-2100
傳真號碼：(852)2407-3062
電郵：info@suplogistics.com.hk

台灣發行：秀威資訊科技股份有限公司
地址：台灣台北市內湖區瑞光路七十六巷六十五號一樓
電話號碼：(886)2796-3638
傳真號碼：(886)2796-1377
網絡書店：www.govbooks.com.tw

中國大陸發行 零售：心一堂書店
深圳地址：中國深圳羅湖立新路六號東門博雅負一層零零八號
電話號碼：(86)0755-82224934
北京地址：中國北京東城區雍和宮大街四十號
心一堂官方淘寶：sunyatacc.taobao.com/

十神 格局

命理學教材

第一級

五行 十干

詩訣傳抄——

格物至言

欄綱網全集（清・甄松年）

目錄

命理學教材　第一級

前言

本書致力於在現當代的語言環境中，以較為「文質」的語言來挖掘、整理八字命理的根本性原理、法則。書中所有原理、法則都是我經過實踐證明有用、可用的——這些都是先賢發明、今人應該繼承的命學法則。

命理學是如此的偉大，如此的公正不私——一個人如果認為它沒有價值，要麼是他暫時沒有生活閱歷、要麼是他沒有讀到一本好的命理學書籍。古人的著述，有時因印刷、紙張的成本問題，大多隱去顯而易見的前提，而多論述根本的原理，使我們今日經受了新文化洗禮的普通人在讀古籍之時一頭霧水——只知有此一說，不知如何操作……古代的平民百姓一般也都在日常生活、民俗約定中瞭解一些五行的生剋原理，那時候，他們的思考方式並不是什麼唯物、唯心……而是當時背景中的陰陽、五行、倫理等……古籍中多講心得、少提程式，我們今日一般讀者讀古籍能瞭解其中原理，卻不易下手操作。我則在此以淺薄的能力、拙劣的語言，盡我所能地整理、表達、轉述之。

本書的一大努力即是擺脫玄而又玄的說理，儘量將命理映射於實際人生。整本書通讀下，來即使不會算命也可破除不必要的「迷信」了。

本書大體以推衍、轉述的方式呈現命理，間有獨特的思路對命理知識加以提煉、總結。如果你覺得對你有用那是因為命理學本身就是這麼地吸引人，而我這本書僅僅是一個粗略的展示而已。

本書定位於從初學到中級的水準，旨在幫助初學者瞭解一些命理學所需的基本概念和推算的基本的法則。至於流年吉凶、窮通夭壽，在沒有弄懂原理之前那都是妄談。故此關於流年部分放在較高一級的教材中。

作為一本教材，在我動筆之前就在想如何給它定位——僅僅是將命理以一種技術來講解，抑或是在「文化」的層次呈演，抑或是搞一本宣傳個人的印刷品？……這些都是可以辦到，也都是可以兼顧的。但作為一個過來人，我深知：立場決定品質！初學者一張白紙，第一眼所見到的可以影響一生。現今很多命學作品以宣傳為主——有時候不但沒有將命理學以應有的面貌呈現於社會，反而有給命理文化抹黑的嫌疑。試想幾十年以後，我們會給如此一類作品以什麼評價？！

鑒於此，作為一本教材，我對於書中內容的編寫定位在於：

一，以一種技術來講解。

二，以一種文化來呈演。

三，書中附帶一些經實踐有用的法則、心得，可以讓讀者拿來即可用。書中涉及的轉述、複述、總結，所依據的資料也有一些應該是為公允的標準：

1，為了避嫌，不轉述大陸現當代作家的作品。而以《古今圖書集成》《四庫全書》所收藏版本，以及能夠流通百年以上的非官方收藏版本如：《攔江網窮通寶鑒》、任注《滴天髓》、《應天歌》為基礎藍本。

2，作為華人，尊重港臺人士的心得成果。

四，兼論與算命相關行業、民俗、文化等。

有關命理傳承

戰國至兩漢，以陰陽、五行、干支、易卦、五倫①為主要內容。

兩漢至唐，命理概念仍以陰陽、五行、干支、納音、神煞為核心。五倫至十神的裂變②剛剛開始。

命理學程式上的「以年為本」，開始向「以日為主」轉移。

唐

八字命理以五行、納音、陰陽、干支、沖刑、神煞為主要論述對象，八字命理開始從「以年為本」到「以日為主」的轉移。命理的論述範圍主要著眼於僧道、藝術、文化、禍福，不甚注重日常吉凶、得失。

---

①五倫即是依「寶義制伐專」而開演的五種社會倫理。剋我者官鬼（伐）——一切可以約束我的；我剋者妻財（制）——我可以約束的一切；生我者父母（義）——給我恩惠者；我生著子孫（寶）——受我恩惠者；同我者兄弟（專）——與我競爭者。

②五倫裂變為十神即是五倫分陰陽：剋我者官鬼，其中與我陰陽相同者為七殺、陰陽互補者為正官；我剋者妻財，其中陰陽相同者為偏財，陰陽互補者為正財；生我者父母，其中陰陽相同者為偏印，陰陽互補者為正印；我生者子孫，與我陰陽相同者為食神，與我陰陽互補者為傷官；競我者兄弟，與我陰陽相同者為比肩，陰陽互補者為劫財。

其間：

《李虛中命書》——精論干支沖刑匯合，對今日「批流年」仍有借鑒。

《五行要論》、《閻東叟書》①——詳論六十甲子、納音。

《玉照神應真經》②——干支、沖刑匯合、神煞、干支映象③。

《天元秀氣巫咸經》——由五行以至干支，以八字局部論人生休咎。書中對五行、十干的論述極為精當④。

以這幾本書為代表的命理學總的來說有如下特徵：

● 均有財、鬼等詞，但尚沒有以正官、七殺、正財、偏財……十神為主的經典概念。仍是限於五倫範疇，還沒有裂變至十神。基本可以肯定，這時尚沒有今日所說的格局，如正官格，七殺格等。

● 以論述陰陽、五行、干支、沖刑、納音、神煞為主，旺衰則是以十二運為主判定。這一時期的命理典籍多以「陰陽」，「五行」的專論為主要內容。

宋元之時，八字命理中十神理論日臻完善，依託於十神的「格局」、「用神」等概念及程式上的「以日為主」成為主流。

---

①《李虛中命書》、《五行要論》、《閻東叟書》這三部典籍的全本已經失傳。

②此書風水學、六壬、命理都可借鑒。此經具體的成文時代有待考證。

③所謂干支映象即时下流行所谓的「取象」。

④此書被列為唐朝作品，但最早不會早過唐末，也有人認為是明朝作品。

宋

八字命理從「年為本」移到以「日為主」。開始重視十神，開始發揮十神，開始了以十神為基礎而「論格局」①，逐漸放棄納音。以日元為主、十神、格局為核心的八字命理在稍後時代被宗稱為子平命理。

- 若沒有以日為主，則無所謂十神。十神即是以京房易「五倫」（妻財、官鬼、父母、子孫、兄弟）為邏輯基礎，分陰陽乘以二為十神：剋我者為官鬼，我剋者為妻財，生我者為父母，我生者為子孫，競我者為兄弟——此為五種人際倫常。再將這五倫分陰陽而對應十天干成十神：妻財對應正財、偏財，官鬼對應正官、七殺，父母對應正印、偏印，子孫對應食神、傷官，兄弟對應比肩、劫財。
- 前文提到的《李虛中命書》、《五行要論》、《閻東叟書》等書中所論法則、易理均可移用於日柱，只是具體法則會稍有差異。
- 宋以前的八字命理以陰陽、五行、干支、沖刑、納音、神煞為主，尚沒有徐子平其人，理所當然不是子平命理。此時諸多典籍和史料則將八字命理稱為「三命」，甚至直到明清，重用干支、沖刑的命理學界人士也更傾向於將八字命理稱為「三命」。我們今日則將這些以天干、地支論述命理的學術統稱為「祿命」。

① 在此以前「格局」一詞就已經存在了，格局有多種論法，可以不依靠十神。

期間：

《五行精紀》。此書總結南宋及以前時代的命理要義。書中仍是以陰陽、五行、干支為主，但已有了十神的論述，但此書中的十神論述和今日相去較遠，書中所言格局也不完全依於十神。依於十神的格局不到百分之十。

徐子平、西山易鑒等名人出現於《淵海子平》①，據說是宋時代人。還有諸多名士，他們的論述、命理是以十神及以十神為基礎的格局為主。眾所周知的「逢官看財」、「逢財看殺」等詞即是西山易鑒發明。

還看到如下線索：

- 兩宋時期，陰陽、五行、干支為主的命理學開始增加十神，且十神和以十神論述格局逐漸成為主流②。
- 十神、和以十神為主的格局在很多情況混雜而用③。
- 十神、格局的論述還略顯稚嫩，但此時為初創時期，其法則對今日而言是為法源、母本，不可輕視。

---

① 我們今日看到的《淵海子平》為明朝唐錦池合併《淵海》《淵源》（相傳為宋代典籍）二書而成，故《淵海子平》一書既是宋時命理的寫照，也可以論其為明朝命理。其書到底對《淵海》、《淵源》兩書有多少增減很難考證。

② 以十神為基礎的格局，最主要觀點是：成格成局即可富貴。

③ 至明代時明智之士提出「論財官不論格局，論格局不論財官」，即所謂格局定富貴之大象，十神論榮辱之細節。

元

「十神」、「格局」低調平實穩步發展。星禽、外族的占卜、命理影響中原祿命學。

期間：

《管見子平》、《星平會海》等已開始出現「江湖」「賣卜」等字眼，且十神，格局之論述開始脫離純粹論理，而越來越多地兼顧人情、實用。

● 由「江湖」、「賣卜」等詞可見：命理學大大地行業化、從精英走向民眾、從廟堂走向市井。唐宋時期，命理學仍與官學掛鉤，非是常人可以接觸。從官學到民用，免不了是「哲學」蛻變為「公式」，若不如此，老百姓也聽不懂、弄不明白，更不用說是使用了。

● 這兩部書應成於元末明初。

二書是以十神格局為基礎的子平命理深化發展的重要代表作。書中江湖心態明顯，《管見子平》作者竟說書中學理是自己夢中得自神人傳授。

這時期京房易卦、火珠林的發展為日後的子平命理髮展奠定了堅實基礎。如：《闡奧歌章》、《天玄賦》、《通玄妙論》等的六親論述、六親取用、六親的化變、複式生剋等，越來越精奧。以後時代的十神格局喜忌均可在《闡奧歌章》中找到原形。

如下圖所示：

後代十神格局常見要義	闡奧歌章
推論財富：食神制煞，無財則富	占財：空手求財需得鬼旺靜而子動。
推論事業：流年生氣逢沖主遷調	仕宦占：驛馬相扶官職遷
推論婚姻：官殺坐刑沖，夫不利	占婚姻：應動三刑刑莫問
正官格見傷，透印可以制傷官	子與剋鬼，父動無妨
官用財輔則忌比劫奪財	財動生官，不宜兄搖
用之為官不可傷，用之為財不可劫……	用神與忌神同動則剋用神
……	……

●臺灣命理大家梁湘潤認為子平命理與京房易卦脫不了關係，前者從後者借鑒法源。

●以上三部典籍，大約成於宋元，具體細節有待考證。

●這一時代畢竟受「四等」治政影響，諸多中原文化都以在民間發展為主要特徵。比如元曲，武術……命理學在民間的發展當然是很容易使算命這個行業壯大①。

明清之季文化大繁榮，學科之間大規模、深層次融合匯通。此時間，命理吸收中醫、地理、易卦、擇日等學科成果，逐漸以依託於十神的格局（易卦）、依託於四時五行的調候（中醫）、依託於刑沖會合夾拱神煞的流年法則（地理、擇日）成為命學主流。典籍方面正如其它術科一樣，出現了百科全書式的命理集成文獻，如《星平會海》②、《三命通會》……

①算命這個行業戰國時代就有，當時稱為「日者」。日者算命雖然仍是以陰陽、五行、干支為推理基礎，但與近日的命理推衍相去甚遠，前者更接近于擇吉，後者更關心富貴、日常得失。

②《星平會海》約為元明之間作品。

明

理學概念、儒家中庸思想、道家、佛教文化……等滲透於子平命理。子平命理開始了最輝煌的一個時代，主要表現為：

• 正如明清時期各個文化領域均出現總結性文獻一樣，命理學也開始出現一大批通會類文集。《三命通會》保存了干支、甲子、五行、十神、格局、神煞、納音……等等一系列有價值的文獻；《淵海》、《淵源》增減後兩書合為《淵海子平》。

• 受理學影響，命理學有重新上升為哲學的嘗試。

• 受儒家中庸思想，以及火珠林五倫複式生剋理論完善的影響，子平命理的學理要義到明末開始流行「中和」理念，諸格局中推崇「財官格」①，尤其是十神概念的日益豐滿，論命越來越接近平民、市井，傳承上開始走向以民間為主。

• 受道家等宗教文化影響，「氣」、「機」、「變」、「輪迴」等進入命理學體系，《滴天髓》原文即是一部以「玄」、「機」、「變」為主題的命理哲學著作。（今日流行的是任鐵樵注解版的《滴天髓》，原文已很難考證）。

• 宗教以為「施主」指示吉凶禍福來結緣，但算命行業有的執業人士也在商機誘惑下也同時以緣

---

① 官本位社會的必然後果。

份來增加收入。這一時代，不論是紫薇、火珠林、風水、八字都有很多關於「改運、禳凶」的命學邊際「商品」，也即是今日所說的「化解吉凶」、「改善命運」的商業活動。風水學中更有「造命」一說。

● 這個時代學術氛圍極佳，不但有跨學科的成果，也有命理學一脈相承之時內部的批判。《神峰通考》即是以批駁五星說為基由而編著。《三命通會》則直言不諱八字算不常準實屬正常，同時也指出子平命理的不足、納音的寬泛，將諸學派、學術的矛盾抵對之處盡可能保留（如『人元司令』）……

● 此一時期雖有《淵海子平》、《星平會海》、《三命通會》等經典流通，但也正是這三部經典的傳播成功的同時，命理學在相當一段長時期內忽略了一些東西——二十一世紀，社會上出現了一些命理學抄本如《欄綱網全集》、《造化玄鑰》，此類抄本記載著《淵海子平》、《星平會海》、《三命通會》所沒有仔細關注的另外一些八字命理法則，若以較為內行的話來說：《淵海子平》、《星平會海》、《三命通會》三部經典注重「十神」、「格局」，《欄綱網全集》、《造化玄鑰》注重透藏、範圍。

● ……

清

清一朝大抵是在明代成果上分門別類各有完善深化。表現為：

• 認取格局：清初仍重視人元司令，清中期乾隆以後的著作則漸漸棄人元司令定格之真假而以祿元互換、天透地藏、十神喜忌配合為準憑。

• 格局專論如《子平真詮》，從中可以看到子平格局運用到如做練習題一般容易簡練①。

• 干支、四時、五行等專論②如《欄綱網全集》、《造化玄鑰》挖掘干支月令之「五行性」法則，在一定程度上有效彌補了『十神格局』的局限③。

---

①《子平真詮》並非八字命理的全部要義，而只是對多格透藏、取用的一次巔峰總結。若以人生的「吉」、「凶」、「成」、「敗」、「利」、「咎」為命理學研究的方向，則《子平真詮》主要是在「成」「敗」兩方面成就極高。若要論到「吉凶利咎」則要靠干支、五行、透藏、方局這些。讀者不可將自己的眼光局限於一部分領域，不可誤以為《子平真詮》是對命理學的全部詮釋。

②元明命理學的主要經典如《淵海子平》、《星平會海》、《三命通會》，都十分重視十神、格局，而對於十干、五行的基層運算法則並不如對財官、格局一樣重視（直接後果就是批流年準確率極低），最明顯的一個證據就是這三部書都幾乎不重視《五行大義》（當然了，元明兩朝極少有人看過此書，據說《五行大義》於元明兩朝幾乎失傳，清朝時從日本回流中國）。正是這些原因導致了直至今日，命理學的主流話語權仍是在「十神財官派」口中，而「五行十干派」多少顯得有點曲高和寡。讀者應該將兩者融會貫通較好，後文有關於此的鬆散敘述。

③如發現五陰干財官格均不如五陽干財官格容易大富貴。

民國

印刷、交通、教育、傳媒的普及使得命理學在民間極大地普及。這一時期命理學著作的特色多為「講義」性質，開始了學習班式的命理授課，較之古代那種師傅帶徒弟式的，民國以後至今的授課越來越商業化……

一九四九年後

大陸在七十年代時仍以「迷信」對待命理，在八十年代開始解禁，九十年代周易熱、氣功熱……帶動了發覺數術文化的熱潮，時至今日網絡發展又將數術文化以極快的速度向大眾普及。港臺地區也是在約八十年代開始了命理學規則的彙集、整理，並開始關注算命這一行業本身的文化總結。今日之事不便多說，後人來評！

明和明以前，大凡命卜之書均是以說理為主；清季民國以來，印刷、出版、交通提速……社會形態一改面目、生活節奏日益加快、人際之間利益越來越交叉加深——命理逐漸著眼於日常、法則、應用。大體而言即是宏觀而至微觀、天理以致人欲。所有一切學問均在社會的裂變中而逐漸細化、融合……

兩千年來，總是戰亂、人禍，銷毀、淘汰一部分文化文明；也總是只要有約六十年以上的承平，即會有文化、文明的重新發掘整理……今日有幸與讀者同處和平年代，應當思考文化的傳承……

命理文化如其他中華文化一樣，其傳承發展均受時代約束。所謂受時代約束，至少包括有以下幾類現象：毀滅、傳承、改進、承繼、復興……

毀滅者如西蜀巴人文化、樓蘭古國、亞特蘭蒂斯……「連山」，「歸藏」今日已沒有完整版本，而今看到的《易經》也不一定是一千五百年前的《易經》。戰亂、人禍、意識形態、異族掠奪是其中主要原因。

我們可以看到很多革新、改革。命理學領域此種現象更是「熙熙攘攘」。以我個人的理解：命理學作為一門知識，一類文化，尤其是一種可以演算的「數學」，首要的是繼承、瞭解清楚命理學發明的初衷和原理，之後才是革新。當然，歷史上有很多舊事和今天商業社會是一樣的，命理學界古人中，任鐵樵即是一位革新派的名人，今日，又有再革新「任鐵樵」的人士不時湧現……以大歷史的眼光看，浮雲而以。

「革新」的興起當然是一種合理現象。自古以來，大部分中華絕學都是以行業的形式在繼承延續，如街頭擺棋局的，間接地延續了千年間積累的著名殘局、險陣。又如中醫門診也將易學以另一種形式保存至今。命理學的種種革新、門派創新正是傳承的一種動力。然而讀者需要注意：今日已非往昔，商業社會不同農耕社會，我們處在斷代的歷史期，應該說命理學與大部分人有距離。加之今人大多不讀古籍，於文字也不求甚解，難免會因「一些人以革新來掩蓋商業之真面目」而上當受騙——行業延續文明的必然。

值得說的是，戰亂、人禍對於命理文化的傳承影響極大：

至宋時，《五行要論》《陰陽大論》……散失。元一代至明，中原文化受到官方壓制，外族星學得以繁榮，期間八字命理表現平平，成書於此時的《管見子平》《星平會海》即可展現當時代風貌。火珠林法此時默默發展，觀《通玄妙論》《闡奧歌章》《天玄賦》可以看出。明至清，《宋史》、《通志》中所提命理文獻百分之八十都已不存在……解放後至上世紀八十年代，臺灣之主流限於《三命通會》、《攔江網》、《任注滴天髓》，大陸則將命理學以封建、非法對待。八十年代後，正如康乾盛世承平三代而出《四庫全書》、《大六壬尋源編》、《增刪卜易》一樣，港臺方面突飛猛進，開始總結命理文化和命學歷史。大陸除了有識之士除荊斬棘、開拓道路外，受商業、利益的驅動，命理學習也是遍地興起。進入二十一世紀，網絡的普及更是促進命理學的傳播。百年前古人窮其一生未必能能搜集全的命理典籍，今日用不了一個星期就可以辦到……

有關八字命理

八字命理即是以人的出生時間推斷人一生命運的預測學術。這其中，時間、命運是兩個極為重要的概念：

時間

時間是表示空間運動的一種計量方式或說者是一種計量尺度。時間本身就是空間的另一種表達方式。人對於空間的理解不同，就會有不同的時間表達方式，如北京時間、真太陽時間、瑪雅時間、干支時間……每種時間都是對宇宙的一種理解方式。

命運

宇宙中有各種各樣的變化：日月星辰無時無刻不在移動；大氣風雷、寒暑白晝不斷在變更交替；我們身邊的朋友來了又走；我們的身體由強到弱；我們的思維從簡單到複雜最後又可以到簡單；身邊的親人是否會背叛我；我的財富是否能夠保存長久；能活過一百歲嗎……

當我們踏入社會，逐漸感到我之外的世界是如此的不可控，如此的變幻莫測，我們身處此間，外界無時無刻不在變化，我們又希望這些變化無不有益於我。求生求榮的欲望與對自然、社會變化的恐懼夾雜在一起，使我們強烈地希望我們能夠看到以後。然而，我們對於變化的結果之樂觀程度有時候遠不及我們對於變化本身的恐懼程度。

太多太多的未知，無數的恐懼伴隨我們一生……

正是我們對於外界之變及至我們自身之變的未知和恐懼，我們才有了關於探求「變化」的學問。

我們中一部分人認為人是可以預知這些變化的，也有一部分人找到了無數變化的共性和共因，因此有了預測。

關乎自己本人一生變化的，就應該是自己的命運。關於此種變化的學術即是預測術。

然而預測術是一個很大的體系，命理學是預測術的一個分支，八字算命又是命理學的一部分。

常見的預測術有：六爻、梅花易數、紫微斗數、八字、奇門遁甲、六壬、風水、相術……各有各的推算方法，各有各的擅長。然而因八字算命（有些地方稱之為「推八字」、「批八字」、「生辰八字」）容易上手、易學，因而普及最廣。老百姓也就將算八字稱之為算命了。紫薇，相術，六爻……以上所列都可以算命。

本書所講的理論與我們自己一生的命運有關，也就是我們經常所說的：事業、富貴、健康、婚姻、家人、子女……諸位讀者讀到這一本書，也即意味著有心學習八字命理這一預測術，因此我不得不在專業知識講授前請諸位讀者自己思考一下：學習八字算命的動機是什麼？是學一門致富技術？是瞭解一門學問？還是作為參考書相互比照學習？這個問題很重要，直接關係到你是需要理論的知識還是實用的知識！

我在以往入門級教學中也要學生先去思考這些問題。於我而言，學生的立場不同，教授的方法就要不同：想以此致富者，除了純粹的學問外，還得有運用學問的「術」，即所謂「學」、「術」兼顧。而偏重「求知」者，則要單純一些。

你是如何看待算命的——算命有哪些層次、境界？

從某一個出發點來分，可以分為這樣兩個層次：

- 以算命的公式、定理而談，可以不照顧具體八字命主的感受、欲求。
- 在體諒八字命主感受、欲求之下選擇合適的方法推算吉凶。

前者像是在解題，後者更似於解惑。

作為教材，為了兼顧更多類型的讀者，也就是知識探求類型、學技術以圖將來以此為業類型、研究類型……我將「算命」分列如下三個層次：

- 依附於算命這個行業來謀生的層次——謀生、江湖（重術，重商業手腕）。
- 千百年來直接面對百姓，檢驗命理，淘汰命理的從業層次——中流砥柱（學、術相兼）。
- 求之於理，保存、總結、提高命理的層次——領袖、書房。

其中之第一，即是打著算命的旗號謀生，至於是否會排八字算命則不一定。我庚寅年秋去西安，於解放路五路口天橋上遇一老者，他擺個小攤，座前紅布上寫著「奇門遁甲，明斷陰陽」。隨緣給了他幾十元請他看我最近運氣，但最後發現這位老者連八門九星都背不過，甚至連陰曆陽曆幾月幾日都推不準也沒有萬年曆，甲子納音更是沒聽說過，到最後讓我在他掌中吹三口氣，又看看我的婚姻紋，說了一些很滑稽的話，又念了幾個急急如律令……這種就屬什麼都不懂，打著算命的旗號謀生賺錢的，算命的術語、程式只是他們的擺設和裝潢而已。也有一些有良心不亂來的，如我小時候在鎮上遇見的一個河南婦女，她算命不要錢，只是管飯就行。我清楚記得她的算命套路頗為吸引人，即是將六十甲子形象化為各種狀態的生肖，如甲申年為過林猴，戊寅年為荒原虎，癸卯年為月中兔……然後把來人命運清唱出來，唱詞無非是木命人愛生氣、水命人愛怨人、火命人多是非……這些唱詞我在日後的學習中知道是出自於《王鳳儀十二字心訣》，這類其實是以算命的方式來體行勸人向善的修行、謀生……

其中第二者，就是專業的算命人士，並沒有謀生的壓力。這層次的「算命」，並不是簡單的照本宣科，如：「傷官見官為禍百端」、「用神為火宜向東南」、「甲以乙妹妻庚，你需出賣朋友渡過難關」……更重要的是這些人在千百次的批命、吉凶彙報上檢驗著書本上的命理，同時又增加著新的經驗內容，其中有些很幸運能家傳、能授徒。總結下來的秘本、經驗成為最重要的命學成果。這類成果最後往往落到第三類人士手中。這層次的人最主要的另一貢獻就是能讓百姓明白命運是存在的，命運確實可以算準。

其中之第三者即是總結、提煉的層次。總結以往的經驗、增刪以往的經典。我們美其名為「書房派」。「書房」也有不同水平：有的從不實踐，僅以類似「調候為丙」、「格局盡破」、「用神為丑」等寬泛無實的語言來應付來人（算命的人）。也有算命老手從江湖一線退至書房二線，從實踐移向總結。往往是後者這類書房先生將命理整理提高為賦文詩歌，從而長久流傳。

在對這三個境界層次有了理解之後，就能體認出如下你可能經歷過的情景的背後原因：

你的命找我算能算準，找他算卻算不準……

算完命之後，當下覺得有理，過後幾日發現並不是這麼一回事……

算命師費盡力氣，到最後發現對方是來拿著別人的不知真假的八字來考自己的……

別人給我批的命書，有三年準，有三年不準……

這個算命師在說什麼自己一點都沒聽懂……

……

有關流派

在武俠小說中經常看到有武當、峨嵋、崆峒、少林等所謂武林派別。八字算命這一行業是否也有派別呢。

說有也有，說沒有也沒有。

說有，是因為很多人自稱是屬某個派別的。如自稱盲派、新派、傳統派……這些派的分法，按照他們自己的說法主要是以其各自奉認的命學理論、師傳體系不同而導致。也有人將整個算命行業分為書房派、江湖派。

實際上，命學理論都是出於陰陽、五行、干支、刑沖會合等基本法則。至於如何組合運用純屬於個人能力的事。

派別可以使招牌醒目，方便客人記住，方便以後的回頭客。算命一旦形成行業，與商業利益掛鉤，出現派別之分是再自然不過了。

以我所見：凡不涉及利益名譽信仰者，很少有標榜門派之分的。但凡有欲有求，多半會將自己儘量區別於「泛泛之輩」。也就是說，「門派之見」也是心隨意轉，可有可無。

有關於命運的認識

不同人在對於「變」的體認上產生出分歧，也進而產生了對於命運不同層次的認知。您如何理解命運，直接關係到您是否能學好命理學。重於感官者會認為命運就是一生經歷過什麼，重於體認者會認為命運就是人一生如何在變——兩種區別是：我將要遇到哪些？和，我為什麼會遇到哪些——僅此兩種差別就會造成甚至更多種體系的命理學。

不得不承認，關於命運的認識是見仁見智的，不同人會有不同見解。有不同見解才是正常現象，如果大家一致對命運如何有著相同看法，這個世界也就沒有存在的必要了。

就我自己而言，以前氣盛的時候喜歡與人爭辯；經過多年的學理命理，漸漸體會到：每個人的不同才是社會存在的基礎，每個人都有各自的生活背景，每個人的見解都只是代表他自己的生活背景。

這些不同，就是命運的真諦。

算命術依照規則推導人一生變化，所依據的規則是從眾多不同個體中抽象出來的共同規律。算命之所以能算準，就在於芸芸眾生各自鮮明的特點變化背後有著一些共同的規律。如不承認人有共同點，就沒有必要算命，若不承認人有各自的特點，則算命就會淪為迷信……

現代量子物理學①認為宇宙具有「全息性」，即：宇宙的一部分蘊藏著整個宇宙的信息，能否解

①我國哲學現在處於話語權崩潰的狀態，事實上，西方的不論自然科學還是人文科學都是在不斷證明中國哲學的一些思想。

讀，在於『解讀的方法』，而非是『能不能解讀』。

命運之所以能推算準，正是因為在實踐運用「宇宙全息」這一法則。人的出生時間表示日月星辰的當時的運動狀態，這一狀態所蘊藏的信息與宇宙整體信息相同步，與人的信息相同步，算命術就是通過時間這個人自己發明的衡量宇宙的尺子又來衡量人自身。

宇宙在變，人本身也在變，命運可以是這些變化的綜合……人之苦惱則是在於不知這些變化是否有利於我，是否可控……即：接下來會怎樣，我該怎麼辦？

本書不用去繼續這些無窮無盡的思辨，而是可以讓讀者發現身處何種境地。我依照人對於「變化本身」及「我自身」是否可控的態度來劃分我們所有人的處境，每一種處境的人都會持有一種命運觀：

態度立場差異列表：

	外界可控	**外界有限可控**	**外界是失控的**
人是被動的	有機會無心力，力不從心	機會主義者，右傾	極端消極者，完全悲觀（不能自覺）
人有限自制	機會主義者，左傾，	靜止，積澱	機會主義者，右傾
人可以自制	狂人，過度樂觀（不能自覺）	機會主義者，左傾	有心力無機會，力不從心

上圖即可間接呈現我們對於命運的看法。

- 狂人與極端消極者往往不懂命、不信命。
- 機會主義者則是最信命運的群體。右傾者偏向「命定論」，左傾者偏向「人定論」。

須得說明：這個九宮表各個格子即是各類個人，每一類人在不斷成長中也會在各個格中相互轉化。由於我們的文化喜歡運用「三六九等」這個詞，因此，為了讓諸位讀者在學習命理之餘對自己能有一個積極的命運觀，我也不妨將人生的成就分為三等，讀者依照自己條件去努力創建自己想要的成就，進而規劃命運——

一等者行業領袖：

可以影響一個行業的走向，甚至影響社會的潮流。類似如弗洛伊德創立精神分析法，開創了一種學術形式，養活了很多心理醫生。又如張仲景一本《傷寒雜病論》，將傷寒學說直接關聯於藥方增減，後世尊為醫聖。又如達摩創立「禪武合一」，新的修行形式影響至今。弗洛伊德、張仲景、達摩等他們未必是所有夢都能解、所有病都能抓出好藥方、武功最高，只是因為處在一個合適的機會、在合適的地點、相對於合適的人群做了合適的事。此類人的成功、其精專的技術尚屬次要，關鍵是：能把握潮流、能有創新、善用機會。

二等者行業中堅：

行業中堅即是在各個行業中體行社會法則、實踐科學真理的一類人。一方面傳承已有的文化，一方面積累新的知識。於行業之中既鏈接行業領袖創立規則，又在世事轉移中影響帶動下游謀生人群。是這個社會創造財富，繼承、弘揚文化文明的主體。如各大醫院裡的主治大夫、大專院校裡的教授導師、公司企業中的技術主管。行業中堅類似現代社會學中所說之「金字塔中的中間部分」或者「橄欖型社會的中段」，或者稱之為「中產階級」。這些人積累、創造著社會的主要知識、財富，充實著社會的主要潮流，更為重要的是他們為下游謀生者提供大量的「容身」之處。

三等者謀生：

這裡有最豐富的喜怒哀樂，形形色色的人生體現著這個社會最基本的法則：人之欲望與社會限制。田間種地、工廠裡打工，他們稍有懈怠則有漏洞而難以彌補。他們並沒有太多的機會資源去創造更多有益他人的東西，而更多的是在於顧全自身、家庭的體面。於農，日出而作、日落而息的普通農民。於宗教，躲避紅塵，忘記三苦的僧眾。於命卜，屬相合婚、宣揚破財免災……

三等成就客觀存在，很多人之所以不能成功，在於他自己沒有意識到他自己的立場和處境。就今日而言，還不具備一等者出現的條件，暫時處於商業至上、成王敗寇時期。二等者則是默默無聞，守舊自閉。三等者反而佔據相當大的話語權。

……

讀者是想做領袖級別，制定命理學規則？還是行業中堅，精通術數、體道渡人？還是三者謀生級別，以「傷官見官、為禍百端」來掙點化解費用？

諸位讀者，與其困於命，不如思考以上九宮表以發現自己立場，並且知道社會上很多人和自己不一樣、不在同一立場——或者思考人生成就的三個層次狀態，放棄無邊無際的抱怨，而去規劃適合自己的成就方式，這樣也就間接改善命運了。

有關本書

教材內容特點

參以火珠林法講解八字命理，兩者間會有對比，利於兩門同修的讀者。大體上以入門至中級為準：重視基本概念、基本思路和基本斷法。整體寫作風格並不是簡單解釋所謂「用神」、「強弱」，或者弄一些獨門訣竅。以我本人十多個城市的尋訪求測及多年的網上預測經驗，我本人不信所謂秘本，更不信有永遠百分百準確之事。而是以歷史的立足點儘量去梳理八字命理的發展過程，在梳理過程中消除對於「強弱」、「喜忌」的迷信。未讀過其它書籍，而首先讀本教材的讀者不會落於「用神、強弱、喜忌」的苦海！

本書前半部分為基礎概念，後部分為預測門類。基本概念與命理同時講解，不做過多分門別類。後面章節的六親、健康等在基本概念部分有所涉及，請讀者務必重視基本概念的理解。

閱讀本類教材的人無非是：想瞭解這門學問者、想以之為將來第二職業者、想多學一點、和其他書一塊比較看者……

本書更適合瞭解一些命學基礎概念，但還不知算命是怎麼回事的初學者，更適合一些有相當功底，但還不成體系者。

在這裡我提醒諸位讀者：命理學不但是一門學問，而且是一門可以用來作為商業運用的學問。若是以「學問」的態度瞭解、學習時，並不需要做過多要求，但務必通讀不要選擇性的閱讀即可。假若要將來賺錢、有商業目的，則請注意：學問是學和問加實踐，賺錢是商業才能加學問——既包括商業頭腦也與學問的水平相關。算得準未必能出名，能出名未必就是算得準的。再一個算得準未必能時時算得準，有些不會算命的有時蒙的更準……這些現象背後無非就是人情世故。

有關學習方法

熟記基礎概念、法則

- 五行、四季、方位
- 十干
- 十二支
- 地支藏干
- 五行之間的生剋
- 天干的五合沖剋
- 地支刑沖會合
- 十神之間的生剋及其含義
- 十神及簡單的十神類象
- 常用神煞
- 十干十二運。尤其是長生、臨官、帝旺、墓、絕等運。

這些都是基本知識和基本法則，八字命理的推導就依靠這些。經常有人說：學算命不需要背誦，懂得法則就行。我不太贊同這話。諸位讀者可以想像自己在初高中時代做化學試題的經歷，是否常有這樣的感覺：各種公式都會運用，計算法則也很明瞭，但別的同學三分鐘可以給出準確答案，而自己半個小時還沒有答案……要說會，那當然是很簡單那就會了，命理的訣竅就類似一層窗戶紙，一點破就可以看見外面的大千世界。但前提是你得知道窗戶在哪裡、什麼是窗戶紙。也即是：要能識別命理學基本概念——只要不聾不啞，會說話的人那是比比皆在，但會說話不會寫字的卻也是大有人在。

體會人情世故

不通人情世故的人是做不了命理師的。

所謂人情世故：雖然絕大部分人都相信真善美是好的，但天底下各人有各自的苦衷、各人有各自的想法、各人有各自獨特的價值觀、各人會有各人的行為。換句話說就是我們每個人可以在一個社會共生共存，但我們所在的生活背景和依據的生存法則是各有各樣（同樣的事他去辦結果是那樣，而換做你辦就會是這樣）。

人情世故：

以宗教的觀點看，可以理解為「一時、一地、一蘊、一界」。一時類似於時代潮流；一地，文化地域背景；一蘊，個人追求和價值觀；一界，人生每一段時期所處的社會群體、社會階層。

以法家觀點看：「法、術、勢」。法，自身所在的社會階層和所在階層的極限；術，做事方式和個人追求；勢，可以調動的社會資源。

兵家：奇正相生相剋。正，人有常態，事有常態；奇，人也有非常態，事也有非常態。常態事可以常態辦，也可以非常規解決；非常態事當然可以常規方式解決，也可以個別事個別辦。……

信仰不同者，所看到和理解的社會就不同。即便是在算命中，對於「吉、凶、成、敗」四字的理解也會不同：

- 吉者未必有利可圖——有利者當思吉中藏凶
- 凶者未必會有難以承受之苦——受苦者凶中尋吉
- 成者未必日後不悔——不可選擇的成功其實是失敗
- 敗者焉知無福——外加之強力，可以四兩而撥千斤

當修習命理到一定境界之後，即會感到：人與人之間的溝通經常處於失靈狀態，你說你的流年辛卯大吉大利，他卻疑問「那能結婚嗎」？

若能在人情世故上有所體會，就不會對於求測今年莊稼收成的人說什麼「身印二旺用食傷」了。更為重要的是：算命其實就是用語言翻譯一生的「吉凶成敗」，算命之前需要體會我們面對的人到底在意什麼、他聽到了什麼、聽懂了多少、他那個階層的極限是什麼……

無論六爻、大六壬，諸多經典中都有「先明人事，後推易理」的古訓。下面為《明賢集》詩詞一篇，我們以讀詩詞體會人情世故。讀者仍是要下功夫體察人生。

名賢集 七言集

貧居鬧市無人問，富在深山有遠親。交情當慎初相見，到老終無怨恨心。常將有日思無日，莫到無時思有時。

善惡到頭終有報，只爭來早與來遲。蒿蓬隱著靈芝草，淤泥陷著紫金盆。勸君莫作虧心事，古往今來放過誰。

山寺日高僧未起，算來名利不如閒。欺心莫賭洪誓願，人與世情朝朝隨。人生稀有七十餘，多少風光不同居。

長江一去無回浪，人老何曾再少年。大道勸人三件事，戒酒除花莫賭錢。言多語失皆因酒，義斷親疏只為錢。

有事但近君子說，是非休聽小人言。妻緊何愁家不富，子孝何須父各前。心好家門生貴子，命好何須靠祖田。

侵人田土騙人錢，榮華富貴不多年。莫道眼前無可報，分明折在子孫邊。酒逢知己千杯少，話不投機半句多。

衣服破時賓客少，識人多處是非多。白馬紅纓彩色新，不是親家強來親。一朝馬死黃金盡，親者如同陌路人。

青草發時便蓋地，運通何須覓故人。但能依理求生計，何必欺心作惡人。才為人交辨人心，高山流水向古今。

莫做虧心僥倖事，自然災患不來侵。人著人死天不肯，天著人死有何難。我見幾家貧了富，幾家富了又還貧。

三寸氣在千般用，一旦無常萬事休。人見利而不見害，魚見食而不見鉤。是非只為多開口，煩惱皆因強出頭。

平生正直無私曲，問甚天公饒不饒。猛虎不在當道臥，軻龍也有上天時。臨崖勒馬收韁晚，船到江心補漏遲。

家業有時為來往，還錢長記借錢時。金風未動蟬先覺，暗算無常死不知。青山只會明今古，綠水自有惡人磨。

月過十五光明少，人到中年萬事和。良言一句三冬暖，惡語傷人六月寒。雨裡深山雪裡煙，看事容易做事難。

無名草木年年發，不信男兒一世窮。若不與人行方便，念盡彌陀總是空。少年休笑白頭翁，花開能有幾時紅。

越奸越狡越貧窮，奸狡原來天不容。富貴若從奸狡得，世間呆漢吸西風。忠臣不事二君王，烈女不嫁二夫郎。

小人狡猾心腸歹，君子公平托上蒼。一家千金價不多，會文會算有誰過。小身會文國家用，大漢空長作什麼。

學習態度

背誦基礎概念。為的是熟能生巧。前文已講其中原因。大師與學徒的區別在於：大師怕弄不懂基礎性概念，學徒怕不會操作。

爭取一定的獨立空間，不能太忙，也不能太閒。多交同道好友，多聽意見。人太忙會影響靜思，語言表達太過寬泛；人太閒會影響實踐，學問會有脫離實際的危險。交朋友多聽意見是為的要跟上學術潮流。

對待已有的學說應懷「誠」與「敬」，但也不必迷信、過於仰視。

精思加實踐。比如《黃金策》有云：「卦遇六沖，半生未遇君子德；時逢六合，一生偏得小人心」①。這句話什麼意思，什麼是君子德？什麼是小人心？精思加實踐就是一方面想像命學法則，一方面推演命學法則對應的現實情形。

最好要有筆記，整理。自己遇到的八字、卦例記下來，未必當時能體會其中法理，日後可以時常翻閱。《增刪卜易》中野鶴即是將自己一生卦例存留，我們今日才會看到這本實例豐富的六爻名著。

---

① 卦遇六沖，半生未遇君子德；時逢六合，一生偏得小人心」這句話的意思可以移用於八字命理，即是：年月相沖，前半生難有穩定發展，需外出獨立為好。日時逢合，中晚年依人緣便利而事半功倍。如甲午日甲戌時，此為日時半三合，主兄朋之間有共財、共同致富的情形。丙日庚辰年庚戌月，此為年月六沖，主三十前多種經營而多次失敗。

我在記錄卦例、積累八字命例方面也是一直很留心。以我經驗發現：人的運氣最小波動為三秒。網絡上算八字的人，有相似八字特點的人會在相同時間出現。我曾經於某日發現：自己的網帖中連續七個八字帶天干合，還有一連四五個八字為食傷生財。也發現喜歡找我算命的人多為喜歡讀書思考的文藝類型的女性。也發現有的同道多吸引一些「傷災、疾病、婚外情類型的苦情人」。還有的同道多吸引一些官迷、財迷……這就是天機，天機就是「人以群分、方以類聚」。這個世界中到處都有著神奇的規律在左右世事，就看你能不能發現了。

第一章　基本概念

任何學問都有著它獨特的概念和邏輯。要不然是稱不上為「學問」的。

在我們絲絲入扣，剝開命理玄機之前，我們需要將這門學問的基本概念做一個全新而又合乎今人思維方式的介紹。之所以說是「全新」和「合乎今人思維方式」的解讀，主要是因為千百年來，往聖、高人對此做過總結，我們後人免不了借鑒，但重要的是我們仍要照顧今人的思維方式和話語環境，以今人能聽懂的話做解說。畢竟今日之社會已大不同於舊社會，工業、信息化社會中的語境較之農業社會要功利的多。

第一節 生辰八字的排法

八字

八字就是「以干支記時」所表示的人的出生時間段①。比如我們今天是以1947年7月11日17時50分來表示一個人的出生時間，而在命理學中，我們是以天干地支來表示。

比如：1947年7月11日17時50分以天干地支來表示即是：

丁亥　表示公曆1947年02月04日23時51分至1948年02

丁未　表示47年的07月08日07時56分到08月08日17時39分這段時間。

辛卯　表示47年的07月11日00時00分到07月11日23時59分

丁酉　表示17時到19時這個時間段。

丁亥

丁未

辛卯

丁酉

---

① 注意：是時間段。

正好八個字，表示年月日時①。

我們今日官方採用的是公曆記時，干支記時相對於二三十歲的人是相當陌生了。那麼在知道自己出生時間前提下，如何得知自己的八字呢？一種方法是查萬年曆，還有一種方法是專業算命人士的「排山掌」，有的地方叫做「流星趕月」，或者「九蓮遁」。萬年曆在各大書店都有上架出售，查起來準確方便，因此建議讀者查萬年曆。查萬年曆的過程也是瞭解曆法的過程，對於理解「什麼是時間」很有幫助。下面講解如何查萬年曆。

在查萬年曆之前，我們有必要先瞭解一些有關概念：

- 天干
- 地支
- 六十甲子
- 曆法

天干

甲、乙、丙、丁、戊、己、庚、辛、壬、癸。

其中甲、丙、戊、庚、壬奇數位的為陽干，其餘偶數位的為陰干。

① 因此可以看出来，八字不是準確出生時間點，而是一個時間段。

地支

子、丑、寅、卯、辰、巳、午、未、申、酉、戌、亥。

其中子、寅、辰、午、申、戌奇數位的為陽支，其餘偶數位的為陰支。

六十甲子

六十甲子以天干地支陽配陽、陰配陰同性互配而組成。甲配子、乙配丑、丙配寅……一直到癸亥，共得到六十個組合，稱為六十甲子。

六十甲子列表

甲子	乙丑	丙寅	丁卯	戊辰	己巳	庚午	辛未	壬申	癸酉
甲戌	乙亥	丙子	丁丑	戊寅	己卯	庚辰	辛巳	壬午	癸未
甲申	乙酉	丙戌	丁亥	戊子	己丑	庚寅	辛卯	壬辰	癸巳
甲午	乙未	丙申	丁酉	戊戌	己亥	庚子	辛丑	壬寅	癸卯
甲辰	乙巳	丙午	丁未	戊申	己酉	庚戌	辛亥	壬子	癸丑
甲寅	乙卯	丙辰	丁巳	戊午	己未	庚申	辛酉	壬戌	癸亥

曆法

曆法就是記時的方法。能讓人很方便得知某一人、事、物在無限的過去和將來之間的位置。今天中國普遍採用的幾種曆法中的年、月、日、時都直接與天體運行週期相關。曆法代表時間的同時也記錄了天體之間的空間關係。

今日我們經常使用的曆法有陽曆、農曆等。

陽曆就是我們所說的公曆，以1月1號為每一年開始，每年第一天叫做元旦。是以地球公轉中地球的位置或者說是太陽相對於地球的位置為參考制定的。能夠準確表示地球公轉的位置。

農曆，是以正月初一為每一年第一天，叫做春節。陰曆以月亮相對於地球的位置為參考制定。能夠準確表示潮汐和月亮相對於地球的位置。相對於公曆來說，農曆並沒有2010、2011這樣的概念，而是以十二生肖表示，如陽曆2012年1月23號開始就是陰曆的龍年了。

但我們八字命理所依據的八字、六十甲子記時既不是完全採用陰曆，也不是完全採用陽曆。而是：

- 用干支紀元確定六十甲子紀年順序。
- 以節氣確定月份。
- 以日影確定每日界限和時辰。

用干支紀元確定六十甲子紀年順序

我國在相當長的歷史時期內一直到今天，仍在使用干支紀元法，即把十天干和十二地支組合起來，共配成六十組，也就是上面所說的六十甲子，用以表示年、月、日、時的次序，確定好某一年為甲子年後，接下來確定為乙丑年，接下來丙寅……一直到癸亥年，一個花甲共六十年。然後下來又是甲子年，開始新一輪循環，以至無窮。

那麼確定為第一個甲子年的依據是什麼？第一個甲子年又是始於何時？

有一種說法是：定出甲子年，甲子月，甲子日，甲子時①的依據為：日月合璧②加上五星連珠③，且此時正好是處在24節氣中的冬至之時。據推算，這樣背景的天文現象，很不嚴格時，需要數千年才能出現，不太嚴格的話出現兩次的間隔時間約要十幾萬年，嚴格的話則要幾百萬年以上。

史書記載漢武帝時期「五星出東方」，出現了「五星連珠」。司馬遷認為此時正是矯正曆法的絕好時機，於是太史公司馬遷上書漢武帝，建議修訂曆法。故此有明文記載的一元之始的甲子年始於漢武帝時期。

但實際上最早開始使用干支紀年的要很早於漢武帝，當然也不可能早到幾十萬年前開始使用。司馬遷建議修改曆法的主要考慮是：漢以前長期戰亂，相對於天象的觀測和曆法的修正已經嚴重滯後，導致本該在甲

① 中國古代相當一段時間是以子月為一年開始，故此會有甲子年甲子月。
② 陰曆初一。
③ 金、木、水、火、土五星在時空不斷運行，當五星運動到同處在太陽一側時。

子年出現的天象，卻在其它年份出現——這對於農業生產、祭祀、征戰、物候、醫學、歷史記載……有嚴重影響（當然對算命的影響更是致命的），故此在「五星連珠」出現的絕好機會建議修正曆法。

雖然對於當時西漢政府到底確定哪一年為甲子年，學術界到今天還有爭議。但正是當時的一次修改，確定下來了近兩千年的穩定干支紀年順序。如1949年，干支紀年為己丑年、1984年為甲子年、2012年為壬辰年。

在這裡要注意，歷史上相當一段時間是以二十四節氣中的「冬至」作為一年的開始，後來才改立春為一年之始。

例如，公曆1984年2月4號23點19分為立春，此時開始命理學的甲子年。至公曆1985年2月4號5點12分立春，甲子年結束，此時開始乙丑年。

干支紀月——以24節氣確定月之起始

干支紀月，以節為一月開始。

一月為寅月，代表從立春到驚蟄這段時間。為一年的第一個月。

二月為卯月，代表從驚蟄到清明這段時間。為一年的第二個月

三月為辰月，從清明到穀雨。

其餘月份以此類推。

而每月用什麼花甲表達，則由該月所在年的天干推算出來。見下表：甲和己的年份，第一個月為丙寅，二月為丁卯，以此類推……2011年辛卯年天干為辛，丙辛年一月為庚寅，因此2011年一月為庚

寅月，二月辛卯，五月為甲午，以此類推。參見下表：

年月關係對照表

月份	節氣	公曆近似時間	戊癸年	丁壬年	丙辛年	乙庚年	甲己年
寅月	立春至驚蟄	2月4號左右開始	甲寅	壬寅	庚寅	戊寅	丙寅
卯月	驚蟄至清明	3月5號左右開始	乙卯	癸卯	辛卯	己卯	丁卯
辰月	清明至立夏	4月5號左右開始	丙辰	甲辰	壬辰	庚辰	戊辰
巳月	立夏至芒種	5月5號左右開始	丁巳	乙巳	癸巳	辛巳	己巳
午月	芒種至小暑	6月5號左右開始	戊午	丙午	甲午	壬午	庚午
未月	小暑至立秋	7月5號左右開始	己未	丁未	乙未	癸未	辛未
申月	立秋至白露	8月5號左右開始	庚申	戊申	丙申	甲申	壬申
酉月	白露至寒露	9月5號左右開始	辛酉	己酉	丁酉	乙酉	癸酉
戌月	寒露至立冬	10月5號左右開始	壬戌	庚戌	戊戌	丙戌	甲戌
亥月	立冬至大雪	11月5號左右開始	癸亥	辛亥	己亥	丁亥	乙亥
子月	大雪至小寒	12月5號左右開始	甲子	壬子	庚子	戊子	丙子
丑月	小寒至立春	1月5號左右開始	乙丑月	癸丑月	辛丑月	己丑月	丁丑月

通過此表很容易查到2012年壬辰年，寅月為壬寅，午月為丙午。

在這裡有首口訣可以幫助記憶、推算每年一月的天干地支，即五虎遁月訣。五的意思是每過五年其一月的天干都是一樣，因為每年十二個月，五年共六十個月，六十個甲子正好對應月份循環一次。虎即是寅的意思，寅月即是一月。我國民俗中十二地支對應十二屬相，子鼠、丑牛、寅虎、卯兔、辰龍、巳蛇、午馬、未羊、申猴、酉雞、戌狗、亥豬，五虎即是每過五年其正月干支都是一樣的。

五虎遁月訣

甲己之年丙作首，乙庚之歲戊為頭，丙辛必定尋庚上，丁壬壬位順水流，若問戊癸何處起，甲寅之上好尋求。

比如第一句，甲子、甲戌、甲申、甲午、甲辰、甲寅，己亥、己丑、己卯、己巳、己未、己酉這12年的一月份都是丙寅月，二月為丁卯，三月戊辰……其餘諸年以此類推。

干支紀日

查閱有關文獻，最早有記載的干支紀日於春秋時代即有，如魯隱公三年夏曆二月己巳日（公元前720年2月22日）。

甲子日並不是每一個月的開始，也不一定是每一年的開始，而是從一元之初的第一個甲子日一直循環至今。

六十日一個週期，固定循環不止，我們可以通過萬年曆查得某一天的干支，比如公曆2011年6月9

日為乙未日。

干支紀時

古人將一天分為十二個時辰，以十二地支表示，五天六十個時辰共六十甲子一個週期，一個週期完了重新開始，周而復始，見下表：

日時關係列表

注意：表中所說的時辰存在「真太陽時」與「北京時」之爭。真太陽時中的午時最正中之時為一天中太陽路過頭頂，物體投影最短之時，是一天中太陽光線與某地地面夾角最大的時候。由於地球是球面的，地球上的人因為所處經度不同而經歷的午時是不一樣的，因而在同一北京時間出生的人便會有真太陽時不同的情況存在。同樣是北京時間12點30分，出生在新疆烏魯木齊的人還處在真太陽巳時，但是出生在北京的人正處午時。真太陽時和一般普通北京時間的不同，意味著不同的時間表達方式，記錄著不同的天體運行軌跡。普通北京時間是將地球比作一個整體。全地球擁有同一個時間，太陽光的照射角度似乎不足以影響命運。真太陽時則是將地球比作一個平面，全地球擁有不同時間，也就是認為太陽射線對人影響極大。地球上東邊的人先經歷真太陽時。網絡上有專門的軟件，讀者可以在線轉換北京時間、真太陽時。

日時關係表

時辰	約為現在的	甲己日	乙庚日	丙辛日	丁壬日	戊癸日
子時	23時至1時	甲子	丙子	戊子	庚子	壬子
丑時	1時至3時	乙丑	丁丑	己丑	辛丑	癸丑
寅時	3時至5時	丙寅	戊寅	庚寅	壬寅	甲寅
卯時	5時至7時	丁卯	己卯	辛卯	癸卯	乙卯
辰時	7時至9時	戊辰	庚辰	壬辰	甲辰	丙辰
巳時	9時至11時	己巳	辛巳	癸巳	乙巳	丁巳
午時	11時至13時	庚午	壬午	甲午	丙午	戊午
未時	13時至15時	辛未	癸未	乙未	丁未	己未
申時	15時至17時	壬申	甲申	丙申	戊申	庚申
酉時	17時至19時	癸酉	乙酉	丁酉	己酉	辛酉
戌時	19時至21時	甲戌	丙戌	戊戌	庚戌	壬戌
亥時	21時至23時	乙亥	丁亥	己亥	辛亥	癸亥

時辰的天干可由日干推導出來，丁日和壬日的子時為庚子時，丑時為辛丑時，以此類推，有首「五鼠遁時訣」幫助記憶，參考「五虎遁月訣」使用：

五鼠遁時訣

甲己還加甲，乙庚丙作初，丙辛從戊起，丁壬庚子居，戊癸何方發，壬子是真途。

排八字、大運、流年

我們首先要備有一部「易學萬年曆」。

第一步，先查年：

以24節氣為準，立春為一年頭一天。看自己是那一年的。以公曆1947年7月11日17時50分，也就是農曆亥年五月二十三日為例：

7月已過亥豬年立春，因此為丁亥年生人。

再查月：

看7月17處於什麼節氣之間，正好處於小暑（1947年07月08日07時56分）至立秋（1947年08月08日17時39分）之間，為未月，依『五虎遁』可知此年一月為壬寅，以此類推得到未月為丁未，定為丁未月。

再查日：

這一日正好對應辛卯日，因此為辛卯日生人。

最後要確定時間，若以真太陽時為準：

陝西渭南17時50分出生的人為酉時，翻開萬年曆，查1947年7月11日這一天的子時，為戊子時，以此來推：戊子、己丑、庚寅、辛卯、壬辰、癸巳、甲午、乙未、丙申、到酉時為丁酉。所以我們最後查得：1947年7月11日17時50分出生於陝西渭南的人八字為丁亥 丁未 辛卯 丁酉。這樣，我們便把一個人的出生北京時間換算為真太陽時八字了①。

排出八字後，就要再排大運流年，這樣才方便以後歲運的推算。

大運是以八字中的月柱為大運的原點而排定的。大運排法要根據男女不同和生年陰陽屬性不同來確定。

• 凡男命逢陽年（年干為甲丙戊庚壬）、女命逢陰年（年干為乙丁己辛癸）生者，為陰陽得位，大運從月起順排。

• 凡男命逢陰年（年干為乙丁己辛癸）、女命逢陽年（年干為甲丙戊庚壬）生者，為陰陽易位，大運從月起逆排。

如男命生於甲子年丙寅月，此為陽年男命，順排大運，則從丙寅月起，順數丁卯為第一個大運，戊辰為第二個大運，己巳為第三個大運，以此類推。

如女命生於甲子年丙寅月，則為陰陽易位，大運逆排，第一個大運為乙丑，第二個大運為甲子，以此類推。

女命 丁亥丁未辛卯丁酉

丁亥年為陰，又為女命，故順排，第一個大運為戊申，以後大運依次為己酉、庚戌、辛亥、壬子……

---

① 從排得這個八字來看，年份的干支其依據為太陽系五星連珠。月份是依據於太陽直射地球緯線範圍來確定的，是固定的，已到了某個時間，全球就進入某個月份；一個人的時辰，表示太陽直射光線與地球經度的夾角關係，能夠體現出生地的地球經度數據。總起來說：一個人的八字既能表示一個人降生之時的地球在太陽系中的位置，又同時表示這個人在地球的位置區域。

接下來就是算起大運的時間了，即：幾歲開始走第一個大運？

這個除了要按照男女性別和生年陰陽外，還要根據二十四節氣中的每一個「節」的交換時間來定。

• 按照陽男陰女順行的法則，從出生之日時起，算到本月終結時為止，看有多長時間，按三天折一年計算，有幾年即為幾歲起大運。

• 陰男陽女命則自出生之日，逆行算起至本月令起始時止，看有多長時間，按三天折一年計算，有幾年即為幾歲起運。

• 每一大運管人十年運氣。

月令對應節氣列表

陰男陽女從本日起往本月節開始時間數，看是幾天。陽男陰女從本日起往下一個節開始時間數，看是幾天。然後處以3，即可得出交接大運的年齡。

節	月令
立春	寅月
驚蟄	卯月
清明	辰月
立夏	巳月
芒種	午月
小暑	未月
立秋	申月
白露	酉月
寒露	戌月
立冬	亥月
大雪	子月
小寒	丑月

如：公曆1947年7月11日17時50分女命八字為

坤：丁亥　丁未　辛卯　丁酉

為陰女，應該順數。生於未月，本月節為小暑，下一個月節為立秋，從11日17時順數至下月節立秋（08月08日17時39分），差11秒為28天，忽略為28天。28天除以3，則為得9餘1天，一天為4個月，故此人為9歲又4個月開始走大運。若要精確計算則為出生後9年3個月29天2小時開始起運。從出生之時數9年4個月，則為1956年11月，所以此人從1956年11月開始進入第一個大運。

下面是這個八字的大運流年信息：

姓名：某某　　出生地：渭南　　排盤方式：真太陽時排盤

公曆：1947年7月11日17時50分　　農曆：丁亥年五月廿三日

起運：命主於出生後9年3個月29天20小時開始起運

交運：命主於公曆1956年11月10日13時交運

坤造：丁亥　丁未　辛卯　丁酉

大運：	戊申	己酉	庚戌	辛亥	壬子	癸丑	甲寅	乙卯
	9歲	19歲	29歲	39歲	49歲	59歲	69歲	79歲
始於：	1956	1966	1976	1986	1996	2006	2016	2026
流年：	丙申	丙午	丙辰	丙寅	丙子	丙戌	丙申	丙午

丁酉 丁未 丁巳 丁卯 丁丑 丁亥 丁酉 丁未

戊戌 戊申 戊午 戊辰 戊寅 戊子 戊戌 戊申

己亥 己酉 己未 己巳 己卯 己丑 己亥 己酉

庚子 庚戌 庚申 庚午 庚辰 庚寅 庚子 庚戌

辛丑 辛亥 辛酉 辛未 辛巳 辛卯 辛丑 辛亥

壬寅 壬子 壬戌 壬申 壬午 壬辰 壬寅 壬子

癸卯 癸丑 癸亥 癸酉 癸未 癸巳 癸卯 癸丑

甲辰 甲寅 甲子 甲戌 甲申 甲午 甲辰 甲寅

乙巳 乙卯 乙丑 乙亥 乙酉 乙未 乙巳 乙卯

止於：1965 1975 1985 1995 2005 2015 2025 2035

第二節　基礎概念

陰陽

我國專論陰陽的書籍散失的太多了。張仲景《傷寒雜病論》中曾說自己引用《陰陽大論》，但這部書已失傳幾百年了。《五行精紀》中所引用的的《陰陽書》、《閣東叟書》也都早已失傳……而此類書直接關係到相關學說的創立初衷和發展線索……今人已很難考證相關論述的時代背景了。

不過這也是正常的事。

好在我們今日仍存在有很多符合我們時代背景的立論。

陰陽這一概念在很多命學書籍中都要介紹，但很可惜的是大部分都有些簡練了，本教材緊扣實踐作以下提示：

- 陰陽既可以是兩種對立的事物，
- 可以是一個事物的兩個方面，
- 可以是一種方法論。
- 任何事物都有陰陽屬性，我們看待事物也會存在陰陽對立的觀點。

舉例如下：

「陰陽」舉例列表

事物之陰	事物之陽	事後評價
翻手為雲	覆手為雨	陰陽可以轉化
年輕體壯	年老而體衰	陰陽此消彼長
左手	右手	陰陽一旦確定就不混淆
男人不能生孩子	女人懷孕生子	此為常理，陰陽有常不能亂來
後悔年初北京辭去辦公室主任	冬季歡喜於貴人提攜在上海出任某廠領導	陰陽可以為一時一地的感受，隨時而變
八戒心不在取經	八戒很討人喜歡	立場不同，評價不同
女排八連冠	第九次輸了	陰陽沒有永恆的定勢
這棵樹很高	樹高容易被風吹折	陰陽不存在絕對好壞之分
對著你看到你的臉	難道你沒有後腦勺	我們往往因自己立場而只能看見一部分真相，陰陽並不是總能同時對等呈現
明著攻其上三路	一不防備來個掃蕩腿	聲東擊西是為了取勝。陰陽有表裡實質之分，相輔相成
你說張三是好人	張三未必是我認為的好人	每個人看到的都是某一個層面的事像，不會絕對全面，單論陰或者單論陽都不全面

從以上舉例可知陰陽概念有以下幾個要點：

- 陰陽可以是事物的不同方面

- 陰陽可以是事物的不同階段
- 陰陽可以對應於事物發展過程中的因果
- 陰陽無處不在
- 陰陽不存在絕對的好壞之分，好壞之分要依據於人所在的立場

陰陽之間至少有以下幾種關係：

- 陰陽不能分開
- 陰陽可以相互轉化
- 陰陽彼此消長而共存於一體
- 具體的陰陽是相對而言，泛化的陰陽是絕對而言

用較為簡練的話總結即是：

陰陽可以用來映射具體的事物和事物的變化過程，同時也可以是對具體事物和過程映射的依據方法。

命學中常見陰陽與人事之映射關係

陰	陽
女人	男人
弱者	強者
右	左
後	前
靜	動
暗	明
柔	剛
俯	仰
隱情	眾所周知
刑	德
藏	施
困	開
臣	君
妻	夫
內	外
裡	表
退	進
止	行

如八字：

戊午
壬戌
甲寅
丁卯

四個天干戊、壬、甲、丁。四個地支午、戌、寅、卯。天干為陽，能夠表達人一生『外顯』的信息。四地支為陰，能表達內心深處的、只有『自己人』能夠察覺的信息。

又八字中戊午、壬戌、甲寅三柱為陽干支。陽干支之間的五行性生剋迅速，效果明顯，而且柱與柱之間還有同性排斥的關係。丁卯為陰干支，陰干支之間生剋較緩，須得長時間後才能體會『結局』，同時陰干支與陽干支之間除了五行性的生剋的關係外，還有異性相吸的關係。

年月為整個八字的左部分、上半部，為陽。日時為八字的右部分、下部分，為陰。陽部分能表示身體上半截和左半部分的身體信息。陰部分表示下半截身體和右半部分身體的信息。

五行

大哉，五行！其廣大包括萬事萬物、其動靜永乎不絕。

古人認為五行為流行於宇宙之中的五種「氣」。即：

金、木、水、火、土

五行學說和陰陽學說一樣，並非是為了命理學而發明，最早借鑒的是政治、中醫。命理學類似於今日所說三級學科，而陰陽、五行可以被認為是處在更高級學科位置。

五行在確定的場合有確定的含義，但事物有不同面，因此同一事物因觀察角度不同而又有相對的五行屬性。

五行在確定的場合有確定的含義，如下圖：

常見五行事、象

相對領域	水	金	土	火	木
德行	智	義	信	禮	仁
五官	耳	鼻	口	舌	目
五靈	鱗	介	倮	羽	毛
五色	黑	白	黃	赤	青
五穀	豆	稻	稷	麥	麻
果	栗	桃	棗	杏	李
結構	液流	框架	內質	網絡	核心
五味	鹹	辛	甘	苦	酸
策略	逃遁承陷	威懾打擊	承受包圍	主動關懷	直仁
五臟	腎	肺	脾	心	肝
六腑	三焦、膀胱	大腸	胃	小腸	膽
五情	恐	憂	哀	喜	怒
四時	太陰冬	少陰秋	四時中	太陽夏	少陽春
形容	潤下	從革	稼穡	炎上	曲直

天干五行屬性	地支五行屬性	方向	地支方局	地支合局	八卦				治國
壬癸	亥子	北	亥子丑	申子辰	坎	聽	聰	謀	排外、閉關、排除隱患、用間諜、重視信息
庚辛	申酉	西	申酉戌	巳酉丑	乾兌	言	從	眾	國防軍事、吏治嚴打、修訂法律、審計嚴格
戊己	辰戌丑未	中		辰戌丑未	艮坤	思	睿	聖	養老、發展農業、寬和治政、適度發展房地產
丙丁	巳午	南	巳午未	寅午戌	離	視	明	哲	封賞、出訪、舉賢任能
甲乙	寅卯	東	寅卯辰	亥卯未	震巽	貌	恭	肅	行仁政、欣欣向榮、掃除言路閉塞、發展交通、愛老友、保養植被

五行又有『相對而言』的含義

比如以下問題：

1，算命這一行業是屬水還是屬火？

2，我八字缺火。去南方發展事業好嗎？

3，公務員是什麼五行？

……

很多類似問題，這就涉及五行的相對含義了。這些問題要有確定的答案，前提是你自己的出發點必須確定。

問：算命這一行業是屬水還是屬火？

答曰：假如將算命這一行與其他行業如商業、工業等相比的話，則算命這個行業可以屬水。但算命一行本身也有五行可分：坐商——有辦公地點，可以筆批八字的為火。行商——遊街串鄉、打遊擊、無固定攤位的為水。

問：八字缺火往南走好嗎？

答曰：火在方向上代表南方、在行業上代表文、在人物上代表積熱情之人……八字缺火也應分是何種層次的缺火，假如是調候缺火，屬先天失調，可往南方居住，或向陽而居，如此可以彌補健康方面缺陷。若是格局因火不足而失敗，則會導致事業之力，需得學習、鍛煉與火相關的知識、技能……

原則上你能發現某一種五行有多少種含義，發現八字中一種五行有多少層次的人生含義，你就會做出多少種人生的調整。假如不做區分，也實際上就是不瞭解自己缺陷，很可能會出現這樣的可笑場景：八字缺火，為了彌補缺火的局限而去一個南方的名字帶火字旁乾旱少水的城市，租一個紅色向陽的房子，整天身穿紅色衣服，見到赤髮，紅唇紅衣少婦就當是貴人——「懶漢命理」、「偏方命理」——這就是迷信。

問：公務員五行屬什麼，我適合考什麼職位？

當一個人面臨職業選擇這等大事時，仍是建議以自身條件和人際關係來決定，萬不得已而難以抉擇時選擇占卜，而其次是算命。這並不是說八字不能算出什麼職業對自己有利，而是：八字以理見長，告訴你最適合的職業往往是以「類」來表達，只能是一個一個去羅列具體有哪些職業適合自己。如果羅列不周全，則可能誤人前程。

中國占卜學仍是以類像為基礎單位，將萬事萬物分類，告訴你適合哪一類，在這一類當中你可以依照自己條件來選擇。教材一再強調：五行中每一行都有不同維度的含義，一定要知道自己看問題的立場是什麼。

六爻占卜中有這樣的例舉：

1，《易冒》理財章中，有人測進什麼貨物能賺錢？

答曰：你這種問法是沒有辦法回答的。必須是你分類占卜。你自己選好類別後，再占卜你選的這個類別的貨物是否有利可賺。易曰萬物類象，一類事物而包羅萬有，我不能具體告訴你去進什麼貨，恐誤你前程。

2，《增刪卜易》中『往何方買賣章』中也有類似占卜卦例。問：我去哪個方向做生意好？答曰：「予無此法，須指定一個方向，占卜這個方向是否合適」。

公務員是一個寬泛的概念，並不就是單純指「官」。就世界普遍情況看：有政務性官員，這屬決策層次，須得八字官印有力。還有一種是技術性官員，主要以技術、專業才能為選拔參考，這類公務員需得八字官印食傷均透藏有力。因此問公務員五行屬什麼？就要看你的八字是傾向於官印，還是傾向於食傷了……

五行之間關係

五行之間關係①分為三種：相生、相剋、相競。

① 以往所有命理書籍均不注重「相競」這一關係，導致大量初學者以為五行同類相見就是相互扶助，埋下了算八字一味糾結「身強身弱」的伏筆。

相生：

金生水、水生木、木生火、火生土、土生金

相剋：

金剋木、木剋土、土剋水、水剋火、火剋金

相競：

金金相競，水水相競，木木相競、火火相競、土土相競

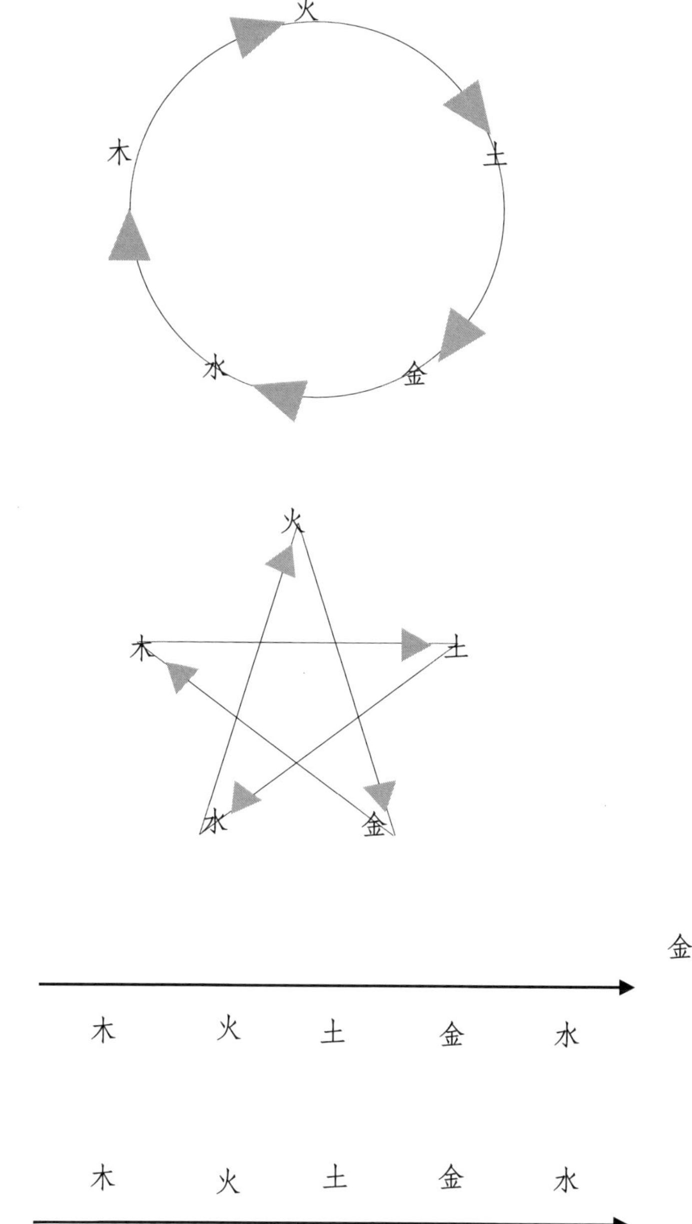

五行之間的關係又會因為量變導致質變

金賴土生，土多金埋。土賴火生，火多土焦。火賴木生，木多火塞。
木賴水生，水多木漂。水賴金生，金多水滯。金能生水，水多金沉。
水能生木，木盛水縮。木能生火，火多木焚。火能生土，土多火晦。
土能生金，金多土漏。金能剋木，木堅金缺。木能剋土，土重木折。
土能剋水，水多土流。水能剋火，火炎水蒸。火能剋金，金多火熄。
金衰遇火，必見銷熔。火弱遇水，必為熄滅。水弱逢土，必為淤塞。
土衰遇木，必遭傾陷。木弱逢金，必為砍折。強金得水，方挫其鋒。
強水得木，方泄其勢。強木得火，方化其頑。強火得土，方止其焰。
強土得金，方泄其秀。

五行真象

所謂五行真相，就是五行之間兩兩組合即會有一定的人性、人生含義，以下部分可以同時參考後面『強弱』、『喜忌』部分一同理解，入門不作要求：

五行真相[1]

金水	多情、多智
金火	剛斷明敏
金木	剛柔
金土	專一、福慧
木火	文明、正直
木水	清秀自立
木金	剛直勇果
木土	專執沉迷
水火	多慧
水木	仁智、滋潤
水金	清秀、超達
水土	事無巨細
火水	先昧後明
火木	文采、好勝
火金	性烈
火土	大毒
土火	思慮、博學
土木	信人而不礙人
土金	好學、多用
土水	有信有智

以上五行真象與一個人的成就大小無關，但可以指出一個人的才能、底蘊、為人處事的過程特點。

① 參考第四章第一節五行部分。

干支

干支即是天干與地支。

天干有十，其中奇數位甲丙戊庚壬為陽干，偶數位乙丁己辛癸為陰干：

甲、乙、丙、丁、戊、己、庚、辛、壬、癸

地支有十二，其中奇數位子、寅、辰、午、申、戌為陽支，偶數位丑、卯、巳、未、酉、亥為陰支：

子、丑、寅、卯、辰、巳、午、未、申、酉、戌、亥

干支的時空屬性

干	甲乙	丙丁	戊己	庚辛	壬癸
支	寅卯	巳午	辰戌丑未	申酉	亥子
行為	前進	向上	靜止	後退	向下
時間	春	夏	四季	秋	冬
空間	東	南	中、四維	西	北
五行屬性	木	火	土	金	水

干支的由來現在還沒有確切答案，一般的說法是「黃帝讓大撓作甲子」，即黃帝時期已經有基於

天干地支的六十甲子了。不過做的是甲子，而非是天干地支。但也說明干支的淵源很為久遠。

正所謂『三代禮樂不相沿襲』，今日對於干支的理解和應用早不同於黃帝時期了，更不同於干支創制之初了。時代變遷不是問題，而變遷本身就是文化本身的一部分。

考證《五行大義》，干支至少有「事物發展不同階段」的含義；殷商更有以天干為天子名的。總體而言，干支可以被理解為「數」和「序」——某一干支有特定數量含義，又有特定序列含義。

干支含義

干支含義列表

天干	天干含義
甲	萬物萌芽抽穗，開始生長。
乙	由曲而伸，欣欣向榮。
丙	成長之規模已如太陽般顯著。
丁	生長停頓，即將成熟。
戊	已成熟，可以貿易交換，可使用。
己	事已成，開始形成已規範。
庚	更上一層樓。
辛	力不從心，新陳代謝。
壬	體象全備，從心所欲。
癸	收藏，複又萌芽。

地支	地支含義
子	陽氣已動，萬物受到滋生開始生長。
丑	扭動、抽芽。
寅	有所移動，引申。
卯	長大、茂盛。
辰	褪去陳舊。
巳	開始另一階段，奮發再起。
午	已經壯大。
未	陰氣長，稍微衰弱。
申	老而成體。
酉	成熟。
戌	寂滅。
亥	複歸寂靜無生氣。

十干事象列表

天干事象①

	序	五行屬性	陰陽屬性	地理	天文
甲	1	木	陽	棟樑、巨木	雷
乙	2		陰	樹、枝藤	風
丙	3	火	陽	爐、冶	電
丁	4		陰	燈火	萬物之精，星
戊	5	土	陽	山崗	霧、霞
己	6		陰	濁氣、田泥	清氣
庚	7	金	陽	鋼、鐵	風霜
辛	8		陰	金、玉	月
壬	9	水	陽	澤	雲
癸	10		陰	泉脈	雨霜

① 這個表大有用處，讀者需要牢記。

地支事象列表

地支事象[1]

	方局屬性	合局屬性	地理方位	本氣五行屬性	屬相	地理	別稱
子	水	水	正北	水	鼠	墨池	神後
丑	水	金	東北	土	牛	柳岸	大吉
寅	木	火	東北	木	虎	廣穀	功曹
卯	木	木	正東	木	兔	瓊林	太沖
辰	木	水	東南	土	龍	草澤	天罡
巳	火	金	東南	火	蛇	大驛	太乙
午	火	火	正南	火	馬	風候	勝光
未	火	木	西南	土	羊	花園	小吉
申	金	水	西南	金	猴	名都	傳送
酉	金	金	正西	金	雞	寺鐘	從魁
戌	金	火	西北	土	狗	燎原	河魁
亥	水	木	西北	水	豬	天河	登明

① 八字命理并不一定要全部用到上表內容。

八字算命常用的內容可依下面打油詩背誦記憶：

甲乙寅卯東方木

丙丁巳午南方火

庚辛申酉西方金

壬癸亥子北方水

戊己太極四維土

天干五合

天干過五位而相合，故稱五合：

甲己合，

乙庚合，

丙辛合，

丁壬合，

戊癸合。

如果五合在八字中有適合配置，則會發生『化』的情況，稱之為「合化」：

甲己合化土，

乙庚合化金，

丙辛合化水，
丁壬合化木，
戊癸合化火。
如：
癸亥　辛酉　丙午　甲午　天干出現丙辛合。
辛丑　辛丑　戊戌　癸丑　天干出現戊癸合。
己酉　乙亥　庚辰　乙酉　天干出現兩乙合庚，此為兩乙「爭合」庚。
丁丑　甲辰　己丑　戊辰　此八字甲己合且化為土。《淵海子平》上說：『合而不化，異姓孤兒；合而化者，公卿巨賈』。此人資產千萬。

天干五合需注意以下情況：

- 若不化，則兩兩相合時，各自的性質都受到牽制。這個牽制可以這樣理解：彼此都沾有對方五行含義而失去一部分自身含義，因此顯得不專心、不能專心、總有『受制於人』的意味。
- 若合化，雙方天干均會帶有化合出的五行屬性。
- 天干五合都是一陰一陽之合。
- 八字出現五合，會因為兩干的遠近而效力不同。原則上兩干緊挨時效力最為明顯，若中間隔開則會大打折扣。

天干相剋①

甲乙木剋戊己土，
丙丁火剋庚辛金，
戊己土剋壬癸水，
庚辛金剋甲乙木，
壬癸水剋丙丁火。

如八字：

壬午 乙巳 戊子 壬戌 天干乙剋戊，戊剋壬。
己丑 己巳 庚子 癸未 天干己生庚，庚生癸。

天干相生②

甲乙木生丙丁火，
丙丁火生戊己土，

---

①注意：1，陽干剋陽干無情而迅速、結果明顯。陰干剋陰干無情而持久，結果較慢呈現。2，陽干剋陰干過程迅速，不顧對方感受。陰干剋陽干，類似「文火熬制」。3，緊鄰兩干生剋最為明顯，被中間隔開則效力大減。

②陽干生陽干、陰干生陰干為同性之生，同性排斥，生中似有剋制，為有所保留之生。陽干生陰干、陰干生陽干則為陰陽互吸，無私、無保留之生。

戊己土生庚辛金，

庚辛金生壬癸水，

壬癸水生甲乙木。

如八字：

甲戌 己巳 庚子 癸未 月干己生日干庚，日干庚生時干癸。注意：雖然甲己合，把己絆住，從格局層次講不剋癸水，不生庚金。但從人生生態講，不論天干合不合，都會有生剋的影響。

乙丑 丙戌 丙申 戊戌 其中：年上乙生月、日之丙火。月、日丙火生時上戊土。月與日兩丙火相互幫扶且相互競爭。

地支六合①

子丑合，

寅亥合，

卯戌合，

辰酉合，

巳申合，

---

①六合可以這樣理解：六合二字彼此之間相互吸引，可以將對方牽引來，六合的兩個地支對於其人來說可以相互均佔其所代表的意義。

午未合。

在對地支六合的理解上，需注意以下幾點：

•六合之合化

子丑合土，
寅亥合木，
卯戌合火，
辰酉合金，
巳申合水，
午未合土。

•六合之間有生、有剋

合中有生，兩兩相合後關係更佳，關係緊湊，正所謂團結一致。寅亥合木，亥水生寅木。辰酉合金，辰土生酉金。午未合土，午火生未土。

合中有剋，為團結中有鬥爭。子丑合土，丑土剋子水。卯戌合火，卯木剋戌土。申巳合水、巳火剋申金。

•將地支按方位佈置，即可發現六合連線後為平行線，故六合有彼此和睦相處之寓意。八字中有六合，其人舉止從容、好生惡死。

圖：

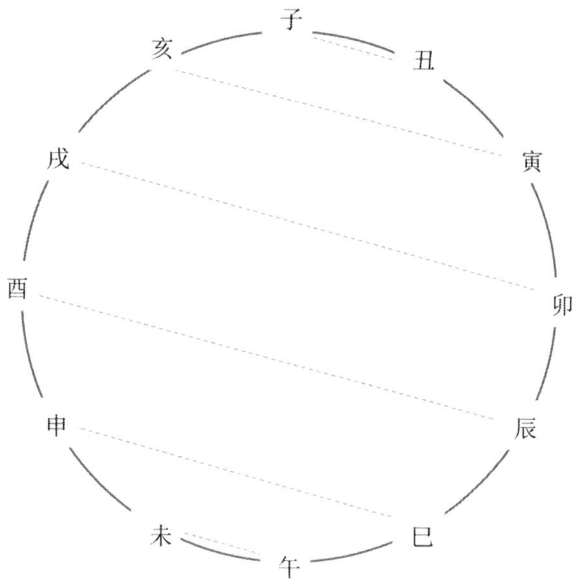

子　丑　寅　卯　辰　巳　午　未　申　酉　戌　亥

如八字：

己酉　乙亥　庚辰　乙酉　八字中日支辰合時支酉，又隔月支而合年支酉。

地支六沖①

子午相沖，
丑未相沖，
寅申相沖，
巳亥相沖，
辰戌相沖，
卯酉相沖。

如八字：
癸卯 辛酉 丙辰 己亥 年支卯與月支酉相沖。
辛酉 乙未 辛丑 乙未 八字中兩未沖一丑。

• 將地支按地理方位排列，兩兩之間連線，即可發現六條線相互交於中心，故六沖有彼此影響之意。八字帶沖其人不懼生死、好動不靜、常顧此失彼。

① 相沖二字對於其人來說，有不能相互兼得之意：在寅，就得放棄申，在子就得放棄午……六沖出現必有變動，擁有一個時另一個就要受到妨礙、壓制。

圖：

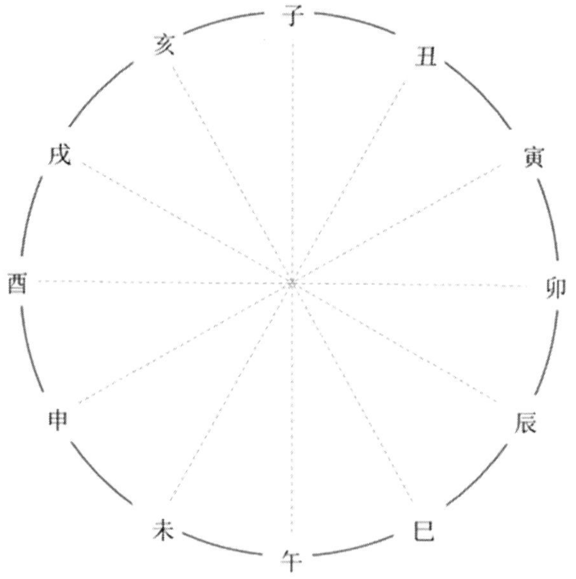

地支六害[1]

害為妨害之意。相害之法則取自相沖相合。因相合有互相和合之意，相沖有彼此分離之意。凡某支沖六合兩字之一者，即會與六合另一個地支相害，也就是妨害六合雙方和好之意。例如子丑合，午沖子，故午字妨害了丑字與子字合好。其它六害一樣推理。

六害為：

子未相害，
午丑相害，
寅巳相害，
申亥相害，
酉戌相害，
卯辰相害。

如八字：

癸未 乙卯 乙亥 丙子 年支未與時支子相害。原則上：兩支離的越遠，相害之力越小。

① 六害出現時，多家屬不合，人情冷淡，且有身體健康上的病理傾向。「相害」又被稱為「相穿」。

地支三合局①

亥卯未三合木。亥為木之初生，卯為木生成後到達生命力的頂點，未為木熟透後的收藏保存。

寅午戌三合火、寅為火之初生，午為火生命力的頂點，戌為火之收藏保存。

申子辰三合水、申為水之初生，子為水成型後到達生命力的頂點，辰為水庫。

巳酉丑三合金。巳為金之初生，酉為金最堅最純之時，丑為金幻化它形後的保藏。

① 關於三合局的理解有這麼幾個要點：

• 三合局三個地支代表某一種五行的初生、最旺、收藏入庫三個演化階段。類似一個人從初長階段到鼎盛階段，再到保守退出社會階段。如亥卯未三合木，是代表木這一五行的三個不同的力量階段。

• 三合局的推導來自天文學。天文學中每一年長度有多種度量方式，其中一種是「恒星年法」，即地球圍繞太陽一周的週期，為 365 日 6 時 9 分。另一種是依照太陽直射地球北回歸線與南回歸線週期，即 365 日 5 時 48 分 46 秒，約為 365.25 天。八字命理以節氣定義月份，也即是以太陽直射地球南北回歸線的週期為準，因這一週期為 365 又 4 分之 1 天。零頭約為四分之一天，一整天為太陽整整照射地球一遍，也就是一天中五行之氣流通一遍。但一年因有零頭，五行氣數在一年時間內循環不完整，不平衡。不過，約四年可以湊齊零頭為一整天，這樣就四年時間地球的五行氣數就會完整循環。假如我們把一天分為 100 刻度，巳年從第 26 處開始，那麼 4 年後的酉年也是從 26 處開始，再四年後的丑年仍是從 26 處為一年開始，如此巳酉丑這三年都是在一天中的同一刻度處開始，因而這三個地支具有同一太陽照射特徵，也就是同一五行特徵。以此而推，寅午戌三年從 51 開始，亥卯未從 76 開始，申子辰從 1 開始。這樣推導下來三合局即是因氣數相同而合局。

• 因一年只是約為 365.25 並非絕對值，因而五行氣數不是絕對值，故此有氣數深淺不一的說法，即所謂 60 年前的甲子年和 60 年後的甲子年氣數是不一樣的。

圖：三字相連為等邊三角形。有關係牢固之寓意。

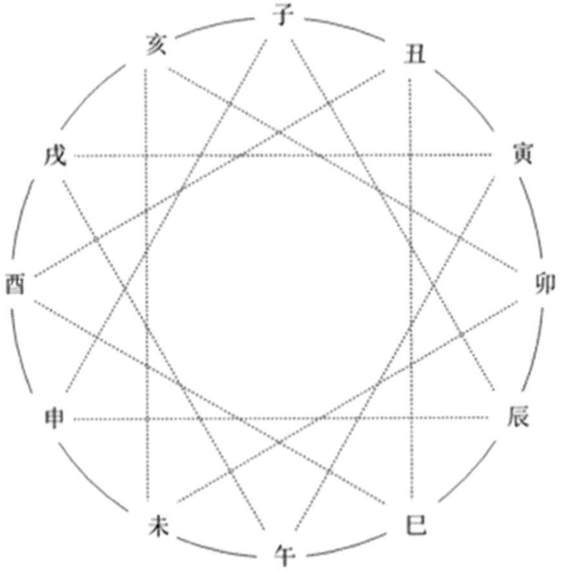

子
丑
寅
卯
辰
巳
午
未
申
酉
戌
亥

如八字：癸未　乙卯　乙亥　丙子　此八字年支未、月支卯、日支亥三合木局。

地支三會局

會局可以理解為彙聚一方之氣。三合局以天文推導，三會局以地理推導，即彙聚東南西北一方之氣即為會局。

寅卯辰東方木局，

巳午未南方火局，

申酉戌西方金局，

亥子丑北方水局。

如圖：

子 丑 寅 卯 辰 巳 午 未 申 酉 戌 亥

如八字：癸亥 甲子 丁丑 壬寅 此八字年支亥、月支子、日支丑三會水方。

十二運

將十天干分別對照十二地支，以觀察每個天干在各個地支之上的氣數狀態即為天干十二運。八字命理學與六爻不同：六爻注重地支，而八字命理是以天干表達命運的實質，天干為五行的化身，地支則是五行氣數的「度量衡」，也就是天干旺衰的度量衡。看天干就可以明白一個人一生要經歷什麼，看地支就可以知道一個人所要經歷的哪些東西到底是什麼樣的程度、狀態。

十二運為：

長生——剛剛降生，自己獨立呼吸空氣，生命機體不像母腹中那樣有人庇護。有一個人開始獨立應對問題的象徵。

沐浴——人出生後，需要沐浴，洗去從母胎中帶來的血跡，意喻學習新知識，自我反省，自我審視。

冠帶——表示其人已經長成，開始和社會「打交道」，要有一定穿著表示自己的喜好、身份。意喻一個人開始向社會呈現自己，本人開始定型。與沐浴不同，沐浴有後悔、自我反省之意，冠帶則是不大顧忌他人感受，開始注重自己形象。

臨官——在社會中有了自己的一席之地。意喻入世，開始實踐人生。

帝旺——為人生命力最旺盛的階段，想到做到。意喻一個人凡事都要親自操控。

衰——代表人的生機開始由旺轉弱，意喻一個人力不從心，不能很好把握局面而顯得衰弱，類似有經歷息壤爭奪之後的一種看破世事的心態。漸漸轉向悲觀。

病——代表人的生機由旺轉衰。意喻一個人不足以應對新情況而自我破敗，內部矛盾開始暴露，大有不知如何是好的心態。

死——不是指死亡，而是像死了一樣沉默低調。對外沒有明顯表達，而內心翻江倒海。

墓——如果實成熟而入庫，隱藏、保存之意。意喻保守，時常有一些甚至親人都不知道的內情。帶墓者，其人多有孤獨感。

絕——是指生意已絕，不再有內心活動和主動性的創作、生長。意喻被動、悲觀、承受，絕對寂靜。故命帶絕者其人不愛說話，內心孤獨，易受外界影響。

胎——重新結胎，如卵子精子結合而成胎。因胎在母腹，成功與否受外界影響很大。意喻可以安然享福，但很不穩定。

養——胎已成而有人形。與胎類似易受外界干擾。所不同者胎為剛開始形成，有無方向隨大流的意喻，而養則是形體將成，意喻其人有志願、有愛好、有傾向。

十干十二運如下表：

十二運列表

	甲	乙	丙	丁	戊	己	庚	辛	壬	癸
長生	亥	午	寅	酉	寅	酉	巳	子	申	卯
沐浴	子	巳	卯	申	卯	申	午	亥	酉	寅
冠帶	丑	辰	辰	未	辰	未	未	戌	戌	丑
臨官	寅	卯	巳	午	巳	午	申	酉	亥	子
帝旺	卯	寅	午	巳	午	巳	酉	申	子	亥
衰	辰	丑	未	辰	未	辰	戌	未	丑	戌
病	巳	子	申	卯	申	卯	亥	午	寅	酉
死	午	亥	酉	寅	酉	寅	子	巳	卯	申
墓	未	戌	戌	丑	戌	丑	丑	辰	辰	未
絕	申	酉	亥	子	亥	子	寅	卯	巳	午
胎	酉	申	子	亥	子	亥	卯	寅	午	巳
養	戌	未	丑	戌	丑	戌	辰	丑	未	辰

如八字：

庚戌 己丑 戊寅 丙辰 日元為戊土。以戊土定位年月日時四地支。年支戌為戊土之墓。月支丑為日元戊土之養。日支寅為日元的長生。時支辰為日元的冠帶。一生要走這四個『十二運』。少年時期為墓，青年時期為養，中年時期為長生，晚年為冠帶。至於這四運都有什麼人生含義，參看後面章節即知。

十二支中，以寅申巳亥四地支為長生位，故將這四位地支又稱為「四長生」。以子午卯酉為帝旺位，故又將這四位地支稱作「四旺」。辰戌丑未為墓位，故又將這四位地支稱為四墓，或者「四墓庫」。

補注三合局原理

從十二運列表即可得知：三合局三個字，均是由五陽干的長生、帝旺、墓三位地支組成，長生表示物之初長，旺代表物之長成，墓表示物成熟入庫收藏：

木合局：亥卯未——亥為甲木長生，卯為甲木帝旺，未為甲木之墓。

水合局：申子辰——申為壬水長生，子為壬水帝旺，辰為壬水之墓。

火合局：寅午戌——寅為丙火長生，午為丙火帝旺，戌為丙火之墓。

金合局：巳酉丑——巳為庚金長生，酉為庚金帝旺，丑為庚金之墓。

三合局地支，其地支都有一個共同五行屬性的藏干，木局藏木，金局藏金，水局藏水，火局藏火。

補注三會局原理

從十二運列表即可得知：三會局三個字，均由五陽干的臨官①、帝旺、衰三位地支組成：

木方局：寅卯辰——寅為甲木祿，卯為甲木旺，辰為甲木衰。

水方局：亥子丑——亥為壬水祿，子為壬水旺，丑為壬水衰。

火方局：巳午未——巳為丙火祿，午為丙火旺，未為丙火衰。

金方局：申酉戌——申為庚金祿，酉為庚金旺，戌為庚金衰。

三會局的三個地支均有同一五行屬性的地支藏干，就是木局藏木，金局藏金，水局藏水，火局藏火。

①神煞中的「禄」。

地支藏干與人元司事

地支藏干表

地支藏干列表

子		癸	
丑	癸	辛	己
寅	戊	丙	甲
卯		乙	
辰	癸	乙	戊
巳	庚	戊	丙
午	己	丁	
未	己	丁	乙
申	壬	庚	戊
酉		辛	
戌	辛	戊	丁
亥	甲	壬	

地支藏干可以這樣方便理解，即一個地支中包含多種五行氣數，用天干表示地支所藏之五行就是地支藏干。

如八字：

己未 癸酉 丁亥 己酉 此八字年支未中藏有乙、己、丁。月支酉藏有辛。日支亥中藏有壬、甲。時支酉藏有辛。

人元司事

命理學中有天地人三元，天元是八字中的四天干，地元是八字中的四地支。人元就是四地支所藏之天干。司事就是管事的意思。

人元司事與地支藏干不同。人元司事專指月令。古有命理學專家認為一月中有多種氣數在輪流掌管一月中的五行之氣。比如寅月，土管五天，丙火管五天，甲木管二十天，卯月甲木管七天，乙木二十三天……可惜的是，諸書對於月令人元司事的劃分不同，如下：

其一

一月	寅	立春 雨水	己七日 丙五日 甲十八日
二月	卯	驚蟄 春分	乙十八日 甲九日 癸三日
三月	辰	清明 穀雨	戊十八日 乙九日 癸三日
四月	巳	立夏 小滿	丙十八日 戊七日 庚五日
五月	午	芒種 夏至	丁十八日 丙九日 乙三日
六月	未	小暑 大暑	己十八日 乙五日 丁七日
七月	申	立秋 處暑	庚十七日 戊三日
八月	酉	白露 秋分	辛二十三日 庚七日
九月	戌	寒露 霜降	戊十八日 辛七日
十月	亥	立冬 小雪	壬十八日 甲五日
十一月	子	大雪 冬至	癸十八日 壬五日
十二月	丑	小寒 大寒	己十八日 癸七日

其二

月	支	節氣	司令
一月	寅	立春 雨水	戊七日 丙七日 甲十六日
二月	卯	驚蟄 春分	甲十日 乙二十日
三月	辰	清明 穀雨	乙九日 癸三日 戊十八日
四月	巳	立夏 小滿	戊五日 丙十六日 庚九日
五月	午	芒種 夏至	丙十日 丁十一日 己九日
六月	未	小暑 大暑	丁十九日 乙三日 己十八日
七月	申	立秋 處暑	己七日戊三日 壬三日 庚十七日
八月	酉	白露 秋分	庚十日 辛二十日
九月	戌	寒露 霜降	辛九日 丁三日 戊十八日
十月	亥	立冬 小雪	戊七日 甲五日 壬十八日
十一月	子	大雪 冬至	壬十日 癸二十日
十二月	丑	小寒 大寒	癸九日 辛三日 己十八日

除了以上兩種說法外，其餘諸書至少還有三種。讀者可以參考《淵海子平》。《三命通會》。

如八字：

1、戊寅 乙卯 庚申 癸未

有人依據『秘傳』人元司令斷此八字：生於二月初旬，此時甲木司令，甲木為日元偏財，故此八字以甲木為真神。其餘干支須依甲木而定用處大小。

2、戊申 甲子 甲辰 己巳

有人斷此八字：生於『大雪』後四日，是時壬水司令，故以壬水偏印為真神。

以上兩八字斷法不重視八字月令原局之字。而著眼於月令節氣。這種斷法多流行於元、明時期①。

八字算命注重月令，因為月令關乎一個人出生時的氣候、天地、日月、星辰的運行狀態。這些可以稱為太陽系的宏觀關係，決定著一個人的身體健康、才能潛質和家庭、家族背景，決定著一個人的社會屬性。由於人無法調節地球與太陽的關係，月令決定的東西屬自身無法選擇層次之事。

八字中的時辰表達的是地球自轉的狀態，可以稱為太陽系的微觀狀態。決定一個人的後天努力、後天的學習、鍛煉和發揮。與月令不同，一個人不可以扭轉地球公轉狀態，但可以選擇自己在地球上的地理位置，甚至可以人為控制自己後代的出生地點、時間，也就是說日時決定的是自我可以有限選擇層次的事，代表一個人的本身自然屬性，是可以通過學習、鍛煉來自我塑造的。

---

① 中國哲學的根本是人學，始終注重天地人三者關係，這三者在幾乎所有中國哲學中都為根本性問題。以上兩種論法即是將人放置於比天更高的位置。

正因為這樣，當我們審察月令時，就顯得格外重要。宋以來很長一段時間都認為時空是無數個點組成的，而非連續的，認為一月之中的地支藏干會主客不分而各自佔用幾天，好像站崗值日一樣，這就有了人元司事的說法。司事就是管事的意思，類似值日、負責……為此古人還發明存留了多個版本的人元司事，比如正月為例：1，「立春念三丙火用，餘日甲木旺提綱」2，「寅宮戊丙各朝七，十六甲木方堪器」3，「己七日、丙五日、甲十八日」……

不過也有反對這種值日、管事的意見，代表者就是「醉醒子」（明朝），他認為：月中氣數可以分主客，也可以有初、中、末三個階段，但不能硬性將某幾天劃分為誰值日，如果這樣都可以的話，如寅月，戊土值日的那幾天，那麼木之「主」豈不是成了「客」，那麼算命就更沒有定見了。

【擴展】：

人元司事之不定，是命理學發展中的一個過程，而不是發展的結果。

人元司事在子平命理中的取格、定格佔有極大的重要性。從發展的眼光看，取格、定格經歷兩個時期，一個是人元司事不定期，二是人元司事妥協期，即是今日。以上文提到的兩個版本來說明如下：

	不定期			妥協期	
	其一	其二	其三	其一	其二
寅	己七日	戊七日	艮五日	甲	甲
	丙五日	丙七日	丙五日		
	甲十八日	甲十六日	甲二十日		
卯	乙十八日	甲十日	甲七日	乙	乙
	甲九日	乙二十日	乙二十三日		
	癸三日				
辰	戊十八日	乙九日	乙七日	壬	癸
	乙九日	癸三日	壬五日	癸	
	癸三日	戊十八日	戊十八日	乙	乙
				戊	戊
巳	丙十八日	戊五日	戊七日	丙	丙
	戊七日	丙十六日	庚五日		
	庚五日	庚九日	丙十八日		
午	丁十八日	丙十日	丙七日	丁	丁
	丙九日	丁十一日	丁二十三日		
	乙三日	己九日			
未	己十八日	丁十九日	丁七日	甲	乙
	乙五日	乙三日	甲五日	乙	
	丁七日	己十八日	己十八日	丁	丁
				己	己
申	庚十七日	己七日戊三日	坤五日	庚	庚
	戊三日	壬三日	壬五日		
		庚十七日	庚二十日		
酉	辛二十三日	庚十日	庚七日	辛	辛
	庚七日	辛二十日	辛二十三日		

丁	丙	辛七日	辛九日	戊十八日	戌
	丁	丙五日	丁三日	辛七日	
辛	辛	戊十八日	戊十八日		
戊	戊				
壬	壬	戊五日	戊七日	壬十八日	亥
		甲五日	甲五日	甲五日	
		壬十二日	壬十八日		
癸	癸	壬七日	壬十日	癸十八日	子
		癸二十三日	癸二十日	壬五日	
辛	庚	癸七日	癸九日	己十八日	丑
	辛	庚五日	辛三日	癸七日	
癸	癸	己十八日	己十八日		
己	己				
這個表在今日漸漸佔據主流。實際上當前命理界是妥協期一二表兼用，還沒有最後確定。	此表大約在清中期開始流行。《子平真詮》即是依照此表，最明顯特點就是四墓月陰陽干皆用，如未月甲乙木都有用。			此三表主要存在於宋明及清前期。正是如此混亂，才有人元司事定格之真假，才有《御定子平》中乘氣、真神之說。	備註：

地支相刑

子卯互相刑，

丑戌未互相刑，

巳申寅互相刑。

亥自刑。酉自刑，午自刑。辰自刑。

《五行大義》將刑稱之為「同類相治」。歷來諸書對於刑的內涵和推導多多少少有些破綻，很多人當然是不知道三刑的用法了。這裡貢獻我自己的看法，即以地支藏干（數）來推導，刑分為三組：子午卯酉一組，辰戌丑未一組，寅申巳亥一組。故又稱為「三刑」。每一組刑中分兩種，一為互刑，一為自刑：

●子午卯酉組

——找出一個字，看在五行上生它的那個字若地支藏干數單一，且自身氣數單一，則為互刑；其餘自刑。

子受酉生，酉只藏辛；卯受子生，子只藏癸。生子和卯的酉和子地支藏干單一、純正。故此子卯互刑。也是因為生它們的酉和子力量單一純正，子卯刑稱之為旺刑，逢子卯刑者，其人無禮貌、常輕視他人，也容易發生肢體傷災。

午字自身藏己丁兩字，受卯生而午火自身亦生己土、氣數分散不均，故此自刑。也是因為如此，命帶午午自刑者有精神分裂、精神過於緊張之趨勢。

酉字需土生，土藏於午字，午字藏己土丁火，生酉金而又剋酉金，酉字無所適從，故酉自刑。正因為如此，酉酉自刑者其人孤，無精神依託。

• 寅申巳亥組

——除亥字其餘三字均藏戊土，故巳申寅互刑。亥字自刑。

巳申寅三刑者其人吐納均、不善周旋，所以一生多有意外，於人身多傷災、女人易流產。於事業，吉則有意外成功、凶則有橫禍。

亥亥自刑者，因亥字藏水木，類似子卯互刑，不同者為子卯常牽連他人，自刑者，自作自受之意。

• 辰戌丑未組

——除辰土外，其餘三地支藏干皆可順生：戌——丁生戊生辛，未——乙生丁生己，丑——己生辛生癸。故丑未戌互刑。辰自刑。

丑未戌三刑者，因各自為土，土有緩慢、塵雜、暗昧之義。如此三刑者，陽日干生人一生總有難以伸展拳腳的感覺，陰日干則能自感有神秘力量干擾。

辰辰自刑者，因辰中戊癸合而成水火對沖，其人容易自我失去機會、自我放棄、一生所作容易抵消①。

如八字：

癸酉
乙卯
丁酉
甲辰 八字中酉字見到酉字，為酉酉自刑。若只一個酉字不為自刑，流年酉年為流年自刑。

癸亥
辛酉
丙午
甲午 此八字日時自刑。

庚戌
己丑
乙未
戊寅 此八字年月日三地支形成丑戌未三刑。若是申運，巳流年則又會形成寅申巳三刑。

---

①「刑」這個概念很早就有，早到沒有「地支藏干」這個概念的時候。以上我自己的這種推導一是為了給諸位讀者一個全新思路，二是也從側面證明三刑有深刻的氣數原理。

十神

十神又稱為天干通變。也就是每一天干對應十干關係的十種稱謂。如下表：

天干通變十神表

日元	甲	乙	丙	丁	戊	己	庚	辛	壬	癸
甲	比肩	劫財	偏印	正印	七殺	正官	偏財	正財	食神	傷官
乙	劫財	比肩	正印	偏印	正官	七殺	正財	偏財	傷官	食神
丙	食神	傷官	比肩	劫財	偏印	正印	七殺	正官	偏財	正財
丁	傷官	食神	劫財	比肩	正印	偏印	正官	七殺	正財	偏財
戊	偏財	正財	食神	傷官	比肩	劫財	偏印	正印	七殺	正官
己	正財	偏財	傷官	食神	劫財	比肩	正印	偏印	正官	七殺
庚	七殺	正官	偏財	正財	食神	傷官	比肩	劫財	偏印	正印
辛	正官	七殺	正財	偏財	傷官	食神	劫財	比肩	正印	偏印
壬	偏印	正印	七殺	正官	偏財	正財	食神	傷官	比肩	劫財
癸	正印	偏印	正官	七殺	正財	偏財	傷官	食神	劫財	比肩

如八字：

庚午 戊寅 癸丑 乙卯

要論一生細節：以癸水日元為基準，年干庚為正印。月干戊為正官。時干乙為食神。年支午火中藏己、丁，分別為七殺、偏財。月支寅木中藏甲、丙、戊，分別為傷官、正財、正官。日支丑土中藏己、辛、癸，分別為七殺、偏印、比肩。卯中藏乙，為食神。

若是論一生大概：又可以將四地支按照本氣祿位換算為天干。午火換算為丁，為偏財。月支寅木換算為甲木，為傷官。丑土換算為己土，為七殺。時支換算為乙，為食神——本氣互換即可看出人生大概。

十神推導邏輯

五行之間的關係為五倫。

五倫即是：生我、剋我、我剋、我生、競我這五種倫理關係。

生我者稱之為父母，剋我者稱之為官鬼，我剋者稱之為妻財，我生之者稱之為子孫，與我競爭者稱之為兄弟。

十干是五行的化身，每一行分陰陽而成十干。五行之間的關係就可以分陰陽乘以二而成十神。

生我者父母：陰陽同性為偏印，相異為正印。
剋我者官鬼：陰陽同性為七殺，相異為正官。
我剋者妻財：陰陽同性為偏財，相異為正財。
我生者子孫：陰陽同性為食神，相異為傷官。
競我者兄弟：陰陽同性為比肩，相異為劫財。

陰陽分而出五行。

五行表之以數、序即為天干。

天干之氣數、運化托之以地支。

從陰陽至五行，至天干，至地支，則氣數裂變以至幽微無窮。

干支為陰陽五行的運轉提供了數、序的表達方式。干支是宇宙自然之數，天、地、人、事都可以測，干支所表達的結果屬不可改變的天數、大數。

十神是社會中的「人倫」，「情慾」，「法紀」，「精神」，「但當」等等社會運行所依據的基本法則。這些法則隨社會本身變化而變化，屬人數，是小數。十神所示人生之事以類為單位，可以通過人為努力而改善。

十神類、象簡介

正印

•大義

1，生我而陰陽互異

2，助我生長而不留私心

3，能為我化解危難

4，一個人的精神、家庭、社會傳統和知識

5，符合社會平均普遍標準的教育、文化、信念

•六親事像

1，母親

2，能助我之人

3，比我大一代或大更多的社會人士

4，貴人

5，青少年時代父母長輩給予我的恩惠，和給予我恩惠的長輩

•社會抽象

1，社會、家族、家庭的傳統、傳承

2，偏向於文字、文章、條理化的文化、知識。

3，官方學術、官方信仰

4，文書

5，工作單位

• 性情關鍵詞

1，慈祥

2，偏於文質

3，自保、善化解危局、為人圓滑，重視信條信念

4，重視精神世界的感受

5，有人情味但不善於表達出來。容易接近而不輕易信任他人

6，能發慈悲而不一定會去施捨

7，樂觀

偏印

• 大義

1，生我而陰陽相同

2，生助我而有所保留

3，化解危難的同時而又約束我的作為

4，不容易被他人接受的精神、知識、技術

5，難以在社會上普及的文化、信仰

6，偏門技藝

• 六親事像

1，母親的姊妹

2，繼母

3，關鍵時刻幫我一把之人

4，精神約束

• 社會抽象

1，社會、家族、家庭的新風氣

2，民俗、宗教、藝術等偏向於技術、應用的文化、知識

3，三教九流，非體制內學術

4，絕技、訣竅、私人心得

5，對正常法律、道德的彌補

• 性情關鍵詞

1，冷漠、孤僻

2，有深刻獨特的理解力

3，遇事容易自閉式地逃避

4，以不同他人的方式思考問題，如在關鍵時刻依靠宗教、藝術等來安慰自己

5，離群、不易接近

6，悲觀

正偏印備註

1，偏印並非一定是後母，而應理解為：假如八字月令只有正印而沒有偏印，則不論是否有後母，她均會按照母親的職責管護、養育我。假如只有偏印沒有正印，則不論是否有後母，她都有對子女偏心或「神不守舍」的情況存在。

2，正印為印之常，偏印為印的非常態。這就是一陰一陽謂之道的含義。十神是抽象級別的概念，天干好比是名詞，天干通變後的十神則類似於形容詞。十神代指一類事物，而非代指某一個確定的事物，所以在不兼用其他預測方法的前提下，只可以列舉某一十神有什麼含義，而不能論定這個十神一定是指什麼。讀者切不可落入「八字玩象」的迷途，用之以事後反推則可，而事前預測，只是浪

費時間而已，不是易學正道。

3，八字中某種十神越多，其人就越會表現出這種十神所預示的反面性情特色。

4，當某一十神在被剋的情況下，則是主要顯示出剋它的那個十神的性情特色。比如八字財剋印，則首先顯示的是財星的性格特色，只有與他相處長久後才能感到有印的性格特色。

5，正印過多會有類似偏印的性情特色。

6，正偏印混雜時，人會有道德、精神、知識系統、邏輯思維不協調的情況存在。

正財

• 大義

1，我剋而陰陽互異

2，我所掌控之物

3，掌控人、物的手段符合社會普遍平均價值標準

4，肉體、感官享受

5，預期之內的財物（工資、交換物）

• 六親事像

1，男命妻子

2，不論男女可以指父親的姊妹

3，兄弟之妻

4，工資、薪金、穩定收入

•社會抽象

1，感情

2，維持生命的養分、資財

3，偏向於實際感覺的肉體享受

4，偏向於眼前能見的實物

•性情關鍵詞

1，樸素

2，計較而安分、重物欲但能節制自己

偏財

•大義

1，我剋而陰陽相同

2，我掌控而又難以完全擁有之人和物，或者我尚未掌控而已經擁有的人和物

3，享受，歡愉

4，可以是預期之外的財物、智慧型財物（差價，利息）

•六親事像

1，父親

2，男命妻弟

3，差價所得、利息、不固定收入

•社會抽象

1，欲望

2，改善、調節生活的資財

3，偏向於情調氛圍的感官享受

4，偏向於排場，面子

•性情關鍵詞

1，可以反傳統

2，注重場面

3，大方

4，投機、重欲而少精神追求

正偏財備註

1，偏財為父親，這是偏財的社會本意，但正財也可用來推斷父親：八字月上無偏財而只有正財，父親有偏心跡象，或者會有不能擔當父親責任的情況出現。正偏財混雜時則會有父親志向不一，家中內外之事都管的可能。

2，和其它十神一樣：正財過多時，人的性情會趨向於偏財所預示的性情特點。反過來，偏財只有一點而且不透出天干時則會有正財所預示的性格特點。

正官

● 大義

1，剋我而陰陽互異

2，剋我之中而能像法律一樣保護我

3，溫和有情之剋

● 六親事像

1，男命子女（女兒為主）

2，女命丈夫

3，地位、權力

● 社會抽象

1，地位、人事組織中的組織身份

2，紀律、規範

3, 公眾、公家、社會的陽光面
4, 必要而正常性的道德、法律約束

• 性情關鍵詞
1, 正直、講原則
2, 對朋友嚴格
3, 護財，人情上有潔癖
4, 女命有大家閨秀氣質
5, 善於管理

偏官（七殺）

• 大義
1, 剋我而陰陽相同
2, 剋我而不留情面，使人難以接受
3, 無情之剋

• 六親事像
1, 男命子女（兒子為主）
2, 女命丈夫

3，控制力

• 社會抽象

1，權力、控制力

2，潛規則、隱性規則

3，非常道、黑道

4，惡勢力、社會的陰暗面

• 性情關鍵詞

1，冷酷、不循常道、叛逆已有的規矩

2，善用機宜、對同性朋友無體諒之心

3，愛母親

4，女命追求有能力而無合法身份的對象，或者有難以公開的情感

5，善於報復打擊、有野性魄力

正官七殺備註

1，官殺均可以是女命丈夫，正官為符合社會普遍平均標準期望的丈夫（將謀取安居之處、家庭責任放在第一位的丈夫）。七殺則是女性原始欲望驅動下追求的丈夫（將感覺、自身喜好放在第一，其他人之常情放在其次位置的丈夫）。

2，正官是組織上賦予的地位權力。七殺則是個人的實際控制力，不論地位如何均有控制力。故正官是官面之組織身份，七殺是實際的權力威懾。

3，正官多時，且八字有刑沖，則其人會有七殺預示的的性格特點。若是沒有刑沖則會好些。

4，命帶七殺並不是進不了政府部門，而是不論在何處，自己的權力、能力都與正常人事規章規定的不符。

傷官

•大義

1，我生之而陰陽互異

2，泄我精華而無節制，耗力

3，好動、外向

•六親事像

女命子女

•社會抽象

1，身體的活動，社會上的廣義運動、潮流

2，勞動付出

3，生財的能力和資本

4，文化、藝術、技能的展示

•性情關鍵詞

1，鋒芒畢露、咄咄逼人

2，自愎

3，注意力廣而不精專

4，少人情味但能維護家人

食神

•大義

1，我生之而陰陽相同

2，泄我精華有所節制，耗神

3，好靜，內向

•六親事像

女命子女

•社會抽象

1，思想活動，社會思潮

2，思維的發散、想像

3，生財的技能和資本

4，專業技術的展示（傷官注重實踐，食神注重總結）

• 性情關鍵詞

1，含蓄內斂

2，執著

3，注意力專注而深

4，少同情心，自私

5，內秀

食傷備註

1，傷官主動，食神主靜，故此傷官與食神比較而言，傷官多時人身多有傷災。食神多時人容易憂愁。

2，和其它十神一樣，食神過多就會有類似傷官的性情特點。傷官一點，而且不透出時則會有類似食神的性情特點。

劫財

• 大義

1，與我競爭而陰陽互異，有吸引之情

2，能在競爭中加強鍛煉我
3，排斥他人保護自己
4，凡事先己後人

•六親事像

比劫為兄弟姐妹、同事、和社會上的同輩

•社會抽象

1，一切與我競爭的事物，或者是競爭的目標
2，能幫扶我的事物

•性情關鍵詞

1，善於觀察時機，善於保護自己，不按常理出牌
2，能幫扶他人，且能幫到底，能欺負他人，更會欺負到底
3，因凡事從自己立場出發，極端情況下會歇斯底里維護自尊、保護自己，給人以剛愎自用的印象

比肩

•大義

1，與我競爭而陰陽相同，有排斥之意
2，競爭中往往有益他人而忽略自己利益

3，有體諒心、有但當、有同情心

•六親事像

比劫為兄弟姐妹、同事、和社會上的同輩

•社會抽象

1，一切與我競爭的事物，或者是競爭的目標

2，能幫扶我的事物

•性情關鍵詞

1，主觀，偏執

2，能幫扶他人而對自己缺乏保留。所以這種人不善經營，說好聽點是因為仗義疏財

3，因能體諒他人，所以自己總是以他人立場思考問題，局面一複雜就會顯出猶豫不定、無主見的性情特點

4，又因為人終有自己的利益，一旦自己維護自己利益的時候，往日給人留下的仗義疏財的印象會突然變成「虛偽」的印象

比劫備註

1，比肩、劫財要分天干和地支而言。天干的一般叫做比肩、劫財。地支的叫做祿、旺。祿就是十二運的「臨官」位、神煞中的「祿」，地支換干為比肩。旺就十二運中的帝旺，地支換干為是劫財。

2，比肩劫財與祿旺有本質不同。比肩劫財在天干，天干所顯示的是一個人在社會上的主要表現，大家都看得到的表現。所以天干的比肩劫財往往含有競爭的意思更多一些，地支中的祿旺則處於隱藏位置，雖有競爭之意，但給人的印象是幫扶的含義多一些。

3，任何事物都是一分為二的，競爭本質其實就是幫扶，而幫扶是為了更充分的競爭。

4，和其它十神一樣，單一十神所預示的性格並無好壞之分，好壞的評價要依據十神在八字中的分量和和具體搭配。八字中某種十神越多、越沖刑，就越會顯示出這個十神預示的負面性格。

5，任何十神，一旦正偏混雜，就會出現其人的行為、人格處事無法協調統一的情況。

十神性情補注

- 十神在天干所預示的心性，屬是眾人能見的性格，屬外露的心性。
- 十神在地支所預示的心性則是內心隱藏的性格，只有親密的人才能察覺。
- 哪一個十神不被剋倒，就會更多顯示這個十神的性格。如天干傷官，正印，正官都有，傷官被印剋，正官被傷官剋，而印沒有被剋，所以主要顯示印的心性，傷官正官則處於被壓制的心性，與其人接觸久了才會感到。
- 某個十神比重越大，某個十神的心性就越明顯，而且會更趨向於負面性格（從格的八字除外）。

十神之間的生剋

比肩劫財生食神傷官，
食神傷官生正財偏財，
正財偏財生正官七殺，
正官七殺生正印偏印，
正印偏印生比肩劫財。
比肩劫財剋正財偏財，
正財偏財剋正印偏印，
正印偏印剋食神傷官，
食神傷官剋正官七殺，
正官七殺剋比肩劫財。

單粒十神有其本身含義，雙粒之間生、剋之後還會產生新的人生含義，其中含義可參考後文「十神功用」部分。

第三節　概念深化

氣數——十二運與地支藏干

地支藏干的原則為：陽干入其長生、祿位，陰干入其餘氣（自身冠帶），祿，墓庫（自身養位），戊己土別有法則：

四生位

四生位	陽干之長生	陽干之祿	寄生	備註
亥	甲	壬		寅申巳亥為陽干長生位，稱為四長生。 寅申巳亥藏干皆為陽，四地支常動、不止，有旺動、進取之象。
巳	庚	丙	戊	
申	壬	庚	戊	
寅	丙	甲	戊	

四正位（四旺位）

四正位	陰干之祿	寄生
酉	辛	
卯	乙	
午	丁	己
子	癸	

備註

子午卯酉為陽干帝旺位，因而四地支又稱為四旺。

為陰，故四旺位常靜，人得之能平穩謀事，有謀有位。但要注意凡事不可一心二用。

四墓位（四庫位）

四庫位	丑	戌	未	辰
五行餘氣，陰干冠帶	癸	辛	丁	乙
五行墓庫，陰干養	辛	丁	乙	癸
本氣	己	戊	己	戊
備註	四土為五行墓位，又稱五行之庫，稱為四墓庫。			
	四墓庫中辰戌藏陽土，故不安靜，人得之不安份，對六親不利。丑未中藏干皆為陰，陰而靜，人得之常有不得伸展、悔緩無力之感。			

命理學常用概念

五行餘氣

五行墓氣

十干本氣

根

五行氣數

祿旺互換

●「人以群分、物以類聚」，三會局深得一方之氣，均含同一五行屬性，依次包括：五行祿位、旺位、餘氣位。餘氣即是五行由旺轉衰之位。

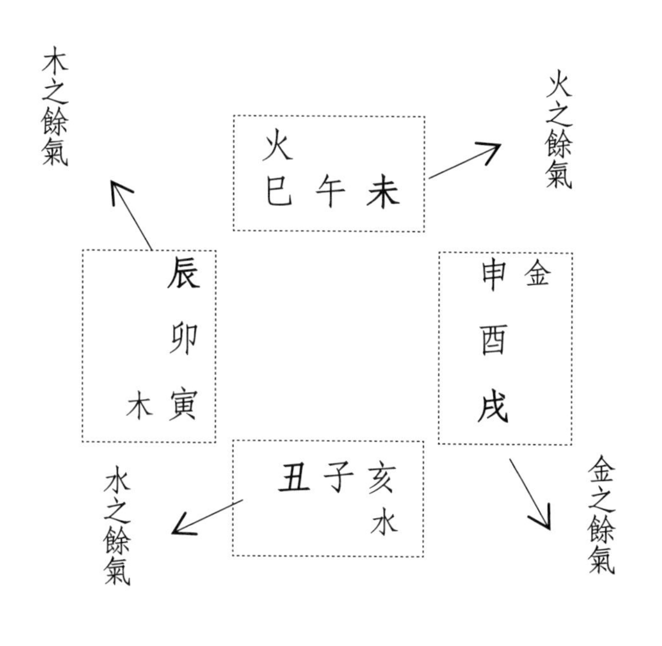

• 三合局包括五行之初生、最旺、收藏三位。五行墓氣即是收藏之位。以火局為例，其餘類推：

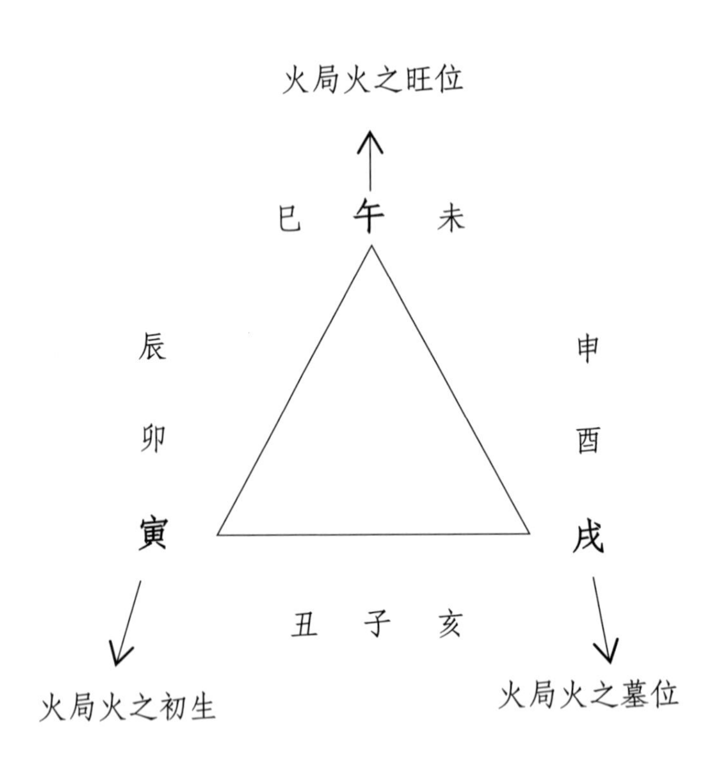

• 十干本氣乃十干十二運之祿位。

• 根乃是地支藏干含天干本身之意。也即是天干在地支藏干中的比肩、劫財。比肩為正根，劫財為偏根。兩種根含義有所不同，可以參考十神部分比肩、劫財的含義。

根氣所在列表：

天干	根氣所在地支
甲	寅亥
乙	卯未辰
丙	寅巳
丁	午戌未
戊	寅申巳辰戌
己	午丑未
庚	巳申
辛	酉丑戌
壬	亥申
癸	子辰丑

• 五行在天化為天干、在地則散列於地支，此即所謂五行氣數。

五行裂變為干支

五行	清氣上升在天為天干	濁氣下降均勻散在地支	濁氣下降集中於地支
水	壬、癸	申子辰	亥子丑
金	庚、辛	巳酉丑	申酉戌
土	戊、己	辰戌丑未	辰戌丑未
火	丙、丁	寅午戌	巳午未
木	甲、乙	亥卯未	寅卯辰

● 祿旺互換乃是一種論命法則，因地支氣數較雜，或含一位五行，或兩位，或三位。論命時，尤其是簡論一生大概時，可以將地支換算為純淨的天干而作對比。既可將地支同時按照祿位換算，也可同時按照旺位換算。一般而言，以祿位互換最為名至實歸：

干支祿互換表

天干	癸	己	甲	乙	戊	丙	丁	己	庚	辛	戊	壬
地支	子	丑	寅	卯	辰	巳	午	未	申	酉	戌	亥

五行力量等級

五行生剋只是一個大而泛的概念，五行必須呈現為天干、地支才能表達五行生剋的程度。即所謂量變導致質變。

換句話說來表示——甲剋戊屬木剋土，甲乙剋辰戌也屬木剋土，但是其中有質和量的區別。只有詳細區分他們之間的區別才能較為準確地判斷人生種種吉凶的「量級」、程度。即所謂凶有多凶，吉有多吉？

下表僅示例甲木與所有地支含有木的地支組合。

甲					
甲寅	甲卯	甲辰	甲亥	甲未	
甲寅卯	甲寅辰	甲卯辰	甲亥未	甲亥卯	甲卯未
甲寅卯辰	甲亥卯未	甲寅卯未	甲亥卯辰	甲寅卯亥	……
甲寅卯辰亥	甲寅卯辰未	甲亥卯未寅	甲亥卯未辰	……	
甲寅卯辰亥卯	甲寅卯辰亥未	甲寅卯辰卯未	……		

●八字中只有甲木，與八字中有寅卯、有寅卯辰、有亥卯未……是有截然不同木之含義的。雖然八字都含有木，但數量不一樣。

●五行之間生剋千變萬化。這裡主要想說的是：我們都說命理學吉凶在於五行的生剋，但是很多初學者並不知道什麼是五行生剋。八字中僅有甲剋戊，和僅有乙剋戊一樣嗎？八字流年歲運有湊成寅卯辰和巳酉丑之間的生剋又會如何？八字中午未和子丑之間生剋如何？流年庚剋八字甲，此年會有多大程度影響，八字歲運湊成申酉戌沖剋寅卯辰吉凶又是如何？誰能將這種各個層次的生剋含義列出來，誰就掌握所謂「秘訣」了。

●天干之間以生剋論，地支之間以刑沖會合論。天干和地支之間以十二運論。天干對地支並不是生剋關係，如不承認這一點，那麼八字命理就會淪為算術題，毫無人事映射的可能了。

●生和剋並不存在好壞之分，生我未必是好事，剋我未必是壞事。應該理解為：生和剋是人事演化的兩種境界和方式。生為順境，生我不足時，則人少依託、靠山。生我太過、太順時人就懶惰、失去自我操控能力；剋為逆境，剋力不足時，人也會懶惰不知進取。剋力過重時，要麼人膽小畏事，要麼胡作非為。

花甲 納音

六十甲子，又稱花甲，天干地支相互以陰配陰，陽配陽的法則，共六十而止。

八字命理又稱四柱，即年柱，月柱，日柱，時柱。每一柱即是一甲子。花甲並不單單是天干地支相配那麼簡單，而是在相配之後就有了超越於干支本身的含義。古來論述花甲的著作很多，但大多已經失傳，現在能看到較早的的是以《李虛中命書》所引用的《五行要論》《閻東叟書》為精品，這些均是三命範疇，立論主要著眼於五行、納音這些人之稟賦的層次。至宋明以後，五行與地理、氣候、醫學等學理結合，甲子的論述趨向人倫，立論著眼喜忌，用神等——代表作主要有《天元大成》所載之『格物至言』，又稱『日元確論』①。

①参看後面『喜忌』部份

納音列表如下，其中易理遠遠超出八字命理的範疇，在相當程度上，風水，占卜都能應用：

六十甲子納音列表

甲子 乙丑	海中金	丙寅 丁卯	爐中火	戊辰 己巳	大林木	庚午 辛未	路旁土	壬申 癸酉	劍鋒金
甲戌 乙亥	山頭火	丙子 丁丑	澗下水	戊寅 己卯	城頭土	庚辰 辛巳	白臘金	壬午 癸未	楊柳木
甲申 乙酉	泉中水	丙戌 丁亥	屋上土	戊子 己丑	霹靂火	庚寅 辛卯	松柏木	壬辰 癸巳	長流水
甲午 乙未	沙中金	丙申 丁酉	山下火	戊戌 己亥	平地木	庚子 辛丑	壁上土	壬寅 癸卯	金箔金
甲辰 乙巳	覆燈火	丙午 丁未	天河水	戊申 己酉	大驛土	庚戌 辛亥	釵釧金	壬子 癸丑	桑柘木
甲寅 乙卯	大溪水	丙辰 丁巳	沙中土	戊午 己未	天上火	庚申 辛酉	石榴木	壬戌 癸亥	大海水

裂變

至此，作為入門介紹，已經將八字命理所用基本概念已開裂至最小單位。其餘如六十甲子，納音，神煞，刑沖德合……均是這些基本概念的再次開演。

回過頭來，我們梳理一下：

陰陽　五行　干支　十神

這四個概念，更應該說是四級概念，它們對於八字命理各是在什麼層面起作用呢？作為教材，有必要闡述、解釋一些容易誤解的認識。

首先有以下兩個要義，讀者務必要有所思考：

- 命理學的概念相互參雜，有界限，但界限不明。這其中原因在於人、事、社會本身的多維性、複雜性、相互交融性。凡事都沒有絕對的界限，但界限一定存在。
- 命理術語古來就不統一，這個固然和中國哲學研究的對象有關，當然也是學術發展的一大缺陷。其中尤為重要者即是民俗與命理參雜導致命理學趨向迷信，如：認為八字有桃花就是作風不好——民俗的介入，可能使命理學減少嚴肅性，但這種介入也並非是完全的壞事，假如不以民俗為媒介，今日不會有這麼多的百姓接近命理學。

陰陽──《易》非易

《易》是指《易經》這部經典，也稱之為《周易》。

「易」是指變化。

「易學」是研究變化的學術。

命理學可以說是「易學」的一個學科分支。

我們常身臨於這幾個境地：

● 有人說：「我是研究易學的」。

● 有一位受人尊敬的長者說：「學會《周易》會算命」。

● 有人問我說：「為什麼很多人打著《周易》的旗號出書，但書裡面沒有講爻辭、易理。反而說《周易》是預測學的基礎？」

● 我與不少自稱知識分子的人閒談，他們會有一個觀點就是：《周易》文字艱澀，那一句能算命？

● ……

對於這些，我的看法是：我們以前對算命是以封建迷信來看待的，而對《周易》這部書還是手下留情的，借用《周易》掩護算命也就自然而然了。

因《周易》中言及八卦、爻辭、吉凶，因此以上種種展示的場景，其出現的根源為：

● 《周易》被算命的人用來當自保的工具，用來護身。

● 以訛傳訛，一知半解者只知《周易》中有八卦，因此以為占卜算命看看《周易》就可以了。

- 八卦是一種圖騰符號。
- 商業炒作，商業包裝需要。
- ……

「易」並非《易》！

「易學」是研究「變」的學問。

《易》是種種研究「變」的學問中最成功的一種官方學術成果，是以「治」、「政」為主題。除非君王、重臣的身家性命，沒有必要將爻辭映射於日常百姓的「猶豫不決」。

占卜、算命也是「易」之研究「變」的一個「學科分支」。專門應對芸芸眾生的不知所措。除非時勢、英雄，也不宜參與國體、治政——「讖」學就是誤解了《易》和「易」的界限，以至於專司天象指正君王行為的大臣多半沒有好下場。

因此，《周易》與占卜有交叉又有平行，同位列於「易」之下。

又有以下為常識性概念，不可不知：

- 《易經》言八卦、爻辭。不言干支、五行、十神、沖刑、方位、序①。
- 《黃帝內經》言陰陽，五行，干支，方位，寒暖燥濕，不言八卦、爻變。
- 《易》為《歸藏》《連山》《易》等多種「易」學中的一種。
- 占卜、算命、風水言及陰陽，五行，干支，方位，寒暖燥濕，八卦，爻變。知識系統橫跨《歸藏》《連山》《易》三「易」。卻很少專用爻辭。

①序有多種，干支本身就是序，紫微斗數中以陰曆日期，如初一，初七也是一種序數。

五行——《九疇》之一

命理學的核心即是五行。

然而，五行並非「人」所在世界的全部，而是這個人的世界大系統中一個可以獨立運行的系統。由於人是理性非理性的合一體，可以在已知、未知之間做出選擇，人的世界也就是一個主動加被動的世界，是處在一個在可控和非可控之間的世界。這就決定命理學有邊界而近似無限，看似無限而有盡頭——任何事物都受他本身的約束。

也就是說：由於人能自知、主動規避，故人能自己治理自己，一切法則對於人來說既有邊界，也無邊界——在遵守法則中尋找法則的界限邊緣。

假如人不能自知，不能主動，也就無所謂這一切一切的知識文化了，算命也就失去意義。古人正是看到：結果與人事之間並非一種原因在起作用，提出「九疇」以為人自己治理自己的工具。

命理學以為五行可以測一切，但實際上五行只是社會賴以運行的一部分法則。五行無所不在，但卻有界限。人能自知，能感知五行存在，卻不能完全捕捉五行軌跡。

九疇——社會九大系統：

初一曰五行，次二曰敬用五事，次三曰農用八政，次四曰協用五紀，次五曰建用皇極，次六曰又用三德，次七曰明用稽疑，次八曰念用庶征，次九曰向用五福，威用六極。

1. 五行——人要尊重規律
2. 敬用五事——人自身要有態度
3. 農用八政——人要注意生存與發展
4. 協用五紀——人要使自然規則成為法律
5. 建用皇極——人要有紀律
6. 義用三德——人做事要講究手段
7. 明用稽疑——一切人事本身就是信息（強調預測的重要性）。
8. 念用庶徵——人事要有計算、計劃。
9. 響用五福，威用六極——要有德與思

人的吉、凶、禍、福、成、敗、生、死，不完全由五行決定，一個人下一步要怎樣、會怎樣，至少是以上九個方面決定：

人是否尊重規律？人是否有協調的世界觀、人生觀？人要不要改善生活？人要不要尊重外界、自然？人要不要自律？人做事要不要講究效率？人要不要提前預知以後？人要不要可持續性發展？人要不要反思？

常有人為難算命先生：難道汶川地震遇難的人命都該喪於此時此地嗎？很顯然提這個問題的人不明白「九疇」之五行所指含義。

今日命理學之五行應用當然已超出治理社會的範疇，不過從「九疇」到「命理學」，僅以概念本身而言即知五行：

- 有自然之數預報的功能。
- 有人事可以模擬而成法規的「規則」功能。

所以，不要僅將思維限於唯物、唯心；主觀、客觀；迷信、科學；對於七情六欲的人本身而言，這些僅僅是枷鎖而已①。

① 說這麼多主要是想指出：五行並非一開始是用來算命的，而是有更神聖的事情——治理社會和人提升自我。今日占卜算命、包括你現在看的這本命理學入門書籍，都在陰陽、五行等數的範圍之內。對於陰陽、五行、干支的理解有多深，則在命理學的造詣就有多深。

干支——數、位、序

陰陽這個概念為一切概念的基礎，任何事物都有陰陽屬性。單單是五行，並不能很好具體操作來推演吉凶，必須裂變為具體數字，有了數字才可以計算、推演，干支即是數字。

干支是數、位、序三位一體的信息「粒子」。

數——沒有數則無法得到具體結果，金剋木的具體結果是什麼？水多木漂，怎樣的水能漂怎樣的木……這就要數來表達。即金可以是庚，可以是酉，可以是巳酉丑，可以是申酉戌……因數的不同，也就呈現出差別的吉凶。

位——即方位。聖人設易以示吉凶，吉未必處處皆吉，凶未必處處皆凶。故有方位以供趨避。位又為人的本份。告訴人『數』之旺衰，旺在何方，衰在何時。旺衰明瞭，則人能本份，不沾不該有的榮辱。

序——序即是因果、過程、先後①。比如四季春夏秋冬循環更替，一月之中初一、十五月虧月滿、人倫、法律……沒有序的概念，干支本身就沒有人生意義。

---

①命理學不同於現代哲學，現代哲學認為先後出現的現象未必有因果關係，這個當然不錯。但命理學則主要認為：現象之間必有聯繫，至於是何種聯繫在於如何解讀，而不在於是否有聯繫。

十神——倫理

由五行而得五種倫常（生我、我生、剋我、我剋，競）。

由五行而得十干，經緯五倫常而成十神。十神即是人際關係，稱為倫理。

現實中的倫理是人倫和法律。命理學中的倫理是十神。

要重點說明的是：

- 干支需要相互之間以「生」、「剋」、「競」來定義人倫（十神），干支本身不足以表達倫理之細膩。命理學之倫理是兩兩天干之關係、社會型關係。
- 延伸一下：八字命理學的倫理與京房易卦倫理不同。京房易卦之五倫為客觀型關係，更具有社會性，在測事上技高一籌。八字命理更加入血親關係，因而八字中所攜帶了與血親最為相關的信息。

裂變

- 陰陽——萬物之普遍性。
- 五行——萬物之類屬。
- 干支——事物之生死演化序列、過程。
- 十神——人倫，社會，法律，萬事之屬性（是否可以代表萬物屬性？）……

其中：

陰陽類似宇宙中的背景輻射，無處不在。

五行表達一類事物的稟賦。

干支演示每一類事物的變化狀態。

五行干支為人的時空屬性，在命運的層次上攜帶的是無法更改層面的信息。十神是干支的互相關係，決定的是人一生所處境遇的屬性，是可因人的具體情況而有差別的。

陰陽、五行能示人以吉凶的範圍，然吉凶的應期、吉凶的程度需要「數」來演算，以金剋木示例列表：

五行	五行裂變為干		五行裂變為干支		故此
金剋木	庚剋甲	辛剋甲	庚申年剋甲申日	辛卯月剋甲寅	五行列變為干支，則吉凶的範圍、時間、地點確定
肢體傷災、仁義之爭（僅僅金剋木不足以表達傷在何處，看不出仁與義是否能夠協調共存）	傷頭之象、不仁、好怒之象（僅庚剋甲只能有如此之象，未必一定發生）	辛剋甲則未必有傷頭之象，又因一陰一陽故此仁與義能共存	定然有傷災，傷災何時，傷在壬子，壬申、癸酉年月。何時不仁？何時發怒？庚申辛酉年月不仁，甲寅乙卯年月發怒	木旺金缺，太過仁慈不足以法制，官職品節不高。何時生官升品？升在戊己年月	

關於子平的歷史傳承——《三命通會》有關命理學傳承列表

相傳為戰國（經考證為唐末）	**珞琭子**	《珞琭子三命消息賦》（此書可能不是珞琭子所做，應為唐末時期作品）	尊「珞琭子」之法，以年為主，並重納音、神煞
唐	**僧一行**	「銅鈸法」	尊「珞琭子」之法，以年為主，並重納音、神煞
唐	**李泌**	得僧一行傳授「銅鈸法」	尊「珞琭子」之法，以年為主，並重納音、神煞
唐	**李虛中**	1，李泌將所學傳授李虛中 2，李虛中改年而以日為主	**改年而以日為主**
宋	**麻衣道者**	1，「子平」是徐君易的字，別號沙滌先生，又稱蓬萊叟 2，徐子平得李虛中法又加損益 3，麻衣道	虛中到子平的轉折期時代人
宋	**希夷先生**	1，「子平」是徐君易的字，別號沙滌先生，又稱蓬萊叟 2，徐子平得李虛中法又加損益 3，麻衣道	虛中到子平的轉折期時代人
宋	**徐子平**	1，「子平」是徐君易的字，別號沙滌先生，又稱蓬萊叟 2，徐子平得李虛中法又加損益 3，麻衣道	**專主五行，不用納音**
宋	**沖虛子**	得徐子平精華	皆尊「子平法」
宋	**僧道洪**	得沖虛子傳授	皆尊「子平法」
宋	**徐大升**	1，得僧道洪傳授 2，著《三命淵源》《定真論》	皆尊「子平法」
……	……	此後多尊子平法	

第四節　神煞

神煞是一個龐大的獨立系統，其學理並不是以五行生剋為核心。更多的是以天文、曆法為準憑。神煞並非專為算命而發明設立。但卻毫不影響命理學借鑒神煞。

- 八字命學理論是一個大雜燴，其學理很大程度上都是不斷吸收其它學科而「進化」的。如：關於「干支」，與《說文解字》理可相並通：乙字雖為木，作為象形文字，像人的四肢彎曲之狀，而乙木在命理學可以代表胳膊，將胳膊向上彎起，手向外伸，很像一個「乙」字。關於寒暖燥濕、月令氣候，正是與醫家精華《黃帝內經》理並相通，冬季人出生多為寒性體質，亥子月出生者需八字有火作適當配合……八字命理的核心其實是「理」以及流年大運。
- 八字命理對於神煞的應用情況也是隨時代變化而變化，神煞在子平以前的命理學中占很大部分。宋以至清，神煞已經淘汰至少百分之九十以上。所留下來的也多是與民俗有關，如桃花，貴人……至於是否能準，也是很模糊的自我體會的層面了。
- 神煞的原理很複雜，本書不做詳解，只介紹一些常用神煞。欲要深造可以參看古籍，如《協紀辨方書》。
- 有時候神煞於命理推算中發生不準的情況，也是與當時的曆法有關。
- 神煞本身是一種人生狀態，對於人的成就大小沒有決定性的關係。判斷一個八字的神煞到底是吉還是凶，主要依於「數」的生、剋、序、位——觀其干支五行屬性和出現方式（伏吟、沖刑等）以定，名字聽起來不好的神煞並不都會對人造成不利。

桃花

以生「三合局五行」的四正方地支為桃花。

申子辰水局，金生水，故取酉為桃花。

寅午戌火局，木生火，故取卯為桃花。

巳酉丑金局，土生金，故取午為桃花。

亥卯未木局，水生木，故取子為桃花。

查法：以年支或日支為基點。看年支，日支屬哪個三合局的地支，再按照「生三合局五行的四正方地支」的原則找出桃花。在四柱本身中出現的桃花為命中所帶，至少影響人十五年。流年大運出現的桃花為過路桃花，流年大運過去了就不起作用了。

如：甲子　己巳　甲午　丁卯

日支為午，屬寅午戌火局，木生火，故取四正方中的卯木為桃花。此八字時支卯木為桃花。進入丁卯大運，則這個卯木是桃花運，流年卯年為桃花流年，其餘仿照以上取法。

- 桃花分為牆內桃花和牆外桃花。

年月出現的桃花為牆內桃花，日支時支桃花為牆外桃花。由於八字四柱，每一柱均有年限——年柱為少年時期，出生到15歲。月柱為青年時代16到30歲。日支為壯年時代45前，時柱主管晚年。人在青少年時代，由父母作主的可能性大，且其人在社會上受到的約束較大，所以年、月犯桃花是屬可以被管控的，有「牆內桃花不出牆外」之說。日時主中晚年，因大多數人此時已成家、自主，這時候犯桃花恐怕會有一發不可收拾、危害家庭的危險，尤其是時柱桃花，若一個人在事業頂峰時期的五十歲左右犯桃花，恐怕沒有人能攔得住，因此常有牆外桃花關不住之說。

●另有廣義的桃花，即子午卯酉均為桃花。廣義桃花含義有二：

A．因所有桃花均為子午卯酉地支，有些人就以子午卯酉統稱為桃花。

B．子午卯酉氣專，故此人所得五行稟賦單純，容貌、氣質、精神瑕疵較少，因此推得子午卯酉多主人美貌、單純——這就屬廣義的桃花了。

●關於桃花的民俗議論：

A．桃花主姦淫？這個說法明顯不對。有桃花不一定人就齷齪。桃花和其他神煞一樣，均有人的「命運傾向性」的含義，神煞只是一種傾向，不一定會具體發生哪些事。是否發生要看流年大運。桃花雖主美貌，但美貌的人未必一定胡來，只是較容易受到追求、追求他人容易成功而已。

B．桃花就是搞對象？常有人說：「我今年桃花多，煩死了」。但看她的八字流年大運卻沒有桃花，很顯然，他把「對象」、「追求者」當作桃花了。神煞類似於一種引力場，人在這個場中容易作出一類事情，而不一定是容易搞到對象。這類情形就是民俗對於命理的誤解了。很多人並不瞭解神煞的命理學含義，而是通過民間口口相傳、民俗約定來認識神煞的。

C.古來，桃花也稱咸池，指萬物暗昧之時，暗指可以做見不得人的事。桃花今日看來，主要有：性情、氣質單純，貌美，精神脫俗的含義，與淫沒有必然聯繫。

神煞好不好要綜合看：看這個神煞的位置和五行干支屬性。桃花為七殺，稱為桃花殺，有受制於「桃花」之意，男女皆不利。如果是正官則無妨。桃花是陽刃，稱為桃花劫，或桃花刀，一般會有因情打架傷人等事。

驛馬

以三合局中的生氣受沖之方為驛馬。

申子辰水局，申為生氣，寅申相沖，故馬在寅。

寅午戌火局，寅為生氣，申寅相沖，故馬在申。

巳酉丑金局，巳為生氣，亥巳相沖，故馬在亥。

亥卯未木局，亥為生氣，巳亥相沖，故馬在巳。

查法：以年支或日支為主，看四柱中何地支臨之則為馬星，與桃花查法相同。如八字：

辛巳　己亥　丙戌　戊子

以年支巳起馬星，巳酉丑馬在亥，故月支為馬星。以日支戌起馬星，寅午戌馬在申，八字中沒有申，流年申年為馬星出現。

驛馬古時為傳遞文書的交通工具，奔馳於大道、驛站之間。因而驛馬通常可代表動態、變遷、奔馳、移動。明代一些八字命理如《李燕陰陽三命》，將馬星定位於升遷星，認為人命吉神為馬，大則超遷之喜，小則順動之利。凶神為馬，大則奔蹶之患，小則馳逐之勞。但至於如何判斷馬星是吉還是凶，則很模糊。

和一切神煞一樣，有些神煞的名稱很惡劣，但這不一定是壞事，主要看這個字對八字整體起什麼作用，對格局是好是壞？對五行配合是好是壞……

神煞與十神結合，則能將神煞的的人生含義再精確十倍，如：偏財為馬星，或者馬星中藏有偏財，或者偏財坐①在馬星上時，都代表動中謀財，利於遠方經營。流年馬星與七殺相並，外出需得小心。

馬星逢沖更容易動，逢合反不易動。

華蓋

以三合局起：三合局的墓庫支為華蓋。

寅午戌火局，戌為火庫。戌為華蓋。

① 坐是指一柱之中，天干坐在地支上。如甲申 庚寅 丙子 甲午這个八字，庚偏財下的地支寅為馬星，這就是偏財坐馬星。

亥卯未木局，未為木局。未為華蓋。
申子辰水局，辰為水局。辰為華蓋。
巳酉丑金局，丑為金庫。丑為華蓋。
查法：以年支或日支為準，凡四柱中所見者為有華蓋星，查法與桃花同。如八字：
丁酉　己酉　己丑　壬申
以年支酉起華蓋，巳酉丑在丑，故日支為華蓋星。若以日支起華蓋，巳酉丑在丑，八字只有一個丑，流年再有丑字則為流年華蓋①。
華蓋為藝術星，凡華蓋入命，其人多有文化、藝術、宗教方面愛好。性情傾向於哲學、宗教類型。華蓋為墓庫，有收藏之意，女命時上華蓋者生育較遲。

---

① 以上諸神煞大多可按照年支起，又可按照日支起。其中區別在於：年支所起之神煞主要用於擇日、擇人、婚嫁等多方多人之間的事。須得參考納音、方局。日支所起神煞可以換算為十神，主要用於判定和自身相關的人、事、命、運。

桃花、驛馬、華蓋之比較

桃花、驛馬、華蓋三星可從干支本身的特點理解，表比較如下：

干支與「桃馬蓋」比較列表

三神煞	驛馬	桃花	華蓋
各自特點	不易妥協	不易改變立場	不表態，內部包羅萬象
	聰明、好學新事物	專、精	志多而雜，其「學」多包容而欠專精
	生長	成熟	孕育，保存
	以進攻為主	九五之位不宜再進，守成為佳	包容，反思
	不安，沖則能動	靜，合則均霑	越沖越亂，合則成型
	生氣，變動	穩定，成型	收藏，保存
十二支	寅申巳亥	子午卯酉	辰戌丑未

神煞六沖列表

地支間相沖分為三類		
四生方即馬星逢沖	躁動不安	兼兩種五星的生旺而沖
四旺方即桃花沖	誰弱誰就遭殃，局勢明朗	單純五行旺氣而沖
四庫方即華蓋沖	牽扯面廣，暗昧混亂	兼三種五行而沖

附：十二地支所示人之稟賦

十二支稟賦列表

地支	所藏氣數	氣數特點	才能	性情	做事
子	水	氣數單純	專精、平穩	穩	依 現有規章，獨當一面
午	火土				
卯	木				
酉	金				
寅	木火	氣數多而並起	多兼、積極	急	能創造，但易遇挫折
申	金水				
巳	火金				
亥	水木				
辰	水木土	氣數雜而曖昧	雜、博	含糊曖昧	什麼章法都遵守，也可以什麼都不遵守
戌	火土金				
丑	土金水				
未	木火土				

祿、羊刃、陽刃、陰刃

祿即是「十二運」中的臨官，取其本氣、有不偏不正、不衰不旺、中正安和的效果，九五之尊之象。

羊刃同於十二運中的帝旺位。表示其自身力量處在最強大的極點，亢龍有悔之象。

陽刃，陽干之帝旺位，特徵為剛烈，暴戾，激發，急躁。陽刃多有剋財、剋父的嫌疑，主要就是因為其中藏干均為劫財，毫無轉化餘地（丙午、戊午稍好），故專力剋財。帶此星者從事軍人、警察的居多。年支遇陽刃主破祖先遺業，或有以怨報德的趨勢。月支遇陽刃主性情乖僻。日支遇陽刃主性急暴躁，遇事易頭腦發熱、沉不住氣，另配偶多疾病。時支遇陽刃見財官則為禍不淺，歲運相沖並相合，則災禍勃然臨門。陽刃怕沖合。

陰刃，陰干之冠帶位。

從下表可知祿、羊刃、陽刃、陰刃集中於五行的三會局中。

祿、羊刃、陽刃、陰刃列表

十二運	沐浴	冠帶	臨官	帝旺	帝旺	衰
神煞		陰刃	祿	羊刃	陽刃	
甲			寅	卯	卯	
乙		辰	卯	寅		
丙			巳	午	午	
丁		未	午	巳		
戊			巳	午	午	
己		未	午	巳		
庚			申	酉	酉	
辛		戌	酉	申		
壬			亥	子	子	
癸		丑	子	亥		

查法：以日干為主，四支見之者為是。

如八字：

丙戌 甲午 丁丑 丁未 日元丁火祿為午火，故月支為日元之祿。時支未為陰刃。

戊子 甲寅 壬戌 丙午 日元為陽日干，陽刃在子。故此八字年支陽刃。

古來，很多初學者將陰刃也稱為陽刃，也有將羊刃當做陽刃的，好似一筆糊塗賬。這些名稱的差別不是太重要，關鍵是看你怎麼用，我們按照干支氣數異同列表比較：

兩種「刃」之比較

乙、丁、己

日干	刃	地支	藏干	十神
乙	羊刃	寅	甲	劫財
			丙	傷官
			戊	正財
	陰刃	辰	癸	偏印
			乙	比肩
			戊	正財
丁	羊刃	巳	丙	劫財
			戊	傷官
			庚	正財
	陰刃	未	乙	偏印
			丁	比肩
			己	食神
己	羊刃	巳	丙	正印
			戊	劫財
			庚	傷官
	陰刃	未	乙	七殺
			丁	偏印
			己	比肩

辛、癸

羊刃	陰刃	羊刃	陰刃
辛		癸	
申	戌	亥	丑
戊正印	丁七殺		己七殺
庚劫財	戊正印	壬劫財	辛偏印
壬傷官	辛比肩	甲傷官	癸比肩

左邊示之陰干羊刃並不十分剋財，因為地支中皆藏傷官，傷官可以生財，是屬剋中有生。右邊所示之陰刃則更為剋財，因地支中無生財護財之物（丁未除外）。

天乙貴人

天乙貴人歌

甲戊庚牛羊，乙己鼠猴鄉，

丙丁豬雞位，壬癸兔蛇藏，

辛金逢虎馬，此是貴人方。

查法：以年干或日干起貴人，地支見者為是。比如庚午年或庚日生，八字的地支如有丑、未，即是有貴人。如八字：

乙酉 甲申 丙辰 甲午 日為丙，按「丙丁豬雞位」查，丙見年支的酉為貴人。

四柱有貴人，遇事有人幫，遇危難之時有人解救，是逢凶化吉之星。

天德貴人、月德貴人

天德貴人歌

正月生者見丁，二月生者見申，三月生者見壬，四月生者見辛，

五月生者見亥，六月生者見甲，七月生者見癸，八月生者見寅，

九月生者見丙，十月生者見乙，十一月生者見巳，十二月生者見庚。

查法：凡四柱年月日時上見者為有天德貴人。如八字：

戊子　甲寅　壬辰　丁未　寅月為正月出生，正月生見丁為天德貴人。則此八字丁字天德貴人落在時干上。

月德貴人歌

寅午戌月生者見丙，申子辰月生者見壬，亥卯未月生者見甲，巳酉丑月生者見庚。凡柱中年月日時干上見者為有月德貴人。

天月德貴人即是三合局之精氣。如八字：

戊子　甲寅　壬辰　丙午　寅午戌月見丙為有月德貴人。則此八字丙字月德貴人落在時柱上。

天月二德，為日月之精華，日月會合照臨之處。命帶二德者一生能化險為夷，不遭兇險。是一顆善良、受人尊重的星。

附：天乙與天月德比較

天乙為助人之星，屬後天範疇，能不能遇得到貴人需要看歲運。

天月德屬先天解凶之星，生來自帶的福氣，不費力氣，能自動化解兇險。列表舉例之：

兩種貴人異同例表

天乙	想辦書法展，遇到困難請人幫助而開辦成功	某某佛法精湛，但卻凍、餓、困頓	臨危有救，有人出手相助
天月德	書法的水平一般，但就有人喜歡、有人捧	某某佛法不精，但有人出資為他蓋廟	逢凶化吉不遭兇險

天乙與天月德並不是就一定導致如上列表中的現象，所列之表只是為了幫助理解兩者區別。

將星

以三合局五行的旺處為將星，年支、日支都可起將星。

寅午戌見午，

巳酉丑見酉，

申子辰見子，

亥卯未見卯。

如八字：

戊子　甲寅　壬戌　丙午　日支戌為火局，火最旺處為午。故時支午為將星。

因取三合局五行最旺處，故此將星是一顆權力之星，八字有將星者，即表示擁有相關領域的專才、專權。如將星是正財時，表示本人有理財能力，將星是正官，表示本人有組織才能……

天羅地網

辰為天羅，戌為地網。

有的書上講：「火命人逢戌亥為天羅，水土命逢辰巳為地網。辰見巳，巳見辰為地網；戌見亥，亥見戌為天羅。男忌天羅，女忌地網」。

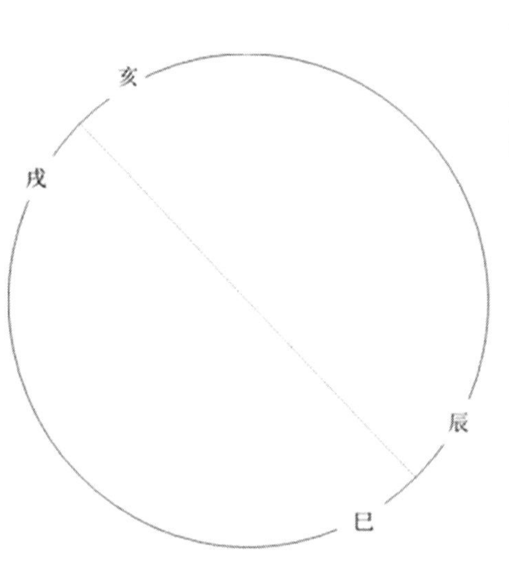

這裡我們不以此細分，而做廣義應用。即：天羅地網不宜會齊。任何人八字中有「辰戌巳亥」中兩字者，流年大運再會齊這四字就為歲運犯天羅地網，表示一年不得伸展，處處碰壁。

男命八字中有戌亥於月日時者有安靜、好學、玄門的興趣。女命則是八字有辰巳二字在月日時者，有搞算命、信佛、獨處不嫁等現象。

孤辰寡宿

以生年所在方位的前後二地支為孤寡，取其不在一方之意。

亥子丑年生人，見寅為孤，見戌為寡。

寅卯辰年生人，見巳為孤，見丑為寡。

巳午未年生人，見申為孤，見辰為寡。

申酉戌年生人，見亥為孤，見未為寡。

查法：以年支為準，四柱其它地支見者為是。如巳年生人，見申為孤辰，見辰為寡宿。經云：『凡人命犯孤寡，主形孤肉露，面無和氣，不利六親』。且認為婚姻不順。但事實上並沒有這麼絕對，較為有把握的情況是：

- 八字中有三合局時，再有孤寡星時，往往會與家中父母親人之一無緣份。
- 八字中有三會局時，再有孤寡星時，較三合局的情況更為明顯。

第五節　入式起例

本書注重干支本身的運算邏輯，初學者讀這本書，可以直接用來實踐。讀者一定要注意，往下閱讀之前一定確保基礎概念的明瞭。正所謂「內行看門道，外行看熱鬧」，不懂基礎概念，後面的肯定也是走馬觀花。

八字命理主要包含論命和論運兩部分，命可以是八字本身蘊含的人生信息，這個信息伴隨人一生。運可以是大運流年所帶來的具體變化，十年一個大運，一年一個流年……

命理學發源於官貴階層，他們有足夠的時間、金錢去研究這個。普通人，尤其是千餘年前的普通人吃飯還是問題，不可能創造發明命理學。普通人與達官貴人問命的層次也有很大不同，一般來說是君子問災，小人問財。這個君子是指官貴之人，小人是指普通百姓。很久以前的算命，主要是論八字本身所預示的「命」，就是因為官貴之人依國家法度而行事，折財、妻子不好、兄弟之間不和這等事不是主要，都是正常的日常生活。而自身升遷、前途、官災卻是每一日都不得掉以輕心的吉凶成敗所在。關於流年的，至於那一年升遷這也不是十分重要的問題，因為古代很大時間段內，官員升遷調配，還有科舉考試，都是在固定年份，只要不犯錯一般都會有如期的遷調。後來因命學逐漸普及，又漸漸深入百姓，商業化賺錢的需要明顯開始影響命理學，為了遷就百姓日常詢問的繁瑣，以及應對關於流年、流月的追問，命理學漸漸開始注重歲運①。

排八字，前文基礎概念部分已講，可以回頭參看、複習一下。

現在排八字比較方便，除了查萬年曆，也可以上網使用在線排盤工具，也可以手機下載一些專門軟件來排盤。但都讀者最好要學會萬年曆排盤，通過這個過程可以對干支，節氣加深理解。

再強調一下一個重要問題：八字本身有其自身運行方法，大運也有其自己運行方式，流年更是一門高深學問，這三個不宜同時講解。本書作為初級入門教材，以講解八字本身為主，流年、大運只是提供一些常用普遍方法。可以參考後續教材。

入式起例即是分析八字之前的排八字，標出地支藏干、十神、十二運、神煞、納音等步驟，這些步驟完成後，即可按照八字本身的運行規律來批八字了。

①正是這個線索，所以命理學一開始重視財官、用神。後來重視十神、歲運。

一、排八字

以1947年7月11日17時50分，女，渭南出生為例排八字如下：

坤①：丁亥

丁未

辛卯

丁酉

二、標出地支藏干

坤：

丁亥　甲壬

丁未　己丁乙

辛卯　乙

丁酉　辛

① 男命標注为乾，女命標注为坤。

三、標出十神

坤：

十神	干支	藏干十神
七殺	丁亥	壬傷官 甲正財
七殺	丁未	乙偏財 己七殺 丁偏印
日元	辛卯	乙偏財
七殺	丁酉	辛比肩

四、標出十二運[①]

坤：

			十二運
七殺	丁亥	壬傷官 甲正財	沐浴
七殺	丁未	乙偏財 己七殺 丁偏印	衰
日元	辛卯	乙偏財	絕
七殺	丁酉	辛比肩	臨官

（午未空亡）

---

①十二運以日元為準，看年月日時四個地支各是其十二運的什麼位置。辛幹到亥為沐浴，到未土為衰，到卯為絕，到酉為臨官。八字中的十二運即代表少年，青年，壯年，晚年時代其人經過的人生歷程。

五、標出神煞，納音

坤：

		藏干	十二運：	納音：	神煞：年上起	神煞：日上起
七殺	丁亥	壬傷官 甲正財	沐浴	屋上土		太極
七殺	丁未	乙偏財 己七殺 丁偏印	衰	天河水	華蓋	華蓋
日元	辛卯	乙偏財	絕	松柏木	將星	
七殺	丁酉	辛比肩	臨官	山下火	天乙 太極	

（午未空亡）

第二章 八字結構

第一節 四柱年限

八字又稱四柱，四柱就是年月日時四柱干支，每柱一個「花甲」。

正如京房易卦有爻限、卦限一樣，八字也有四柱年限。八字本身預示著人本身自帶的命理信息，不依照歲運而改變，只是在歲運中引化而已。不論歲運如何變化，所發生的一切都在四柱年限的約束之內。也可以說：柱限表達的就是人生要經歷的四大環境，一生所有事情都在四個環境中更替、重疊。

年柱

一個人所生之年份，由太陽系行星運行、地球繞太陽公轉決定。一年的長度即太陽直射地球回歸線一來會的時間跨度。古代三命學說以年為我，子平命理以日為我，這兩個時期都是認為八字有宮位之分。

- 六親方面，年柱指長輩，祖上。故年柱稱為祖先宮。也可以是久遠之人，如小時候的玩伴。
- 時間上指少年時期，約管到15歲左右。也可以指久遠之事、時。
- 在空間地理上指最宏大、最基礎、最背景的地域。如小時候的生活場景，一個人的祖國，出生地。
- 在距離上指遠方，外鄉。不論自己是在出生地，還是外鄉，都是可以指曾經以前去過的地方。

類似於紫薇中的遷移宮。

•推而廣之，年為祖先宮的同時又兼父母宮——因為在十五歲前人是可以見到祖輩的，並且父母已經開始有經濟基礎來完全影響自己了。

•與日相對：年為本，日為主。本主不可沖剋互犯。沖剋即是天剋地沖。年剋日為年上七殺，經云：「年上七殺，早年一場凶」。

•年為月之太極。因年與月為固定搭配，每一年的每個月都是固定干支。其推到法則就是「五虎遁月決」——甲己之年丙做首……

•年為當生太歲。所謂當生就是出生的當年。當生太歲不宜沖①，沖則難得祖業，有拋離故土傾向。

---

①以下為常用術語：

天干相剋地支沖——天剋地沖——無情打擊，不進則退
天干相剋地支合——天剋地合——意喻他人為我好心卻辦壞事
天干相同地支沖——天比地沖——表面平靜內心澎湃
天干相同地支合——天比地合——內部勾結連好，外表不作聲
天干相合地支沖——天合地沖——面和心不和
天干相合地支合——天地合、五六合——面合心也合
天干生我地支沖——印綬坐沖——變動中有利於我
天干生我地支合——印綬坐合——好事主動來
我生天干地支沖——食傷坐沖——變動中惠及他人
我生天干地支合——食傷坐合——彼此之間合好有利於他
天干相連地支合——劫財坐合——得朋友相助
……

上面常用術語既適用於八字本身，也適用於流年。只列出沖合的相關術語，更還有刑、害、三合、三會、神煞、十神等關係可以代入，若基礎較好的，可以分出十干區別。若全部分解出來應用於流年，就是有些人所謂不傳之謎。這些法則可以不依據於十神系統，只論生剋就可，故此完全可以編成幾百句口訣而方便使用。

月柱

• 月柱之地支即是月令。『令』有『時令』的意思①。月柱包含一個人出生時的時令、節氣的信息。時令節氣本質在人事（人的社會性）而言為寒、暖、剛、柔；在健康、體質（人的生物、自燃性）就是風、熱、濕、燥、寒。一般來說，八字需要五行配合得當，不能過寒（水多），不能過熱（火多），其次是不能過剛（金多），不能過柔（木多，過於柔其實是另一種的「剛」）。過寒則人情冷淡、處事被動低調；過熱則執事繁難、能進難退；過剛則少回旋餘地；過柔事多阻滯。風（木）有病則神經、肢體有疾；熱（火）有病者心血失常，氣血煩亂；濕（土）有病者消化、營衛、魂不附體；燥（金）有病者皮毛、呼吸、容顏不如人意；寒（水）有病者代謝、泌尿有患。

• 月為父母宮兼兄弟宮②，代表一個人的青年時期，管到大約30歲左右。因一個人在青年時代主要受父母影響，一些人也已經開始交朋友闖社會，故父母、兄弟對其人影響應該說最大了。

• 月為僚友③（同事，共事之人）。

• 也可以稱為事業宮。人的學習、思維、世界觀成型主要在這一時期，故職業選擇，後半生基業

①五行之金、木、水、火、土雖為同一層次的概念，但對於人的影響卻是不同層次的。水火為先天之物，八字首先要在水火上調配得當才能身體健康有保證。而金木土則是其次。有些人認為只要格局美好（月上用神得用），管它寒暖燥濕、風熱濕燥寒？甚至有說子平的核心是排斥寒暖燥濕之說的。其實這種認識是自我設限，自我孤立了，根本就沒有弄清月令是怎麼回事。

②月雖為兄弟宮，但其餘三柱都可看出兄弟朋友的相關信息。

③月雖為事業宮，但月令並不能完全決定一個人的事業取向。

的積累也都在這個時期奠定基礎。

- 在風水上是指出生地周圍約三里方圓的地域（也有一說是一里之內）。
- 月為運元。大運開始於月令，是正行還是逆行取決於性別以及生年①。

日柱

- 子平命理中，以日干為我，其餘七字為我之外的一切社會環境，整個八字則是外人眼中的「我」。故此日干是我，其餘七個字是我，整個八字也是我。日柱攜帶著一個人與生俱來的信息，尤其是相貌，自然性格等。
- 日支為夫妻宮。年限上為一個人壯年時期，這一時期人的處境好壞絕大部分情況下決定於婚姻。日柱管到約四十五歲左右，但並不是過了四十五歲就不起作用，而是：假如日支的本氣不透出，則是30－45時間段內這個地支五行之氣才會起最大作用，若是日支本氣透出，則是日支五行的效力一生顯著。
- 日柱呈現一個人的自身特點，且往往能看出其隨身攜帶的氣度、愛好。如甲午人好武（不是武術，而是指其人坐不住，喜歡隨時干一點事情，大體是動的意思）乙丑日人好「嗜」（容易有愛好而上癮），乙亥日人愛花草……

---

①月因運元，所以一個人的第五步大運一定是天干合月令，第六步大運一定是地支沖月令。人也就往往在第五步大運事業人生變化最大。而在第六步退休、失權（尤其是月上有用神格局的）甚至喪親、死亡的情況很為普遍。

● 就距離而言，為身邊親密之人與事，尤其是性格愛好、夫妻。

● 子平命理以日干為我開演十神。主要是因為日柱可以同時兼容經度時間和緯度時間。維度時間表示的是太陽、地球和其它大行星之間的關係，決定的是一個人無法選擇、無法改變的必須接受的命運。經度時間表示的是人於地球本身的位置和地球相對於太陽的明暗關係，決定的是一個人後天可以通過學習、努力來矯正、改變的命運部分①。如：一個人無法選擇出生地、父母、以及青少年時代的生長環境。但卻可以努力改變自己的愛情、自己是否要孩子等等……

時柱

● 時柱與日柱關係密切，就像年月一樣。時柱的干支受制於日元。五天就有六十個時辰，一甲子即會循環一次，故有以五合來推定時辰的『五鼠遁時訣』。

● 時支為子女宮，類似紫微斗數的奴僕宮。

● 時柱在時效上主管晚年之事。也可以說是人之終生歸結之地。因時柱為一個人45歲往後的事，正是一個人在社會上的事業、成就即將蓋棺定論之時，若時柱有損格局，那肯定是晚年其人有改業、轉業的可能了。若是時柱剋財，則男命晚年無緣美妻，若時柱為傷官剋正官七殺，則男命晚年有不利子女的可能……

---

① 柱限決定的是人生的局部信息。十神也是局部信息。格局是八字總體的十神信息，為人一生的總體傾向。月令之節氣含有先天的生物體信息（健康、氣質傾向等）。

●時柱是一個人最後的底氣，最終極的依賴手段。時柱為比劫，人在走投無路時會依靠朋友（比劫不沖刑時做如此解釋，若有沖刑，則是往往走投無路時坑害朋友，或者因朋友的坑害而走投無路）。時柱為正印，則主走投無路時依靠上級，長輩等。若為偏印，則在走投無路時自我憂悶、搞迷信、皈依宗教……

●因時柱為人生歸宿。時柱與其它三柱的關係即可看出其人生最終走向。時柱與年柱相沖剋，則主晚年的境遇與出生時境遇相反，生活境況也截然不同。若是與月柱相沖剋，一生容易有職業不定的困惑。與日柱相沖剋，則主中晚年有一次人生大調整。婚後家庭不安定。與年柱相生合，則主晚年境遇與出生時近似，或者兩者密切聯繫相互影響（如依靠故鄉資源創辦企業、衣錦還鄉……）。

以年為主還是以日為主

通過以上四柱年限的解說，讀者也已經應該明白「以年為主」和「以日為主」的區別了。以年為主和以日為主各自有各自的時代背景。納音、三命等以年為主的祿命法活躍於東漢至唐。以十神為才能、倫理，以格局為成就的子平命理則是以日為主，興起於唐末而延續至今。這兩種學術法則的過度與政治、經濟、社會制度的演變密切相關。

東漢至唐，中國社會以「仕族」（世族）為主要特徵——只要出身、血統好，祖輩有地位有威望即可保證自身的社會地位。這正是歷史學中的「門閥」、「世襲」——對應於命理學就是年柱祖先宮為主，只要年上生旺無破、有生有剋即為好命，若如此當然是有富貴期許了。

宋齊梁陳時，門閥、仕族開始瓦解。至唐末科舉制度興、政府中設立宰相，從此庶族（寒門，祖輩、家庭沒有社會地位）開始興起——只要自身有才能、有功業成就即有機會獲得功名。尤其是科舉制度讓社會中的底層人士、讓只憑自身才能的人有了出人頭地的希望。而祖輩、家庭出身未必是唯一希望了——命理學此時正好改年而以日為主。

命理學也就是東漢至唐末以年為主，正好對應仕族社會（門閥、九品中正制）。唐末棄年而改為日，正好對應庶族、寒門的興起①（宰相制度、科舉制度）。

① 社會變革正是命理學變革的依據。讀者不可將無依據的「復古」認為是命理學的進步。

第二節　四柱的運行

上面已論述四柱的各自管轄範圍，接下來就要進一步梳理四柱的運行方式①了，也就是一般所稱的干支之間的作用關係。

柱限應用

柱限前文已講。在應用上則主要是靠以下幾種法則：

- 五行干支生剋
- 十神的生剋
- 十二運

以如下八字為例詳細講解：

坤：丁亥年　丁未月　辛卯日　丁酉時

① 我以往所見過的絕大數民間「藝人」算命，基本上都是只看八字本身，很少涉及流年大運。這其中原因主要是因為1，沒有萬年曆，依靠流星趕月、排山掌等能推準具體的八字已經很費力，若果再推算出交接大運的時間和流年，很可能在算得過程中記錯，反應不過來。2，一般人對於大運對自身影響的感覺，並不如四柱本身年限對人影響的感覺深刻，尤其是沒有事業的人。

年柱丁亥：主其人少年時期，管到約十五歲左右①。

丁為天干，與地支相比，天干屬陽，表示陽面的信息、人所共知的信息，即一個人在社會上展現的信息。亥為地支，屬陰，表示一般人所無法直接觀察到的信息，只有本人和較為親近的人才能體認到。

天干為丁，地支亥。丁為其人在社會上的『展現』、『作為』。亥為如此『展現』、『作為』的環境、背景。八字中天干與地支的關係可以理解成：『果』與『因』的關係。就這個八字而言，天干丁表示少年時代的的一切遭遇的性質，地支亥為少年時代一切遭遇的所在環境，青年時則就換為丁未、中壯年為卯、晚年為丁酉了。

這裡要注意的是，單純的天干地支對於一般人來講，並不能體會出其中含義，換算為十神後則其社會、倫理含義就很明顯了。地支可以按照其本氣換算為天干後再開演十神。

如此，年柱丁亥即是丁為七殺，亥為壬水傷官。這叫做「七殺坐傷官」。其中的含義是：少年時代（年代表15歲前）；在逆境中成長（七殺為剋我之星，為逆境）；而其內部則是內心積極樂觀（辛金的壬水傷官一般來說比較積極，傷官能剋制七殺，故此是積極應對逆境），早通人情（所謂早通人情就是知道謀生，知道持家，因亥水中有財星，所以亥水雖然本氣為傷官，但可以細化為傷官生財，傷官生財的含義就是依靠自己想法、能力去賺錢謀生）。

一句話概括就是逆境中謀生，早通人情。

① 實際上並非絕對15歲，至於是到底管到多少歲請參考後文。

這其中的推論邏輯還可以細化為：

•丁年干

A．丁剋庚辛，庚辛為比劫——少年時代朋友稀少，獨來獨往，兄妹相處不佳。（這個陽干所預示的只是表面現象）。

B．丁生戊己，戊己為印綬——少年時代能爭取學習機會，維護父母權威。（印綬在六親上是指母親，在家庭、社會層面上指所有一切他人對我的恩惠，故此也包括父親，祖輩，仁慈的兄長等）。

C．甲乙生丁，甲乙為財——財為父親，表示父親嚴厲，一有動靜就會生丁七殺，使我感到有壓迫感。

D．壬癸剋丁，壬癸為食傷——食傷為祖輩，表示祖輩自顧不暇。

•年支亥水換算為壬

A．壬水剋火，火為官殺——凡事主動出擊，以技巧應對困境（食傷剋七殺表示以技巧應對困境），也因正官為正面約束、愛護，故此少年時代缺乏正面教育，有點放任自流，沒有很好地接受教育。

B．壬水生木，木為財星——財星於人表示父親，可以論為少年時代父親運氣不錯。財又為日常生活所需，可以淪為少年時代知道謀生，護家財。

C．金生壬水，金為比劫——表示少年時代常同朋友、兄妹一塊玩耍、生活、謀事……

D．土剋壬水，土為印綬——表示在少年時代，印綬處於無暇自顧的境地，如：學習上不專心、母親操勞……

E．壬水為祖輩——正常情況下表示少年時代與祖輩親近有緣。

【補充】

在這裡，一般入門讀者可能會有一個矛盾，就是丁火天干坐在地支亥水上，亥水剋制丁火，這個丁火是否起作用？

讀者萬不可有這種誰起作用誰不起作用的想法。出現這種想法是因為不理解四柱八字是什麼而引起的，是一種做數學題的思維。天干是一個人的外在表現，地支是一個人的本質內涵，丁火坐亥水，表示明面上表現為丁火七殺——外表嚴肅、內心活潑；外部忿忿不平，內部無所畏懼。天干與地支不協調並不是表示某個干支不作用，而是都同時作用，只是各有其不同層面的表現而已。故，丁亥可以認為是，逆境中維護家人（傷官生財，財為父系親屬），但總表現為壓制同輩（天干七殺剋比肩，比肩為朋友）。

附：蓋頭、動靜

這兩個詞出自：明．張楠的《神峰通考》，不過其中所含易理早已有之。

蓋頭一說實際上就包含「截腳」的含義。主要是指類似於庚寅，辛卯這樣的天干剋地支的蓋頭，和類似丁亥、丙子地支剋天干的截腳——將天干比作頭，將地支比作腳。

張楠原意是認為凡是天干透出的東西，若是為害，一定也要有天干透出來或者歲運來剋制才行。張楠認為天干明透的，就算地支剋它也是不能剋盡。

動靜的含義是指，天干常動，地支常靜。天干可以剋制地支，但地支則不能剋制天干。

雖然張楠被《三命通會》列為星命文藝的名流，但畢竟還是缺陷不少。

天干與地支的關係絕不是什麼剋制的關係。而是天干運行於地支之上，在什麼地支之上就有什麼樣氣數，就有什麼樣的吉凶。如庚寅，並不是庚字剋寅木，寅木就不影響富貴，而是：假如一個人因庚字而富貴，但因其坐在寅字上為絕地，故此庚金自身處於無力之地位，而富貴不穩。而今日一些初學者的邏輯是將八字分解為八個字，以類似加減的算術方式來對待，而沒有瞭解干支的深奧在於十二運和干支氣數。

很遺憾的是，對於張楠這種說法的誤解今日還是影響深刻。當然是不能怪罪誰。這其中的錯誤邏輯產生的原因約有以下：

人事閱歷不足，認為社會上誰強，誰就能壓制別人，故此產生強弱決定一切的論調——社會上的事情成敗與否雖有「強弱」這個重要因素，但「強弱」這種因素說到底是一種過程性的的東西，不是成敗的決定性因素。經常有強弱雙方互相依附而求榮的情況。所以命理中，日元弱的八字，干支有六合也是好命；日元過強的八字，八字帶沖刑也會有不得「善終」之嫌。

又認為誰出頭誰就是主謀——雖然從來就是英雄領導大眾，但英雄往往失敗於脫離群眾。天干透出的確是起重要作用，同時一定要看這個天干在四個地支各是什麼力量狀態，尤其是在時支處於什麼狀態。若時支剋制這個天干，那麼此項事業（而不是工作單位）不會長久，一過中年就『退』、『休』。

又認為一個人能生病又善於吃藥解病，這種人就是能人，故此又誤解了病藥說。——這個是張楠最值得驕傲也是最受人詬病的立論。大體上仍是秉承「大難不死，必有後福」的論調。實際上在沒有詳細解說格局十神喜忌的情況下，這種病藥說很容易將初學命理的人帶入了一個純粹唯心的境地，往往導致初學者一入手一個八字就要分出那個字是好，那個是壞，然而，哪個字好哪個字壞的依據往往是各說各的，終是淪為唯心自證的假邏輯學……命理學的高階在於解讀各個狀態的干支對於人的實際影響，而非一錘定音式地給某個字宣判①。干支本身氣數決定的生態才更富有人情味。

①受其它預測術影響，每門預測術各有其應用層次，理論之間時有相互套用的現象。「蓋頭說」、「動靜說」承認這樣一條重要原則：「一般論格局時，要注重用神天干透出」。如火珠琳——出現旺相，為久為遠；伏藏有氣，只利暫時。玄空風水——旺山有山，旺向有水才是真格局。八字命理——蓋頭截腳。

•地支亥

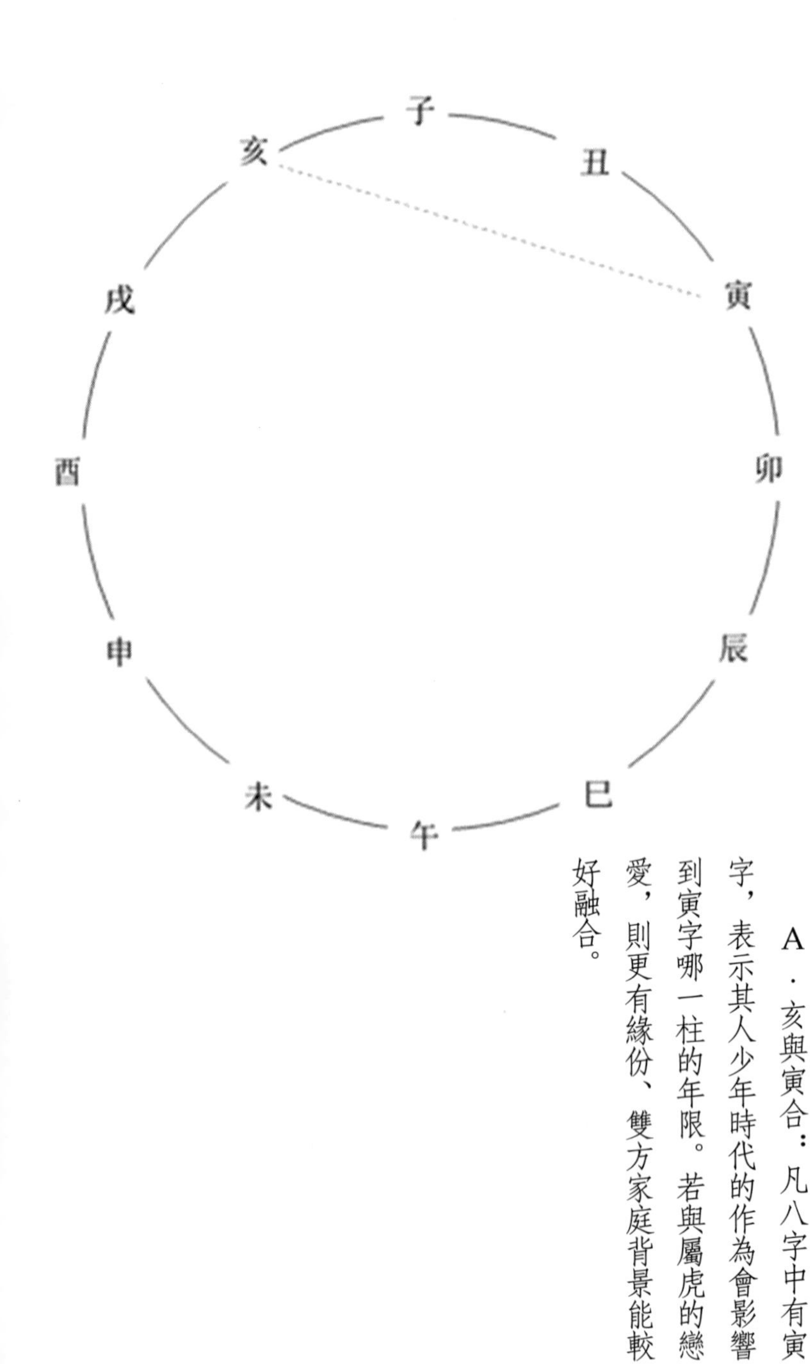

A．亥與寅合：凡八字中有寅字，表示其人少年時代的作為會影響到寅字哪一柱的年限。若與屬虎的戀愛，則更有緣份、雙方家庭背景能較好融合。

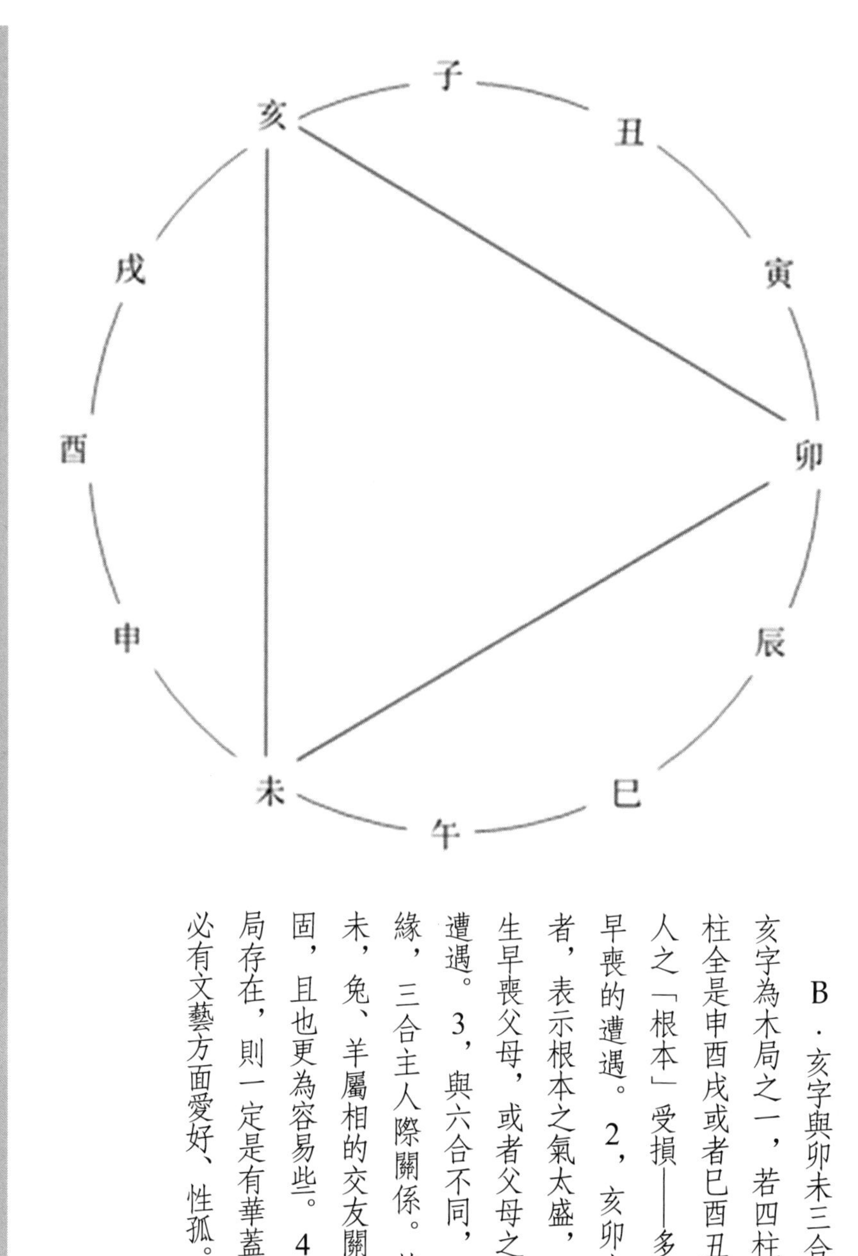

B．亥字與卯未三合局：1，亥字為木局之一，若四柱中其餘三柱全是申酉戌或者巳酉丑，表示其人之「根本」受損——多半有父母早喪的遭遇。2，亥卯未三字全者，表示根本之氣太盛，仍然會發生早喪父母，或者父母之一無緣的遭遇。3，與六合不同，六合主姻緣，三合主人際關係。其人與卯未，兔、羊屬相的交友關係更為牢固，且也更為容易些。4，若三合局存在，則一定是有華蓋星，其人必有文藝方面愛好、性孤。

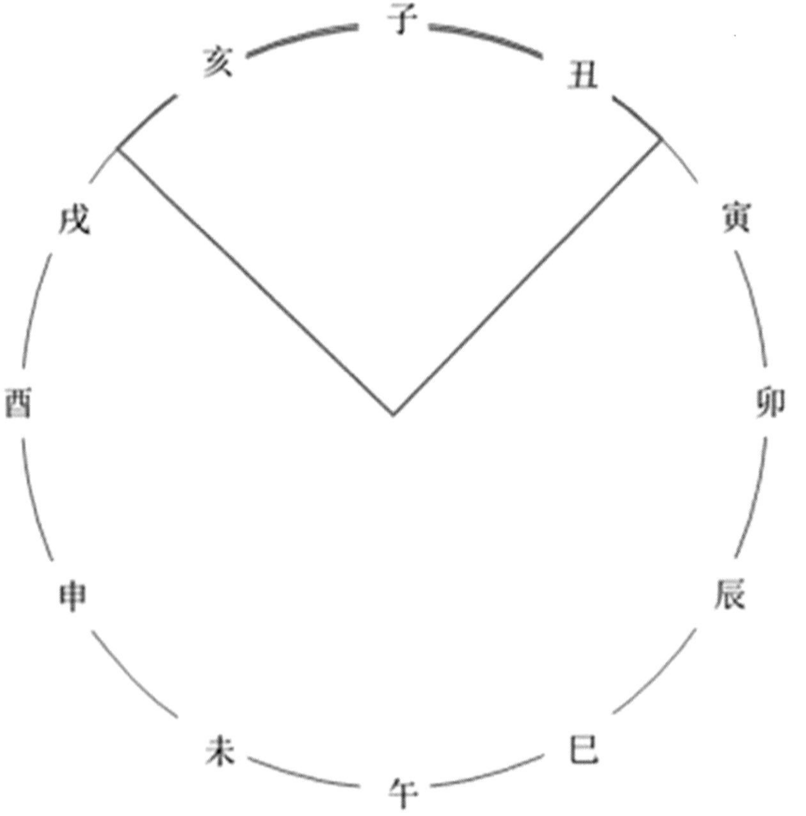

子　丑　寅　卯　辰　巳　午　未　申　酉　戌　亥

C．亥子丑三會局：

與三合局又不同，三合局為一「氣」之物。三會局則是「數」之相連。故此亥子丑表示水這一五行的數全。凡不在亥子丑範圍內的地支，視之為局外數。亥子丑為水局，水剋火，則火局寅午戌三字為孤寡星。四柱有三會局時，看寅午戌三個字各在什麼地方：在月柱，表示青年時代孤獨，在日柱，表示自己孤獨或者與配偶容易分別等。巳午未為南方火，與亥子丑對沖，若巳午未全，則與祖、父輩易有分別、多災。

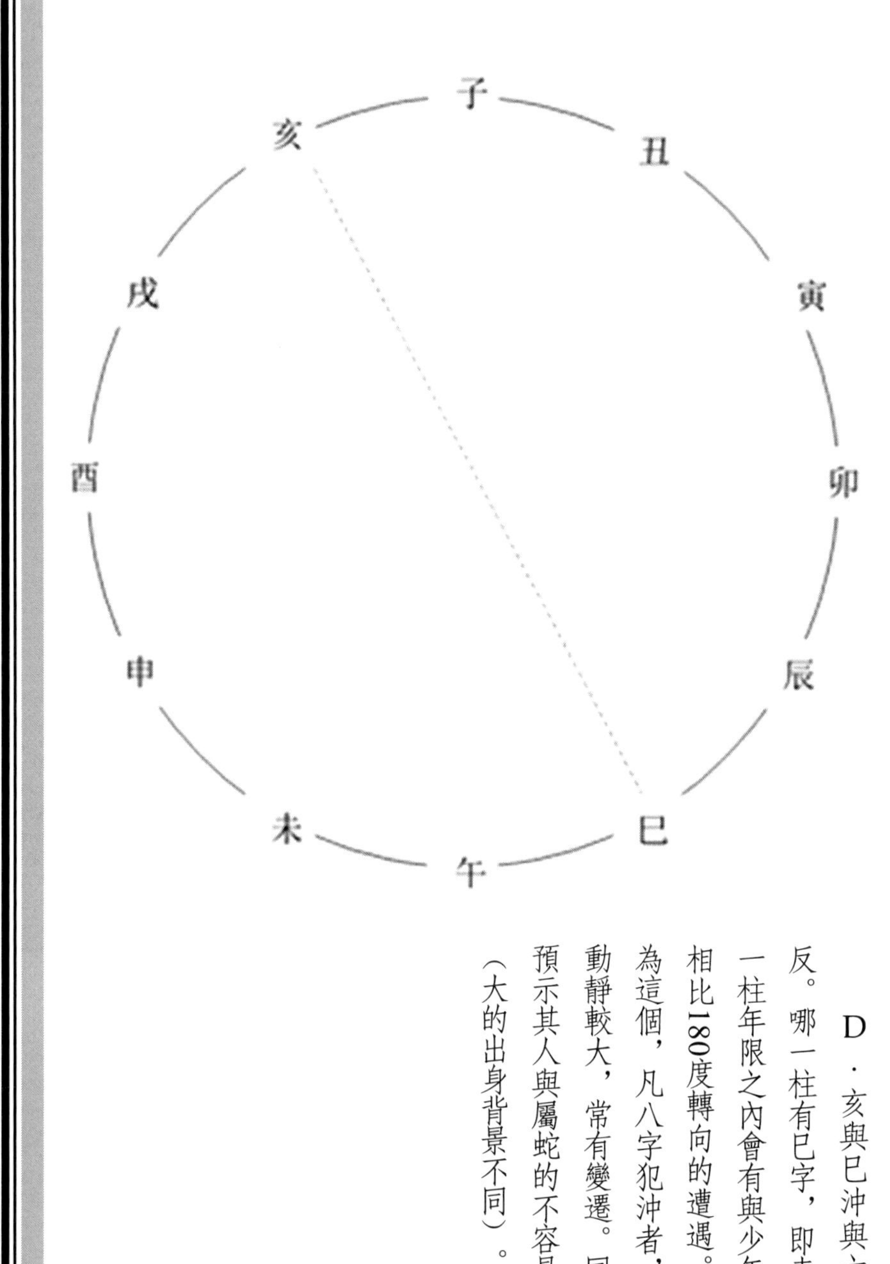

D・亥與巳沖與六合相反。哪一柱有巳字，即表示此一柱年限之內會有與少年時代相比180度轉向的遭遇。也正為這個，凡八字犯沖者，其人動靜較大，常有變遷。同時也預示其人與屬蛇的不容易交往（大的出身背景不同）。

……

以上為年柱的講解，讀者可以根據以上原則自行分析其餘三柱。要注意的是：

- 論交友、姻緣以年柱屬相論，即以我的年支對應他的四柱。年上主家庭背景，年上合好表示雙方有相互可以彌補的家庭背景。月上主人生觀，若我年柱與他月柱相合好，表示我能認同他的為人和志向。若與他日支合，表示我對他的婚姻觀贊同，與他時支合，表示能長久陪伴。
- 合與沖的厲害程度原則上是：離得越近則關係越緊密、力量越大。
- 由於人少年的情形太過久遠，一般人年齡大後就記得不大清楚，且少年時，人的價值觀還沒有成型，故在批斷少年時期一定注意不要過分追求詳細程度，即便論準了，對方也會因為現在的價值觀與小時候不同而不承認或者記不起來。
- 一柱的表現只是局部，必須參考八字全域才能更為準確。以上只是提供方法，如何運用語言表述又是一門學問。
- 按照以上方法時而會有不準的情形，原因為：1，刑沖合會的干擾：若有刑沖會合，即會將本柱干支的年限延伸至刑沖會合的那一柱。2，沒有注意各個年齡段與社會現實的關係。比如四五十年代出生的人，在少年時代再怎麼去生財也不可能去做生意，因為當時的社會環境是：國家政策[編按：在中國大陸]上認為做生意是資本主義的事情，屬意識形態的嚴重事態，在嚴厲限制的範圍。因此這個年代的「生財」頂多是上班認真，生活勤勞、節儉，鄰里算計等……再如今日，本來少年時代不論感情的，但今日的社會，十三四歲有肉體接觸的孩子不在少數……3，還有一些是自己語言的問題，凡人對於災難性、反面的東西比較敏感，因此凡事往壞了說一般都能沾邊。而正面的，較為平常的事一般人不去注意，經常可以看到你說一個人少年時代過得富裕，百分之八十的情況是對方不會承認。因為不論多麼富裕的人都有標準不斷上升的趨勢，你說他少年時代過的富裕，貌似意味著日後可能超不過少年時代了……①

沖、刑、害所主意義

• 地支相沖

A．子午——一生不安定。不能持久。

B．卯酉——為門戶直沖，家中容易失財。又有親友不親，易遭背叛，也因此容易大喜大悲，憂愁不定。

C．寅申——多情大膽，往來不定。

D．巳亥——好表現，無事忙。

---

① 算命這一行人情事理很重要，即便能倒背《三命通會》，若不通人情那也是算不好命的。

E．辰戌——性剛、家庭不睦。女命生育上艱難。

F．丑未——陰土無力而悔緩，凡事沉悶緩慢。一生無力，不痛快。

•十神相沖

A．比肩沖——兄弟分離，嚴重可致兄弟不合。錢財不夠用。容易與人相爭。凶災多因為背叛。

B．劫財沖——兄弟分離，嚴重可致不合。錢財不夠用。容易與人相爭。凶災多表現為無情、爭奪。

C．食神沖——態度含糊，不能當機立斷，不善表達。多走動。

D．傷官沖——輕率敢做，不計後果。得罪人。多走動。

E．正財沖——品味混亂。多種收入不能兼顧而失財。男命婚姻不安定。

F．偏財沖——外出謀生，動中求財。有不切實際的經營想法。父親不得志，時起時落。

G．正官沖——不尊重客觀形勢，領導力、親和力不足，容易導致工作中職業不穩、經常遷調的現象。

H．七殺沖——易怒，犯小人。性情不佳導致人緣不好。經常處於形勢失控的邊緣。

I．正印沖——多學少精，精神、家風有變。

J．偏印沖——多技多能，但不專一。適合短期求財，不適合長期投資。

•相沖的原則和用法

A．四柱相鄰對沖其含義體現的最為明顯。年月對沖青少年時代極易外出謀生。月日對沖，有青年離家之象，也有姻緣不定的徵兆。日時對沖，生子後家庭不甯，或家人常不團聚。年日沖，與親人不和。年時沖，恐怕三代不能同堂。

B．雙支沖一支，尤其是年月雙沖時支，易有慢性病。年月雙沖日支，一退再退無處可退，記憶力漸漸衰弱（水火沖尤為明顯）。

C．不論何柱逢沖，都有婚後不常居住父母家的傾向。

D．酉日生人，四柱水多逢沖，易有水災、酒色之災。

E．十神相沖有兩種格式：以庚寅月，甲申日為例：天干庚為七殺，坐在寅上被申沖，表示七殺坐沖。地支寅木比肩逢沖，稱為比肩逢沖。一個叫坐沖，一個叫逢沖，這兩種都有以上所列含義。

•地支六害——六害出現，往往意味著六親冷淡，自己不大會處理人際關係。六害更多時候也與健康有關。

A．子未——心、腎

B．午丑——心、肺

C．卯辰——肝、脾

D．酉戌——精、血

E．寅巳——筋、骨

F．申亥——腰、肋

●地支相刑

A．巳申寅——無恩之刑。性情冷酷，人際中常感少誠意、人情關係甚憂。陰日元女命時上遇此容易墮胎損孕。金多容易刑傷身體。

B．丑戌未——持勢之刑。顧名思義，自持有能力而不尊重形勢，知進不知退。常惹是非。五陰干遇此多不利親友。

C．子卯——無禮之刑。主人修養不佳。陽日干，多損手足、易有傷災。

D．辰辰，酉酉，午午，亥亥——自刑。做事進退不一，虎頭蛇尾，猶豫不決。日支自刑者婚姻不佳。

四柱天干之間關係——合化

天干逢五相合，故又稱五合。天干之合分「合而不化」與「合化」兩種。八字命理中，對於天干合化是相當謹慎的，因為很多實際情況是：同樣的八字，有的人是「合而不化」，有的則會「合化」。這其中的原因並非是八字命理本身不周全所致，而是其人一生命運並非完全由出生時間決定所致，父母遺傳、婚姻、生育子女都會對人有扭轉乾坤的作用。也就是說，人後天的經歷是可以約束八字中的某個干支發揮作用的。但作為講義，仍是要將這一學理盡可能全面地呈現於讀者。

下面摘錄《三命通會》關於合化的條件，四柱中不論是否是日干均可應用上表中的合化關係：

《三命通會》合化論

	甲己	丙辛	乙庚	戊癸	丁壬
寅月或時 月氣屬火	不化	不化	化金	化火	化木
卯月或時 月氣屬木	不化	不化	化金	化火	化木
辰月或時 月氣屬水	暗秀	化水	成型	化火	不化
巳月或時 月氣屬金	無位	化火	金秀	化火	化火
午月或時 月氣屬火	不化	端正	無位	發貴	化火
未月或時 月氣屬木	不化	不化	不化	不化	化木
申月或時 月氣屬水	化土	近秀	化金	化水	化木
酉月或時 月氣屬金	不化	就妻	近秀	衰薄	不化
戌月或時 月氣屬火	化土	不化	不化	化火	化火
亥月或時 月氣屬木	化木	化水	化木	化水	化木
子月或時 月氣屬水	化土	化秀	化木	化水	化木
丑月或時 月氣屬金	化土	不化	化金	化火	不化

舉兩個例子：

丁丑 甲辰 己丑 戊辰 此八字甲己化土，按照《三命通會》說法為『暗秀』，因為辰為水局之物，水為日元己土之財，故此人在理財方面極有定見和緣份。

壬辰 己酉 乙酉 庚辰 此八字乙庚合金，但是八字中還有壬水，此壬水戊己土是剋不絕的，只有丁字能合走，故乙庚之合金並不牢靠，沒有完全化合好①。此人走到木運破了合局而大有轉折。

從以上《三命通會》所載可以發現一個問題，即是將甲己化土之土，其旺衰定為生於申，旺於子，墓於辰。與子平命理所尊之十二運不符。很顯然這裡的土至少不是子平命理所能應用的。而是京房易卦中的土之旺衰。如下：

	子平命理	京房易、火珠林	《黃帝內經》
土生於	寅	申	巳
土旺於	午	子	酉
土收於	戌	辰	丑

生旺庫

故此，遵從子平命理的人士不宜以上表純粹干支合化的角度入門，而應從下面五合的實際含義入手，有所精進後再回頭體會合化真諦。

①天干化合要求：1，八字沒有破壞合局五行之字。2，若有破壞之字，須將這個將破壞合局五行之字合走。

以下合化只限於日干，做如下理解：

•甲己中正之合

甲日合己——因土剋水，土為信，水為智，故此己土多，則其人受信用束縛，土越多越影響智力（這裡的智力做「靈活、變通」解釋，而不是智商）。甲旺盛則信用趨於不足。

己日合甲——忠信於他人，導致自己受限。甲越多，自己處處受限，己多，自己無原則。

•乙庚仁義之合

乙日合庚——敏感於形勢，導致自己立場不定。乙旺盛，有自由散漫嫌疑。庚旺盛，有「隨大流」的意思。

庚日合乙——給他人設限，有獨斷不尊重形勢的嫌疑。庚旺勝，剛直獨斷。乙旺盛，遷就對方、不能施展拳腳。

•丙辛威嚴之合

丙日合辛——如陽光普照無遺漏，有嚴格審查對方、一絲不苟、過於認真的嫌疑。丙旺盛，防人之心太過。辛旺盛，欲求不滿。

辛日合丙——自願犧牲而成正果，故有隨遇而安不變應萬變之能。辛旺盛，隨從之人辛苦。丙旺盛，自己甘願隨從對方。

•丁壬仁壽之合（也有稱為淫匿之合）

丁日合壬——氣量小，妒忌心強。丁強盛，女命爭風吃醋。壬強盛，無所適從，孤。

壬日合丁——一般來講，水無常形，壬水的無形經常讓丁火無所適從。其人立場不定、喜怒無常。壬強盛，有玩弄他人跡象，丁旺盛，則恐怕私生活亂套①。

● 戊癸無情之合②（也有稱之為完美之合）

戊日合癸——癸水入土則無形體，有化於對方體內的意象。故此戊合癸有追求統一、協調，希望盡善盡美的性情特色。

癸日合戊——正好相反，有成人之美、為他人任勞任怨的美德。

---

① 丁為男性生殖器官，壬為女性生殖器官，丁壬合因此又被聯想為淫匿之合。八字中出現這種合，不能簡單認定淫，一般在六壬中推斷事情狀態才可如此應用。

② 論婚姻之中，去除其他因素的影響，戊癸合是最為美滿的合。

第三節 十神詳解

天干之間生剋競，若不將其換算為十神，那麼一般的就是要將十干對應於人本身的一些自然情況來推理，最為直接的就是對應身體器官以推斷人的健康狀況。有關於此請參看後文健康部分。

若是將十干換算為十神，那麼人生的社會、人倫含義便很明顯了。比如天干比肩見正財，男命表示其人不太尊重妻子、仗義疏財。七殺見比肩，表示其人對朋友苛刻挑剔。傷官見七殺，則主其人善於應對困境，口才好…為了讀者能很快瞭解其中含義，專立十神章節做更進一步的講解，以理解天干作為十神時的生剋含義。

十神脫胎於京房易卦之「五倫」。十神數目雖為五倫二倍。但從預測精度講，八字命理學的定位能力並不如京房易卦為強。

如十神中的正印與京房易卦的父母相比。

八字中可以通過宮位、實際年齡、當前疑問來判定正印對於一個人意味什麼。正印出現於年月可以指母親；出現於日時，可以主岳丈；15歲前流年出現的正印為母親，不可能為岳丈；流年60歲後出現的正印多主學習，要論為母親就要相當謹慎了。但六爻卦不同，只要告訴測什麼，可以通過爻位、爻之五行、飛伏、內外、前後、沖合、陰陽、變化來論定父母爻到底所主何事。如測家人，內卦父母為自家親人，外卦父母主外親長輩。陰爻父母主母，陽爻主父。乾卦父母，多為西北方親長，坤卦可指西南親屬。衰死父母爻可為不相往來之遠親，旺相伏藏之父母可論為有因事情拖延而不得相見之親人……兩者相比，八字定位精確度約為宮位*干支五行*歲數*沖合刑*當前年齡，約為五級。六爻則是爻位*爻之五行*飛伏*內外*前後*沖合*陰陽*變化*旺衰等至少九級。

故此，八字命理的長處不在於精確推斷具體事件。不過，正是因為八字命理的不精確性，才給人留有改善命運的餘地，這正是人情味所在。所謂人情味即是：

◎五行屬性——推定人的品行，自然稟賦。

◎柱限——推定人一個階段的大環境。

◎格局——推定人的才能、事業。

◎調候——推定人的機會、喜好、健康。

◎沖合——推定人生的分散別離。

◎刑害——推定人際關係的優劣。

◎干支——人生表與裡、內與外。

◎天支透藏——人生最高成就限、度。

◎用神喜忌——於我之好壞。

◎宮位——推定人心向背……

本書前面已經對五行、干支做了較為詳細述說。今日為大眾所樂稱的子平命理主要以十神為基礎而引申、抽象。本書沒有必要故意自命清高而捨棄俗套，還是要像其他一些教材一樣，對十神做進一步講解，以下為我實踐證明實用性極強的法則。

五倫十神要論

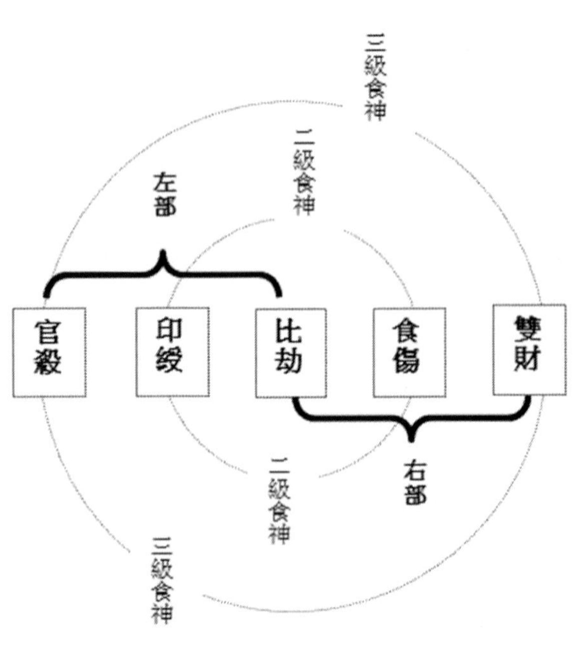

此處借京房易、火珠林而言子平。

上圖乃是以十神的社會含義劃分，理解其中原理對推斷人一生的作為至關重要：

正官七殺正印偏印為左部十神；食神傷官正財偏財為右部十神；比肩劫財為一級十神；正偏印、

食傷為二級十神；官殺、正偏財為三級十神。

●相比而言：事業上，左部十神以公為主，右部十神以私為主；又，三級十神以公為主，二級十神以私為主。八字中左部分十神多，其人事業以公業為主，右部多，則以私業為主。

●相比而言：論事業的成功，左部分以社會環境約束為主要影響因素，右部分以個人才能發揮為主要影響因素；三級十神以社會現實條件為主要影響因素，二級十神以自身志向、能力為主要影響因素。

●相比而言：左部十神忌刑沖，右部十神不甚忌刑沖。三級十神忌刑沖，二級十神不甚忌刑沖

●相比而言：左部十神忌諱合多。右部十神最好有合。三級十神忌諱合多。二級十神最好有合。

以上要點，論述八字局部、八字的格局、流年大運具皆適用。

看二級十神就知道其人學識、稟賦、傳承。觀三級十神而知其人志向、作為、價值觀。天下之事無非公與私。京房易中公事以官殺為主，印星為輔。私事以財為主，食傷為輔。若論八字：

●就事業而言，官殺為榮身之本，追求名利、權力、地位者以此為主，正偏印為輔；又可以三級十神為主，二級十神為輔。財星為滋身之利，追求實惠、錢利者以此為主，食傷為輔；又可以二級十神為主，三級十神為輔。

●就品行而言，以印星為公義，官殺為輔助，則其人重秩序、重傳承，能從眾。以食傷為人欲，財星為輔助，則其人以滿足人之私欲而創造「形形色色」。

●左右部十神兼得互相配合得當者，公私皆宜。二三級十神相互搭配得當者，品行宏大，創造力非凡。

以上部分為十神精華、格局喜忌的原始依據，務必了然於心。

十神的常態與變態①

正印為母親的常態，偏印為變態。

八字中僅有正印而無偏印（尤其是八字月令，因月令為父母宮），能得到母親合乎社會、人情、倫理等普遍標準的照顧。

若是有偏印而無正印，是指母親有不得已的苦衷，或者有偏心的情況對我，一般對姊妹比對自己好。同樣偏財為父親也可以這樣推論。

正財為男命妻之常態，偏財為妻之變態。

所謂常態是出於社會平均、普遍標準狀態。變態則含有創新、不安份、不拘泥、違反常規的意思。

八字中有正財無偏財（尤其是日支，因日支為夫妻宮），是指不論妻子好也罷，不好也罷，妻子終究有妻子的本分。且自己的擇偶觀也是以負責任為主——只要是對交往的女性，不論能否成婚，都會給對方以「妻子」待遇、承諾。

若有偏財無正財。若偏財少，仍是會有正財的表現，一旦有超過兩顆以上的偏財，不論妻子如何，妻子對於「我」都會有一種「分別是情理之中」的心理預期。在擇偶上，也是以能夠在一塊玩

① 以六親相關用法為主。

玩、談得來為第一，而「責任」、「承諾」過於沉重，並不想甘心受制於這些。「我」可以和各種各樣的女性接觸，心理上也是走著看……如此交往時間一長，分分離離成為經常……如此幾回重複，自己也覺得婚姻、配偶是流動而非固定的……也當然很容易導致對象也是如此心理揣摩「我」了。

偏正財混雜時，擇偶觀混亂：有時候只想和對方玩玩，但有時候卻希望對方忠誠於自己。有時候想好好對待她，卻總是碰不到安分守己的……財星混雜，註定是非多。若八字有合，或許能夠齊人之福、和平相處，一旦遇沖，恐怕雞飛蛋打了。

正官為女命丈夫常態，七殺為非常態[1]。

女命八字正官星所預示的擇偶底線為：對方要有家庭責任感、在社會上有正當職業（往往接受不了對方從事算命、風水、傳銷等類似的偏門行業），能照顧父母，能讓親友、父母都高興同意這門婚姻，要儘快生子傳宗接代。交往的對象往往選取有工作、看起來有前途、能在人前有地位的異性。

七殺其主要的婚姻價值觀是：希望男方有男性魅力、敢於爭取，能讓「我」喜歡、佩服。至於能否讓父母都同意這門親事、能否按時領結婚證、結婚當時是否有穩定工作，這些都是其次考慮之事。也就是說，正官更尊重整個家族、社會的約束、評價，更聽從父母。七殺則是更主動、更自由、更敢於去追求自己喜歡的，因此七殺往往被認為不守婦道、為情而私奔……事實上七殺指向的是女性內心

① 常態與非常態沒有好壞之分，只是過程、感受不一樣。

原始的欲望。

女命官殺混雜與男命正偏財混雜一樣，很容導致其人擇偶觀混亂。正官之女希望丈夫凡事能照顧她的感受，寵愛她，甚至幫扶她的父母；七殺之女則是要讓對象更有男人魅力，能統治自己，能征服自己。正偏官混雜，就會價值觀混淆：既想讓對方聽自己的話、護著自己、哄著自己，又要讓對象征服自己、管著自己……這樣的男人很少，如果有，多數也是情場中人、或者精神分裂。所以官殺混雜的女命，婚姻往往不能短時間定下來。

七殺為男命兒子常態，正官為女兒常態。

古代社會，兒子以能自創前程為優良品德，因此以七殺為兒子常態。若是世襲罔替、子女過度依賴家族，不過三代就會成為弱勢群體。而我們今日社會講究家人團聚，講究父母為子女安排好一切，這實際上是正官在起作用，將正官女兒的常態放在了兒子身上。

正官的標準趨向於穩定、可控，這些更符合女性的社會、生理特點。七殺則是趨向於變化、創新，這更符合男性陽性的特點。從這一點講，我們今日社會創新精神如此之低，與我們對待子女的態度也是密切相關，假如我們都希望兒子在其30歲前就一切穩定、有房有車、生活不受苦，這肯定不利民族創新精神的延續。

女命以傷官作為兒子常態，食神為女兒常態。

和男命子女常態、變態一樣，一旦男命官殺混雜，女命食傷混雜，子女的相關信息就會出現不協調的情況。一方面希望子女施展才能、自創前程；另一方面又希望子女留在身邊，聽從父母的安排。故此往往出現子女叛逆，父母與子女關係時好時壞的局面。而子女也是即想有所作為，又怕父母不高興，時間長了也就耽擱前途了①。

① 按：七殺、劫財、傷官、偏印這幾顆星屬於不大符合常態標準的十神，故八字中要多多少少有點反剋這幾顆星的十神存在。如此才會矯正這種非常態的偏頗。若無校正，相對應六親對自己的態度，和自己對六親的態度就會"由著性子來"。正官、比肩、食神、正印這幾顆星雖是常態之星，正常情況下需要生扶。但要注意任何十神過多即會有負面性，所以某種十神過多時也要有相關制化。純粹常態星的八字，其人自己不但呆板，子女也是不敢大膽求新、缺乏創新精神。關於非常態星的制化含義，以七殺、傷官為例，解：*食制殺——內秀、才氣、氣場不同一般人，以精巧手段排除困難。*傷制殺——以具體手段，逐個對應難題。一般有傷精氣神。*正印化殺——依靠原則、信條、不越雷池的作風，困難會自動消失，俗稱「不招是非」。*偏印化殺——約束自己而回避困難。有傷情思。*正印剋制傷官——讓子女學習家法。*偏印剋制傷官——以情感約束子女。*傷官化為正財——讓子女關注、尊重現實社會。*傷官化為偏財——讓子女學會為人處事的技巧（投機）。

十神功用——十神之間的生、剋、競

柱與柱之間的關係，除了天剋地沖，天地合等常見程式外，還有柱與柱十神的生剋。單一十神可以表示其人擁有某樣能力、性情。至於這種能力、性情是否能發揮出來就要看十神之間的生剋了，也就是十神在四柱之間的生、剋、競。

正官七殺之用

1．剋比劫——因比劫能剋財，故此官殺為財星的主心骨，可以防止他人奪財；比劫星又表示競爭，官殺剋制比劫意味著限制競爭，故官辦企業多為壟斷企業；比劫為兄弟姐妹朋友，官殺見比劫就有壓制兄妹的嫌疑。正官是正面管束，七殺為排斥、打擊。

2．生印綬——印綬為知識、傳統、精神。有官殺者其人精神世界堅定有力；印綬為母親，官殺見印綬表示其人孝順母親、父母安逸。

3．官殺耗食傷——食傷為技藝、個人能力的展現。無官殺者技藝散漫；又官殺為名位，官殺見食傷，其人多從事官方技藝（如文聯的幹部，拿工資的演員等）；官殺為男命子女，官殺見食傷，表示其人對子女多有約束。

4．官殺泄財——財為收入，一見官殺則有漏洞。類似做生意前投資太多，或者小人搗亂，給黑社會交保護費，負稅太高等；財星為男命妻子，官殺耗泄財星，有妻子性情隨意的跡象。

5．官殺互競而成官殺混雜，官殺過多——官殺多，吉則多得貴人幫助，凶則小人勾搭成群；官殺多，官殺之間就會有競爭，直接表現在命主身上就是他的上司、領導之間不和，意見不一致，以至於讓人無所適從。

【補充】

「多」，是指八字中有三個字都是某一種五行。「過多」則是八字中有四個字是某一種五行。一旦八字有『多』的情形出現，那這種五行所代表十神的含義就會一生都會明顯。若是『過多』，那就會因此種五行而有災了。不論「過多」還是「多」，都要是這幾個字連成一片才有最大效力。如下圖，黑點為某一種五行；地支上的黑點須換算為祿旺位：

多，如：

己酉　乙亥　乙卯　辛卯　乙字比肩多。甲申　丁丑　乙丑　己卯　八字己土偏財多。

○●日●　○●日○　●●日○　○○日●　○○日○　●●日●　○●日○　○○日●

○○●○　○●●○　○●○○　○○●●　○●●●　○○○○　○○●●　○●●○

過多，如：

辛卯　乙未　己卯　乙丑　乙木七殺過多。

戊子　癸亥　乙亥　丙戌　壬癸官殺混雜且過多。

●●日○　○●●○　○●●○　○●日○　○○○○　○●日●　○○日●　○●日●　●●●●

○●●○ ○○●● ○●●○ ○●●● ●●●● ○●●○ ○●●● ○○●● ○○○○

正印偏印之用

1．正偏印剋制食傷——印綬表示人的精神世界，食傷是人各方面能力的展示、表達，正偏印剋食傷的直接表現就是其人想得多、想得雜，導致不善表達、表達不清，或者精神世界不統一，不知如何表達展現自己；印星主靜，食傷主動，兩者相剋，表現在工作學習中的含義即是一個人先重在學理論、後才實踐；女命食傷為子女，偏印剋制食傷，表示其人對子女約束較為嚴格。

2．印綬生比劫——比劫為兄妹，印綬為母親，兩者相見有母親偏愛自己的兄弟姐妹的含義，也主自己善於保護、提攜兄弟朋友；因比劫能剋財，印星又主靜、不喜財利，八字中以比劫印綬為主體者，其人能安貧樂道；比劫表示人的堅韌、活力，比劫受印綬之生，若無刑沖以及財星，其人大多長壽體健。

3．印綬耗財——印星是一個人的學識，財星是一個人的謀財謀物的能力，因財星剋印，印星過多會導致物力不足，表示在人生就是學識、信念太雜太廣，導致放不開手腳去爭取利益；印又代表母親，財為父親，印星過多逢財，表示父親情路坎坷；印星在作風上為務虛，財星務實，兩者相見預示其人需得學會虛實、勞逸結合方能事業有成。

4．印綬泄官殺——官殺為阻力，印星能生我，兩者相見表示其人善於化解危難；若將官殺喻為上級領導，表示其人善於在官場周旋。也正因為此，印多之人善於自保。官殺為男命子女，印綬過多有拖子女後腿的現象，也有精神安撫子女的跡象；官殺為女命丈夫，印星過多重重包圍日元，導致官殺不足以剋制自身，如此會有不論多麼優秀的異性也無法討其歡心的現象發生，故有「印多不解風情」之說。

5．正偏印混雜、過多——印為母親，正偏印混雜時，要麼其人母親不穩重，要麼父親多懦弱；印為學識品行，一旦正偏印混雜，其人善惡都能相容，是非標準不清；印星為行業，正印為行業的常態，偏印為行業的非常態，一旦混雜，其人在經營上多會花樣百出，如賣工藝品的會夾雜看風水、開方子的中醫會夾帶推薦某種進口藥、接生婆夾帶畫符念咒……讓人不知他的本行到底是哪一個。

正財偏財之用

1．財星生官殺——男命財星為妻子，官殺為子女，兩者相見有妻子深愛子女的跡象；官殺為逆境、剋制，財星為錢財，兩者相連就好像錢財旁邊有虎狼蹲守；正官為官府、公家，財星為經濟、私家，兩者結合就好比官商合營，但若換為七殺財星，從吉而言為以非常策略謀財，從凶而言則是非法收入。

2．財星剋印——在生活中，兩者相剋有重享受耽擱學習的跡象；於社會改革中有反傳統的跡象；於做人中，有重身體力行而輕視精神修養的跡象；於男命，有母親與妻子不相容之勢。（以上十神相剋所預示的含義，必須是十神緊緊相連互剋才會顯示。若是年與時柱相剋則無多大妨礙，在天干為明顯別人能看得見的，地支中則是自己能感受得到）。

3．財星耗比劫——比劫為競爭、幫扶之神，兩者相見則好似對朋友許諾財富金錢一樣，這樣會讓朋友干更賣力干活，也就是花錢雇人、花錢買人力的意思（任何事物的評價都是要依據一個固定的立場，比劫星本身無好壞之分，它的一面是競爭，一面是幫扶，兩者一體而兩面。今日社會浮躁，判斷是非採取「非此即彼」的立場，說到底是「陰陽」二字沒有領悟）。

4．財星泄食傷——財星為人欲，食傷為技術、手段，食傷過多類似一個人技能多樣，食傷與財星結合則就可以將「本事」轉化為生產力、實際的效益；食傷為女命子女，兩者結合相生，會有子女與父親情深的跡象。

5．正偏財混雜、過多——日元過弱會有欲求不滿的現象；日元強時則主其人生財門路廣；正財過多會有偏財的性情表現。財星混雜且多的情況下，其人好物欲而難求心裡寧靜。

食神傷官之用

1．食傷生財——任何社會的普遍規則都是勞動獲取回報，食傷就是人的各種各樣的勞動，食傷生財就是指人依靠技能、勞動獲取養命之源；比劫能剋財，若中間沒有食傷，就好像很多人只是眼睛盯著回報而不去勞動一樣，這個時候若有食傷化解比劫，就好似給眾人各自適合的崗位去勞動；財星為父親，食傷生財表示其人維護父親尊嚴。

2．食傷剋官殺——官殺類似人的逆境、機遇、地位、威信……人面對這些得有一定手段才能把握、應對。食傷是以剋制、壓制的手段對待官殺，印星是通過原則立場來化解官殺。十神之間生剋所產生的意義，除了要看十神雙方的宮位、陰陽，更重要是看雙方的力量對比：官殺太弱，很輕易被剋倒時，很容易導致其人藐視法律、權威、頂撞上級；若官殺太旺，食傷不足以壓制官殺時，往往是應對困難心有餘而力不足；官殺為男命子女，兩者相剋就有對子女嚴格的跡象。

3．食傷耗印綬——印綬生日元，就好比父母管護我，若印綬過旺就有管我過多使我懶惰的跡象，這時候若能給我一個適合的行當，讓我擁有一門技術，則能化解懶惰、依賴心，從而自食其力。

4．食傷泄比劫——比劫好比一個人的活力、精力、元氣。比劫過多就好比其人精力旺盛、交際廣泛；食傷為運動、展示，食傷泄比劫就有將精力化為運動的含義；食傷泄比劫這種情況：其人大多是技藝高深，深得人緣的人；食傷為女命子女，食傷泄比劫，就有兄弟姊妹都愛護自己孩子的情形，同時也表示自己對子女愛護有加。

5．食傷混雜、過多——八字貴在清，清則人品單純、高貴。清的一個標準就是不混雜。前文已敘財星混雜，官殺混雜，印星混雜。大凡混雜，一般都是指其人一生之事瑣碎，多勞多能，繁雜無頭緒。食傷混雜是指其人的行為、技能不統一協調，比如練習形意拳時會參雜八卦掌等。十神混雜並不是說不能有成就，也不是說完全不能顯貴，而是指不論成就如何，「過程、細節」顯得雜亂而已……

【補充】

常見混雜約有：

A．五行混雜：八字中五行過多，雖可以相互轉化，致使其人一生無大災大難、大悲大喜，但缺點是其人一生很難有突出的成就。

B．格局混雜：如正官格混雜七殺，偏財格混雜正財。格局大體是指能力與事業，一旦混雜多為事業不專，常換工作環境等……

C．十神混雜：即是本節講的官殺混雜、正偏財混雜等等

D．……

比肩劫財之用

1．比劫剋財——命學中最為常見的一句話是「命逢比劫剋妻剋父」。五行之間的關係無非生、剋、競。這三種關係不存在好壞之分。五行之間的關係對應的是人事的過程，而非是人事的結果。比劫剋財是指其人對父親、妻子多以審視的角度對待，而非是要將其「置之死地」；食傷生財是指其人以愛護的方式對待妻子、父親；財星生官殺是指其人以委屈自己、順從對方的方式對待妻子、父親；印綬生身耗財星，是指其人以靜制動，以不變應萬變對待親人。這幾種態度沒有好壞之分，好壞決定於雙方誰能壓倒誰，日元是否有氣。

2．比劫生食傷——食傷為財源，食傷財源不足時可以通過人際關係獲取，即以比劫（朋友、兄弟姐妹等）生助食傷，故此有至理名言：「在家靠親人，在外靠朋友」。

3．比劫耗官殺——往好的說是眾志成城應對逆境，往壞的說是烏合之眾經不起正規部隊打擊。任何十神不但沒有絕對好壞之分，而且十神之間相遇所產生的含義也沒有絕對好壞之分，好壞之分在

於八字總體上數的對比運算。若比劫合會且不與官殺沖刑，則為眾志成城。若是比劫多且相互刑沖，則為烏合之眾。用一個簡單比喻就是：比劫耗官殺就是將危機分散到同事、朋友身上。

4．比劫泄印綬——若是沒有比劫，孤單日元處於眾多印綬之中就有好似完全聽從父母意見的意象，故此有「印多無主見」的說法。但若八字中日元有根，地支有祿旺位，就好比其人不但可以靠父母，也聽朋友的，同時自己也有想法，顯得很有主見——一般來說印綬比劫相連，表示其人有主見且自持，別人很難說動他，非常自以為是。

5．比劫混雜、過多——比肩劫財的區別請參考前文。比劫混雜過多表示其人善交友。純粹比肩，是以體諒、將心比心的心情對待朋友，而且也多能碰見同樣品質的朋友。純粹劫財則是以維護自己的先提條件對待他人，故此常常會有出其不意的背叛、出賣、恩遇。

以上即是複式十神關係。注意：不受剋的一方十神更能明顯表現出其所主性情。比如官殺見比劫的含義必須是食傷處於不明顯的地位（地支藏干），不能透出，一旦透出就有更為複雜的含義——比劫生食傷、食傷剋官殺都會有所體現。

十神定位①

每一十神各主一類事物，假如能確定十神所在宮位、干支屬性、刑沖會合的狀態，是否天透地藏等，就又可以更精確瞭解一個八字中十神所主人生的具體含義。十神定位正是根據十神所在宮位、所坐旺衰來推斷人生局部信息的一些經驗法則。

正官

宮位

- 年上正官，少年時代父母、長輩對我管護有情。如月上再有正印，則主出身書香門第。父母正直。自己能管家，繼承家長志向。
- 月上正官，兄弟正直，父母兄弟對我有好的管護。一生少勞碌。
- 日上正官，有指揮管理才能。男得佳妻，女得佳夫。
- 時上正官子女聰明、正直、厚道。

① 「十神定位」這個詞是梁湘潤發明，在他之前的白惠文、日本的阿部泰山、石原太郎等命理先賢就已經在這方面有所整理。這一詞語正是他總結《淵海子平》、《三命通會》和前人有關經驗後所提煉、發明。十神定位的各項含義均散列在《三命通會》等書中，讀者可以多讀經典加深造詣。

坐

●正官坐長生（是指坐官星的長生，如壬為正官，壬坐下為申。以下同）、沐浴冠帶、臨官、帝旺，主有權、宜公職。

●坐墓絕者不宜公職，男命不利子女。

●官星坐財，男易得女人幫助、或得妻之助力而發達（裙帶關係）。

●坐印星，清閒有權，愛學習。

●官坐比劫，兄弟難出頭。

●官坐傷，不利公事，容易暗中得罪人。

●官坐官，女命婚姻遲疑、猶豫不定。

●坐七殺，多有危局，常處難以應對的險境。

●日坐正官，女命多為淑女。

●正官坐馬星又逢沖，常有出差。女命則為與丈夫常不團聚。

●女命官星坐桃花，多有風流富家子追求。

雜論

●官多則虛名虛利。

●有官星則善於自我約束。

- 官多則似七殺。
- 官星年時伏吟者，男命頭胎子女難留。
- 官星多而合身者，常有身不由己之事。

七殺

宮位

- 年上七殺，早年一場凶。不利兄長。家業貧寒。逢沖多有災疾。
- 月上七殺，青少年時代與兄朋相處不佳。好出風頭。
- 日坐七殺，配偶好鬥，聰明，伶俐。
- 時上七殺，子女性情不佳，難以掌控，有食神制之則好。

坐

- 七殺坐財，男命容易因財、感情而誤事。
- 七殺坐桃花又逢沖刑者，易因男女關係惹災。
- 七殺坐三刑，女命夫有凶。不論男女均易傷災。
- 殺無根而坐食，機遇不足。
- 殺坐印，文武雙全，多計謀。
- 七殺坐比劫，易性情突變。

● 日坐七殺又透殺，常招小人。性頑、能一錯到底。

雜論

● 七殺性剛強，常叛逆，能創新。

● 官殺混雜又各自有根者，若無印食，一生很多阻力。

● 在事業上，七殺多偏向司法、軍警、公安等國家機器部門，也易偏向於黑社會、無本的買賣、行業。

● 七殺最好要有制化，如此則能顯示正面的信息。若制不住，做事總會有難以預料的後遺症。

● 日主的帝旺位能擔起七殺。如八字沒有制化七殺的十神，有帝旺位扛殺也可以，這種情況屬一種危險的平衡，一有風吹草動就會形勢大亂，故有「身殺兩旺，雖貴不久」的說法。

正財

宮位

● 年上正財，長輩勤勞、簡樸、有積蓄。

● 月上正財，青少年時代因情、欲而智力晚開、干擾學業。不利母親。月支財與日沖，婆媳關係不佳。（欲包括食慾、裝扮慾、肉慾……）

● 日支正財，男子多有勤勞之妻，女命則有務實之夫。

● 時上正財，子女務實、勤勞。自己晚年仍有收入。

坐

- 正財坐旺地，男命可得有能力女性青睞。女命勤儉。
- 正財坐馬星，宜動中謀財，逢沖更驗。
- 正財坐有根之地，妻有力能助我，但也有過多管束我的跡象。
- 正財坐死墓，妻子沉悶或者易生病。

雜論

- 正財為本分之財，不是很害怕比劫剋。
- 財透且多根，可兼多種職業收入。
- 財多不富，財旺則富。財不在多而在旺。
- 正財帶殺男命懼內。
- 甲辰、甲戌二日坐財，但辰戌地為孤陽陰寡之地，不論男女婚姻多有波折。

偏財

宮位

- 年上偏財，宜遠方謀生。
- 月上偏財，自立性強，有事業主見。
- 日上偏財，男得有助之妻。女得場面之夫。不論男女，配偶會逢場作戲。

●時上偏財，子女善投機、理財、經營。不逢刑沖，晚年有財。

坐

●偏財坐下有根，父強。能創業。
●偏財坐下沐浴而無根，父或妻感情遊移不定。
●財坐死絕之地，男命不利妻父。不論男女少有安逸生活。
●陽日干財下坐日元陽刃，妻父性情不穩且易遭災。
●偏財在天干一位又為天月德者，父有威望，自己賺受人尊重之財。

雜論

●偏財大體是為人慷慨，得失看得很開，以至於有時候自己也覺得錢財、感情是屬得失無常的範圍。
●智慧型財，而不專指投機性財。
●贏得起，輸得起，事業上以能合得來為合作前提。
●財多之人則喜他人奉承，故而常散財。
●重視保養自己，會享受生活。
●女命財多易婆媳不和睦。

食神

宮位

- 年上食神，祖輩發達。逢沖多有遠方創業的長輩。
- 月上食神，父母對我有良好照顧。自己傾向於以「技」安身。
- 日坐食神，配偶性扭、易發福、會生財。婚姻生活和諧。
- 時上食神，子女性情溫和。女命晚年丈夫體弱。

坐

- 食神坐有根之地，能專心學習技術。有專才、有技能。
- 食神一位坐下無根又左右逢剋，立身之技，吐字不清。
- 食坐印，性溫、好學、內秀。
- 食神坐驛馬，女命子女遠方創業。
- 食坐梟，心口不一。

雜論

- 食神為福壽星，口福星。好謳歌，好享受。
- 食神為私事之輔。八字有食神而無財，其人縱有絕技也難發財。此時須有七殺，反而主其人能空手謀財。

- 年月食神逢梟，青少年時吃不好或消化不良。
- 食神怕梟，有食神而無梟，一生平安。
- 食神過多似傷官，為體弱之人。
- 食神逢劫財，朋友帶來財源，但不長久。
- 食神帶正官，攜私技而投公門（例如公務員：食神正官為技術性公務員，官印為政務性公務員）
- 食神帶殺本為貴格，但不易見財，見財則因私心而惹是非。

傷官

宮位

- 年上傷官，父母不全。年干支都為傷官又通根日時者，易有慢性病。
- 月上傷官兄弟不全。不論男女，婚姻不宜過早。
- 日支傷官，不論男女，對象性執拗，若為子午卯酉則好容貌，若為寅申巳亥則有才能。
- 時上傷官，男命不利子女。

坐

- 傷官坐梟，女命婚姻生活相當不順。夫子皆傷。
- 女命有傷官而無財，能守貞潔。
- 傷官坐劫財，護家、護財。

- 傷坐傷，女命姻緣不定。

雜論

- 傷官大體是指有才能，不服管。
- 傷官與食神同，須得有財，無財須得有殺或者有印。
- 傷官、梟神、七殺、陽刃為極端之物，須有制化。傷官無財一時之富，傷官無制則利慾薰心。
- 傷官主傷、好動，故此傷官無制化，人易多動、受傷。

正印

宮位

- 年上正印，祖輩保守、重視家庭傳承。早年學業佳，身世清正。
- 月上正印，仁慈、少災，文人性格。
- 日上正印，配偶謙讓、文氣。雙方均有文人氣質。
- 時上正印，子女保守、孝順。

坐

- 正印坐祿、旺之地，其人自信、心大。
- 正印過多而日元無根，缺乏決斷。
- 坐正官，學業佳、有專才。

• 坐殺文武雙全。
• 坐食神其人性溫、內秀、自制、保守。
• 坐比劫，能幫助兄朋，也多能得他人幫助，故也人情債多。
• 正印為天月二德星時，母親性善，自己不遭兇險，有貴人扶持。
• 正印坐下馬星，逢沖則母親為遠方營謀之人。
• 坐陽刃、劫財，勞心勞力。
• 地支印星同時又為華蓋星，易有宗教信仰。

雜論

• 正印大體是指一個人的清名。八字中正印適當的話，會有好的名聲，過多的話則有迂腐不開化的傾向，不透則缺乏靠山、少貴人提拔。

偏印

宮位

• 食傷為祖輩，年為祖先宮。年上偏印則有祖輩早逝傾向。又食神為小時候的飲食，故此年上偏印其人早年缺乏好的吃食、缺奶。
• 月上偏印與正印大體相同，不同之處是：正印指的是社會上較為正統、穩定的職業、行業。而偏印則是傾向於以個人才能和專業技術來支撐的行業、職業。月上偏印其人多接近藝術、教育、哲少受母親關愛。學、宗教等方面職業。偏印為母輩之非常態，故此年月偏印，青少年時代其人孤獨，少受母親關愛。

• 日上偏印，婚姻質量不高，缺乏溝通。彼此之間有難言之隱。

• 女命時上偏印不利子女。不論男女，子女偏執、精明、能干、時而自閉。

坐

• 偏印坐絕，對兄朋有助，但吃力不討好。

• 梟坐梟，自閉、女命不懂風月，有財且財多則過於風月。

• 梟印重重者不利子女，一生孤獨，家庭人口越來越稀少。

• 梟多無財則晚景淒涼。身旺梟多無官殺則遊手好閒。

• 梟一般是指其人思想封閉、態度含糊，故此多半婚姻質量不佳。

• 對於兄朋，多有過於操心的趨勢，以至於他人感到『我』管的過寬，容易造成對方不領情，進而產生怨恨。

比肩

宮位

• 年上比肩，少年時代有朋友緣，家境早年艱辛。

• 月上比肩，青年時代學業分心，父不順。男命不宜早婚，若逢沖也不宜過早合夥事業。

• 日上比肩，婚姻感情上互不相讓，各持己見。

- 時上比肩，子女善於同情體諒人、正直。其人晚年操心。

坐

- 比肩坐墓者，或者比肩在墓中，余位不見印者，兄弟朋友多矮小、無能。
- 比肩坐三刑，易有殘疾。或者兄朋多遭橫非。
- 坐桃花者，兄朋中多有風流人。
- 坐空亡不利妻、父。
- 比肩坐沖者，兄朋容易翻臉或彼此分離。
- 比肩坐陽刃，公私皆不好干。

雜論

- 大體是指兄弟、朋友、同學等平輩之人。
- 比肩旺而多，雖剋財，但身體好。
- 比劫多則勞心勞力，對事情總不放心
- 比肩近日主，一生兄朋不離身邊。

劫財

宮位

- 年上劫財，少年時代自尊心強，不願屈居人後。家境平常。

• 月上劫財，青年時代不聚財，男命也感情不穩定。

• 日坐劫財，夫妻間卻都希望對方讓著自己。

• 時上劫財，子女性強、拗。與比肩不同者：比肩多有容忍之量。劫財則是自尊極強，你不讓，我也不讓，你若讓，我則讓的更多（人敬我一尺，我敬人一丈）。

• 比肩坐支與劫財坐支大體相同。

雜論

• 大體是爭奪、護己、應對、競爭的含義。

• 比劫雖然剋財，但也能擔當起財，這種擔當是屬合夥但當，是要欠人情債的。

• 比劫合正財，男命婚姻有阻。

• 雖有剋妻、父之說，但也要結合宮位來判斷是剋妻還是剋父：年月之比劫多為剋父，日時之比劫多為剋妻。

第四節　遁——十二運含義深化

幾乎每一種中華預測術中都有遁的法則與應用。奇門自不必說，玄空飛星之中「山」、「向」要依照陰陽而正反遁排，八字預測學中之「遁」為天干對照年月日時四地支，看每個天干在年月日時各處於什麼樣的狀態。也即是天干十二運。如下：

年　丙寅　臨官
月　甲申　絕
日　甲戌　養
時　己巳　病

日元甲對應於年則為『臨官』。對應於月則為『絕』。對應於日則為『養』。對應於時為『病』。如能明瞭十二運的各主含義，則可以判斷出其人一生四階段的生活場景、心理狀態。

如上例，其人少年時代為臨官，臨官多主其人自尊強，青年時代為絕，絕為金，有金木交戰之意，故此少年時代其人不利同輩，易有傷災……

前文已經在柱限部分有所提及，接下來主要是依據干支的五行屬性、陰陽屬性……來對十天干分別解釋十二運的含義——雖然都是長生，但甲木和丙火的長生肯定含義不一樣，即便是甲和乙也是不同。讀者應先再回顧前文五行、干支部分內容。

以下十二運的解釋所依據法理有：

- 十二運為十二個狀態，當其為某種十神時就又含有這種十神定位的含義。
- 十天干有五行之分，故此各個五行的十二運定有不同，比如金和木是剛柔方面的不同，水火是武和文的不同。又因為天干有陰陽之分，故此陽干和陰干也會有不同的過程性含義：陽干多動、燥、義無反顧，陰干變通、柔、韌。
- 一旦某運是在月令，則具有月令本身層次的含義，如冬季主寒，夏季主熱……等。
- 宮位的不同，所主的實際含義會有差別。比如年上為少年，代表一個人的出身，故年月怕死絕運，因死絕運主靜，有剋制姊妹朋友的含義，而一個人少年時代沒有朋友，則事業道路一開始會相對較窄，但卻有利於求學。但假如是日時有絕，雖然有孤獨寂寞、親戚關係不相往來的徵兆，但卻往往代表有權——也就是說，少年時代不涉及名位，而多是學習、父母雙親、教育等事；青年時代則主要受擇業、深造影響；日柱則是婚姻之關鍵，而教育、朋友等，當讓於其次位置了；時上為事業頂峰時期，子女也處於學習、成人的階段，心境稍有鬆懈則全盤鬆動。

長生

日柱	特性	十神
甲・亥	水性寒，不論成敗，其過程均較為緩慢。低調不張揚，忍耐性強。利公事。	偏印
丙・寅	木性溫，處事平穩有風度，生機勃勃。公私皆宜。	
壬・申	金水寒凝，有威、自制、自生、自旺。不論成敗均能堅持。逢沖多走動。	
戊・寅	土厚木溫，為人處事有節制，能自我調節立場。屬既尊重形勢，又能極限開發自我的人。利守成。官、富二代大多生於戊寅日。	七殺
庚・巳	金肅火熱，善於逆境中謀發展、逆勢成長。	
乙・午	木化為灰，有自我犧牲成全他人之美德。仁慈、利他。	食神
己・酉	金埋於土。有專才，固執。好生養而多負擔。利他不利己。	
辛・子	金寒水冷，陰沉，不主動。有助人之舉動而無助人之熱情。	
癸・卯	水滋於木而身無形。為人有韌勁，善滋潤他人。敏感。自坐天乙，不論男女，婚姻良好。	
丁・酉	火精金堅。有專才且超群。浪漫。略顯專制。	偏財

如：

1，己未　乙亥　甲申　丁卯

月支為日干長生。此人青年時代低調、文氣。

2，乙丑 甲申 丙寅 乙未

日坐長生，中年時代積極進取，樂觀奮進。

沐浴

甲：子	水性寒，癸水單藏。好學、成就緩慢、無火則低調略顯迂腐，易後悔，思想、性情上有潔癖。	正印
丙：卯	木火溫熱。木化為火光。多學多能，善於現學現用。不持久。	
壬：酉	金水理智，又金水有文學之象。理智純真、品行高潔、學問專一。	
戊：卯	柔木不足以剋土。只是知法卻不足以法制。有剋己復禮之美德，老好人、忠厚。	正官
庚：午	正官帶印，燥熱相加。利公不利私。女命午火又為桃花官星，會有美貌、專才丈夫。	
乙：巳	藏庚丙戊陽干猛烈之物。婚姻孤獨，多欲，愛照顧他人。公私不分明。	傷官
己：申	土薄金厚。有超出自己能力的慈善負擔。不宜幫助他人過於長久，否則會被拖垮。	
辛：亥	金水皆寒。為人恐有假客氣的嫌疑。利於以技術、技能謀財。	
癸：寅	癸水毫無生助則孤，女命在婚姻上多付出，但多出自天真本性，有自然之福。	
丁：申	丁火煉金，但金中有水，恐自不量力。	正財

如：

1，壬子 戊申 乙巳 丙子（女命） 日支為沐浴，結婚後喜歡照顧人，生活煩亂。因申巳合，此人青年中年時代具備申金、巳火兩種生活狀態。木火流年傾向巳火沐浴。金水流年傾向申金所代表的生活狀態。

2，辛酉 己亥 丙申 辛卯 時上沐浴，晚年風雅。

冠帶

官殺	甲·丑	丑為凍土，無火則不能栽木，又為天乙貴人。財官印皆全，能享福，無火身體不佳。雙丑男命有性情偏執的女友。
	丙·辰	辰為天罡，又為官殺庫。氣勢逼人，有不尊重人的缺點。宜技術性官理職位。能柄權。
財	戊·辰	本氣為比肩，但又是財庫。故此先天地就理財不清。
	庚·未	未中有乙，暗合庚金。故此其人有依賴他人的習慣。不論家境如何，總可有一段安閒歲月。
	壬·戌	財庫帶殺。男命婚姻不順，易招性格強悍的女性為友。
印綬	乙·辰	財印比三者中以財印為主。其人好人緣、好附庸風雅。
	丁·未	梟食同位。不懼生死。此日多出兵警。
	癸·丑	濕寒之地。武勇過人，但易遭人算計。薄土渾水，水為智，雖智力深不可測，但也敗於小聰明。
官殺	己·未	雖本氣比肩，但殺梟同位，其人性情燥惡，男命婚姻不順。
	辛·戌	燥土不生金主要是從健康角度立論。燥土見金易患糖尿病。

臨官

臨官	比肩
甲：寅	甲丙戊食神生財。自助助人。樂觀向上。並不十分剋妻。
乙：卯	專位比肩。自持，溫和，略顯執拗。
丙：巳	食神生財，但火躁。雖為比肩本氣，但仍不甚剋妻父。
丁：午	食神比肩。命不帶財則孤(男命)。
戊：巳	梟食同位，無事忙。
己：午	梟比同位。無財則孤(女命)。
庚：申	與戊土一樣，梟食同位，成功與否在於自己是否能夠堅持己見。
辛：酉	專位比肩，辛酉為白虎神，女命辛日時柱酉不利子女。
壬：亥	比肩食神。體健有技。
癸：子	專位比肩，智力深幽，能養人，從善則有功。易悲觀、好怨人。

帝旺

甲：卯	木性仁。外剛內柔，仁慈堅毅。自尊過強。	劫財
乙：寅	傷官生財。木性溫。其人氣度優雅老練。能自力更生。	
丙：午	火主禮。成敗皆在於是否能自控、謙恭。	
丁：巳	傷官生財。性燥。急於求成。	
戊：午	印劫之地。土主信，火主禮。自信固執，但卻能不斷學習改進自己。	
己：巳	正印傷官。八字寒則巳中金傷官顯，八字熱則印顯。	
庚：酉	金主義。無火能成全勇武之義。文武皆宜。	
辛：申	透壬則剋官，透戊則剋食傷。故書中有云：「無用比劫之法」。	
壬：子	壬水沖奔蕩漾。外豪放而內深沉。好計較。	
癸：亥	劫財傷官，男命不利妻、子。水主流動，三合會水局者，多漂流外鄉謀生。	

衰

庫	日柱	說明
印庫	甲：辰	木之餘氣，又為水庫，甲乙木得辰可任財官，中藏印、劫、財，理財不清，能附庸風雅。
	丙：未	傷、印同體。未月生，瑣碎多能，不通金水氣者宜文學藝術。
	壬：丑	中藏官印劫，性寒。丑月，忽視錢財。
官庫	戊：未	官庫，火多者官星無用，水多者公私皆利。
	庚：戌	庚金立於辰戌二地，有強根則有實權，會局者宜有天干比肩。
殺庫	乙：丑	五陰干無根不宜印多，丑月濕寒之地，會金局只宜從殺，否則多傷殘。會殺局透印也會有凶。
	丁：辰	傷殺同位，立於凶地而不凶。辰月宜掌權之職。與乙日同，丁日辰會殺局，透印也有凶，多為傷災。
財庫	己：辰	財殺同位多有是非之財，又為劫財本氣，財、情含糊不清。
	辛：未	辛金以壬水論功名，以戊土論壽命，故不宜水土混雜，否則一生功名蹭蹬，且健康有礙。
	癸：戌	癸水以庚辛金論壽，以乙卯木論功名。戌月土燥裂，無金木輔助者，恐難有自立之事業。

病

干支	內容	十神
甲：巳	木溫火燥，為人熱情，有一廂情願不顧對方感受的缺點。巳月女命宜非常態婚姻（參考後面婚戀部分）。	食神
戊：申	土厚金深，一切理財的過程均要掌控。申月，專才之人。女命晚婚為宜，多為職業女性。	
庚：亥	金寒水冷，得財則失人緣。亥月為人假客氣。有專才，女命宜晚婚。	
壬：寅	寒水遇溫熱之財。公義、略顯性急。寅月，中藏財食，為有專才、能理財的人。女命宜非常態婚姻。	
丙：申	夜生無根不宜生扶，又不宜沖刑，如此則學識過人。晝生反宜生扶，則公義、善理財。申日不宜壬水多透，有礙壽命。	偏財
乙：子	寒水不生木，乙木子月生長緩慢，就成不明顯。子月男女皆不宜早婚。	偏印
丁：卯	柔雜之木難以生火，只恐有煙無焰，故卯日需得水木配合得當，否則內事含糊，尤不利女命。	
癸：酉	癸水滋潤，酉金清白。酉月，為人清白細膩，敏感多後悔，患得患失。酉日不論男女婚姻有防。與乙丁一樣，月令印綬，女命與年齡大的異性有緣。	
辛：午	辛金大約喜水，不喜火土。午月官印相生，終生多為不喜之事繁忙。	七殺
己：卯	己、乙都為柔曲之物，相互纏繞而又制約，故卯日生者不論男女婚姻不順，相互妨礙。	

死

日柱	說明	十神
甲：午	木化為灰，有一心付出的美德，但恐同流合污。午月不宜又為午日，身體不佳。午日逢庚，剛直正義，多為軍中決策、建議之職。	傷官
戊：酉	厚土藏精金，有專業技能。女命不利婚姻。男命護家、不利子女。	
庚：子	如劍鋒帶寒露，為人冷落不合群，傷人於無形。	
壬：卯	沖奔之水流於雜草灌叢，有不合時宜的善心，恐費力不討好。	
丙：酉	丙見申而公義心生，見酉則因財失義。酉月酉時為財情所累。	正財
乙：亥	中藏劫財，自尊心強，有文才，成就緩慢而成。亥日為人外柔內剛。	正印
丁：寅	傷印同體，寅月宜藝術、文學。厚積薄發。	
癸：申	申月水多則漂流不定，火多則安定發福。多有偏才。	
己：寅	己土總喜丙火，而不喜甲乙雜亂，否則一生多小人。寅月丙火透出，處事安然。	正官
辛：巳	中藏官印，善學、自制。辛金以水為功名，巳日或巳月有壬亥則自能創業。	

墓

甲·未	傷官旺盛，有急於求成之象。未為天乙貴人，未月有官印透者得貴人相助。	劫庫
庚·丑	傷官而無財，清高離俗，與人有距離，男命不利子女。	
壬·辰	辰月水庫劫財逢沖，男女皆不利婚。會水局為流水劫，女命有文才，豐韻。	
丙·戌	戌時火燒天際，再有火多者暴躁無成，水多者有權。	
戊·戌	傷印同位，戌月宜文化教育之職，戌日魁罡，辰水庫沖著進退失據，內憂外患。	印庫
乙·戌	食殺財同位，戌月只宜透食而不宜財殺。乙木以水火為功名，戌月火燥水傷，故宜夜生帶水。	食庫
己·丑	食財同位，丑月寒冷，成就緩慢。丑日則看合局會局，但總宜透印，有印而帶合局會局終能有成。	
辛·辰	印食同位，處事含糊不清。	
癸·未	與乙己同，皆為耗氣散真之物。而癸水最為柔弱，若能戊癸合化最為得福。	
丁·丑	丑處濕寒，丁火恐要歇滅，不論丑日，丑月均宜有所附之物，丁為星火，一從鑽木所得，故不離甲木，一為刀劍火石撞擊所生，故不離庚金。	財庫

絕

干支	說明	十神
甲：申	絕氣之木，不宜再有沖刑，否則仁義盡失。申月中藏印綬，殺格透印能救。會水則宜帶財反剋為佳。	七殺
丙：亥	亥時，「日落江河」，不宜沖刑。陽干月令絕地，會局為印者往往大貴。有韜略。	
戊：亥	與甲丙不同，月令絕地會局則為財殺局，往往為兇險之命。流動之財與膽略成正比。	偏財
庚：寅	庚寅沖甲申，此為本氣相沖。遇此天地沖者，越沖越發。絕地之才，常自感處在失控邊緣。有個性之妻。	
壬：巳	財殺旺位，不宜再有正官正財透出，否則成就不實，顧此失彼。	
乙：酉	乙木無根，會殺局則宜從。不從則宜甲木為其依附之物。乙木柔弱有韌性，善纏繞。絕地之乙，無可依附。	七殺
丁：子	五陰干絕地之殺宜以傷官合之，食神制之則顯陰氣過重。螢火燈燭，寂寒之象。	
己：子	絕地之財難以享用，非得透印扶身。又己土總愛丙火，有丙者成功容易，易得貴人扶持。濕寒之財，恐私生活不佳。	偏財
辛：卯	辛、卯二字具為懸針，伏吟反吟者，不論是何格局，均不宜公職，而大利市井、九流。有反制於財的危險。	
癸：午	癸水天生柔弱，若無印綬則需從財從官方易獲富，否則力不從心，怨天尤人。斷流之水，少耐心。	

胎

甲‧酉	胎位已有生意，陰陽相吸，金剛木柔，不添沖刑者仁義兼備。	正官
丙‧子	火臨水位，理智、風雅。丙合辛金而為水，故丙子日不宜時上見酉，男命恐有酒色之災。	
戊‧子	專位正財，為人簡樸、崇尚完美。戊土厚重、癸水柔弱，為人有仁慈之心。多情。	正財
庚‧卯	胎位均可五合，庚金合柔卯，男命有遷就異性之弊。女命多將精力奉獻給事業。	
壬‧午	水火既濟，故不宜再有水火一方偏旺，否則終有一失。	
乙‧申	金剛木柔，宜女命不利男命，女命有剛斷公義之夫，男命有身不由己之公務。申為天乙貴，透官印者得貴人相助。	正官
丁‧亥	與乙相同，如有合局為印綬者最易大貴。江上燈影，女命易情海漂泊。	
己‧亥	中藏財官，公私皆宜。己臨亥月土虛，無火難有生機。清塵撮土難掩江水，有時時潰堤之患。	正財
辛‧寅	五陰干臨於胎位均缺乏生機，無根則難以生扶。	
癸‧巳	五陰干胎位陰陽相吸，財官正位，帶官印者總能得人相助，有現成之福。	

養

干支	說明	庫
甲：戌	養即出生前之生長階段，還在母腹之中，成就受外界環境影響至深。中藏正官、傷官，先私後公。宜九流、文藝。	傷庫
戊：丑	天乙貴人之位，借劫傷之力而又劫剋財，故財務上含糊不清。	
庚：辰	辰為水庫，剛金遇此，宜身有強根斷除乙木，如此有剛權，會水局者則宜比肩多透，有文才（井欄叉）。	
壬：未	傷官正官同位，透印可有平安人生，無印宜九流、文藝。	
丙：丑	官在財庫，公私不分，又為濕寒之地，恐力不從心。付出大於回報。	財庫
乙：未	五陰干得比庫可任財官。火多者力不從心，木多者孤剋。	比庫
辛：丑	印食同位，處事態度含糊不清，宜成金局透水。然丑為寒土，丑日者女命不利婚姻。偏執、反覆。	
癸：辰	食官一體，辰月，一生穩健，宜公職。剋手足。	
丁：戌	五陰干比庫若逢沖刑，若各地支均能透出則易掌權，如丑戌未三刑，乙木辛金丁火均透出。不透出則多易傷災。	
己：戌	梟劫食同位，均為偏氣，戊月少得長親關愛，而與母系親屬有緣。	印庫

第五節　柱、歲、運

八字本身的結構和一般常見的斷法都已介紹。作為入門教材，仍是有必要介紹四柱、大運、流年三者之間的關係①。

以下簡要說明三者：

- 八字為我，流年為我一年之遭遇，流年之好壞與否需得以大運為八字和流年的中間橋樑來查看。
- 四柱的局部理論可以部分移用於流年大運——前提是要瞭解格局、喜忌、用神等。
- 大運的天干參與四柱格局的運作。大運的地支為我命中十神所處之地，大運地支有衡量旺衰的功能。
- 流年的天干為其人一年明顯的遭遇，身邊人能觀察到。地支為結構性、長久性遭遇。有時往往延續一二年。
- 流年的好壞與否另有法則，如：刑、沖、匯、合、伏吟、反吟、暗沖、遙拱、神煞、序列……
- 流年的好壞是當事人的一種感受。這種感受有時候在當年和過後幾年往往不一樣，也就是說：「人在事中迷」、「塞翁失馬安知非福」……
- 從格局講某個大運是好運。但一個大運中十年流年有一半以上都是凶流年，則恐怕其人在多年

① 八字、四柱為命。大運為階段性緣份。流年為每一經年之遭遇。三者不在人生的同一個層次。除了有一些可以歲運兼用的法則外，更是各自有各自的運行規律，千萬不可將一個字的好壞無限應用於流年，流月，流日。

後並不認為這個大運是好運。從這個意義講，大運的好壞最好留給當事人評判。

•極端情況下一個好的流年，如：說對一句話，受到貴人提拔，此後平步青雲；某年某富翁去三不管地界賭博，結果被綁架致家破人亡、殘疾……像此種情況，以後再特殊的流年恐怕都比不上這一年。流年的推斷應該是以三五年為佳，不宜過分重視批終身。

•柱限之間的交接問題。雖然一柱管十五年，不過其人在感覺交接運氣上並不都是在固定第十五年的時候。這個問題諸書解釋均有其各自立場。在這裡我介紹我自己批流年時所運用的交接時間的推算方式：在第十五年左右尋找與下一柱地支在同一方局、或者六合的地支，則從這年就開始出現交接柱運的事情了。

時	○	○	
日	○	○	
月	亥	○	
年	○	○	

這個八字，若在十五歲左右出現子、丑、寅四個地支，壬、甲兩天干的，則這一年的事情就像磁場一樣開始吸引人向下一個柱運交接。

第三章　八字的整體推論

前文有關八字的柱限、十神、十神之間生剋、十二運都只是以推論八字局部信息為主，但局部信息的推論準確與否，相當程度上在於局部法則是否掌握熟練外，還要注意八字的整體結構。就好比我們評論一個人是漂亮還是丑，我們用局部法則可以看出她有雀斑、她頭髮短、他單眼皮……這些都不足以給人以整體印象，過分注重局部推理很容易導致全域不清。須知：很多美女都是單眼皮、帶幾個雀斑並不足以說明什麼！

總結前面幾個章節所講：

• 八字每一柱的限度只是人生一個階段的主要環境。那一柱為財，則在此一柱內多有經營、謀財、婚戀、重感情……等與財有關的事較多；若那一柱為官，則在此年齡段內不論是什麼工作，都會接觸到管理、管人的工作內容……

• 十神含義主要仍是人倫、社會性質的含義。代表的是一類事物。必須要結合自身實際情況才能決定這個十神到底是指什麼。

• 八字中有的東西則為緣分深重。沒有的東西未必沒有緣分。有沒有緣分一看八字中有沒有，二看大運是這個東西的什麼地方，三看其人實際的社會背景。比如正財在男命代表妻子，但要注意，第一步大運的正財百分之九十以上不是妻子；若八字沒有正財也不能說明這個人沒有老婆。而是：八字無財，此人不大懂婚姻生活，與妻子緣分較淺，待到二十左右後行財運則表示其人的生活中一部分要被情感、賺錢等佔據，在這個大運有機會找對象，過了這個大運，回歸命中註定的心理狀態。

- 刑沖會合等可以指一個人的實際感受。大體來講：沖刑多主凶事（70%左右）。合多主吉慶之事（70%左右）。在這裡要注意：八字已有合，則流年大運再合反而更多的不是好事。若八字本身有沖，則歲運再沖，雖然仍主不好，但其人對這種不好的承受能力很強。合多利於私事——單純的流年好壞並不是刑沖會合就可以決定，但刑沖會合是極為重要的指標。
- 六親的能力判斷主要是看十神的坐支是否旺，是否有根。六親對我好不好則要依據這個十神干支對於八字整體和日元起什麼作用來判斷。
- 六親的性情看這個十神的五行是什麼，再看其宮位是什麼，即所謂「星宮同應」。比如以正財為妻子說：土妻沉悶、有信。水妻風韻、多巧。火妻巧辯、多言。金妻義氣、爽直。木妻溫婉、秀麗。這其中如果要更深入瞭解，還得參考強弱，坐支。正財坐在生旺地無剋泄①，表示妻子堅韌有毅力，事業前途較順。正財過旺無剋泄②，則反而表示妻子愚鈍不開化……
- ……

---

① 壬申，壬为正财，申为壬水的生旺地。丙寅，丙为正财时也是一样。
② 壬水为正财，地支有申、子，天干又有壬或者癸则为太旺。

第一節 格局

格局[1]是指「格」和「局」。格更多指向的是月令、天透地藏。局多主三合、四見、三會、拱夾、虛遙、暗合……。

本書著重講解八格[2]，同時兼顧梳理命理學的歷史發展線索。八格是：正官格、七殺格、財格（正偏財不分）、印格（清中期以前正偏印不分，今日則將印格分為正印格，偏印格）、食神格、傷官格、月劫、陽刃。此外應重視一些「雜格」，如金神、魁罡等。

先以正官格而串講諸書有關取格、用格之要義。

《五行精紀》之「官神」

《五行精紀》為南宋作品。其時已有「十神」的概念。但沒有今日這般正官七殺的具體區分，主要還是以京房易的「官鬼」來論述。摘要如下：

①諸多名著均認為格局以財官為主，這一說法被認為是沿襲的火珠琳法。所謂富貴就是事業、財富。事業以官殺為主，財富以財星為主。故此火珠琳法中以財官為主，父母、子孫為輔。而實際上在八字中並不完全是這樣，任何一個十神配合得好都能大富大貴，十神則是劃分事業成就的範圍、類型。

②明中期以前以六格為主，沒有陽刃、建祿。

《五行精紀》的缺點是只列舉格局，不講解格局。若按今日觀點，夾官局即是夾拱的一種，五官局即是從格之邊界。

夾官局

《五行精紀》以甲見酉為正官。凡兩柱相近中間夾出酉字者名為正官祿。其法則：必須兩柱干支均是隔一位。如：甲人見壬申、甲戌，中間夾出癸酉。乙人見癸未、乙酉，中間夾出甲申。

五官局

甲乙人見庚辛巳酉丑全。丙丁人見壬癸申子辰全。戊己人見甲乙亥卯未全。庚辛人見丙丁寅午戌全。即以見到官殺「氣數」全為五官局。這種格局多為凶局。既可以使其人有權，又可以使其人橫夭早死。

《淵海》、《淵源》、《淵海子平》正官論，宋明同論

《淵海子平》是明朝唐錦池將宋朝《淵海》、《淵源》兩書做刪、減、合併而成。故此《淵海子平》又可以代表明朝的命理觀點。以下將三書簡稱為《淵》。

《淵》取格以月令為準，月令地支就是格局，辰戌丑未月別論。

- 寅——甲、卯——乙、巳——丙、午——丁、申——庚、酉——辛、亥——壬、子——癸。
- 辰戌丑未主要看其透出何物。

《淵》關於「格局」主要有以下基本的觀點：

- 成格即可富貴。
- 格局指向人的富貴，與健康關係不大，但卻與夭壽有關。認為格局沖破人就死。
- 「取格局」與「格局是否成」是兩回事，取格看月令，成格則需得參考喜忌。這個喜忌有時候是指十神的喜忌，有時候是指格局的喜忌，在相當多的情況下「十神」與「格局」混亂不分①。

《淵》關於正官格有以下特點：

- 月上正官格，要走官旺運則凡事有成。

這一點與《神峰通考》金不換大運論調相反。

- 正官格，八字忌刑沖破害，也怕官星同時透出。

A．若以甲日看，酉月為正官格，則八字中怕見有卯、午、酉、戌字來沖刑破害官星酉字。

B．《淵》認為月令地支的正官酉就是正官的極限，若再年、時再有辛字，則福氣渺小了。

C．《淵》一書並不像《子平真詮》那樣提出了刑沖破害的解法，只是提出不宜有如此這般。

- 需得參看年時上何者入格，其它格不能有害於正官格，才能推定此正官格是否成立。比如時上不能是傷官格。

《淵》的這一論調，有個潛意識就是四地支都可成格，只不過以月上的格為主。

①這一點直到清朝都沒有詳細論述清。

• 怕正官多。此說有兩種意思：一是正如第二點的怕天干再透出正官，二是怕地支有七殺。正官多則易有災①。

• 喜身旺，喜印綬。

A．這個身旺當然不是指得令，因為正官格不可能日元得令，此處的身旺是指日元有祿旺位地支，以祿最好。

B．《淵》中印綬不分偏正。

• 喜有財來生。比如甲日以辛為正官，則八字中最好有戊己土財星

• 注重月令氣候。比如甲木酉月為正官格，八月中氣前酉金不大旺，中氣後則酉金旺。

《淵》一書詢查月令氣候主要是為了判斷格局的強弱，而非是格局成也不成。比如中氣前的八月辛金官星尚弱，則八字中天干可以透出辛金。若是中氣後的8月，則不能透出辛金，有過旺之嫌。

• 甲日支見巳酉丑，若不透辛字，要時上為日元祿旺位，如此則為正官局。

今日有些人認為此種情況下為七殺局。

• 怕四柱有傷官、羊刃。

• 《淵》一書有以下關於格局限度的特殊觀點①：

① 參考《五行精纪》五官局。

甲日主：
酉月——正官格
酉月——中氣前可以透出辛
酉月——中氣後官旺，不可再見辛字
巳酉丑——此時的酉月不必是八月中氣後，則仍為正官格（不似今日以三合為逆用）

《三命通會》論正官

此書為通匯性質命理典籍。以往歷朝主要見解在此書都有收錄，且論述較為全面，有褒有貶，對於子平並不是全部採信。命理學至《三命通會》，大部分宏觀要則已經講的差不多了，到清一朝則是重點、細節的發揮。

《三命通會》取格局很活，到此書時已開始重視時支格局的重要性。在立格、用格、拆解格局上有以下要點：

- 喜：有印綬、食神、有財為正官元氣。
- 忌：七殺混官、傷官剋官、地支刑沖、怕洩氣、怕被合、怕入墓。

①在《淵》看來，很多人定不準格局，就是因為不瞭解格之極限。

此處的喜忌是指格局從月令取出後，相對於這個正官格而言的喜忌。

•取正官格，只許一位正官，如甲日主只能是地支一個酉字。

•先看月令，後看其餘。《三命通會》重視講解格局取用所依據的法理，即：柱限。認為年為少年，人少年時難言功名。而時柱晚年已近退休、太遲。故此以月令青年為正，如此則主青年有為。此說可以看出，《三命通會》取月為首格，其餘地支也可入格，其中差別是用處大小的問題。

•四墓庫為土的本氣。如壬見丑未為正官、見辰戌為七殺。同時《三命通會》重視四墓庫月的格局，即所謂「雜氣財官、不透要沖」。

•四旺、四生①月令的本氣天透地藏為格局的極限，一旦天透地藏正官，則不宜再有正官。如：甲日主見天干辛字，月令為酉為正官格極限。其餘不宜再見戌、辛、丑字。

•四墓月，時支一位正官，則為四墓月的官格極限。如甲日丑月酉時為官格，一旦透出辛字則為官多變殺。

•正官格取出後，則有相對於這個格局的喜忌配合以及行運方面的需要注意之處：

A．喜日主健旺、有財印。此處所謂日主健旺是指日元坐下為印綬，或者自坐祿地。有財印是指，若八字日元旺，則喜八字有財來生官，若八字日元相對衰弱，則喜有印綬生身護官。財印最好不要同時透出，一藏一透最好。

① 四生即是寅申巳亥，四旺即是子午卯酉。

B．忌合、忌殺、忌傷。忌合是指正官透出時，天干不要有能夠合去正官之物，如甲日辛丑月，年上不能有丙火，因為丙火能合甲木日主的辛正官。忌殺是指地支不能有七殺本氣，如甲木日主酉為正官本氣，申為七殺本氣，若是月上正官格，則不要有申字；另外忌殺也有一點就是怕天干透出七殺，如甲木日元，酉月為正官，天干透出庚則不妙。忌傷是指忌傷官①。

C．如有破壞格局之「忌」，就算能去掉這個「忌」，那也算不上純粹格局。如正官格忌傷官，如果有正印剋制傷官，則這個正官格仍不是上好格局②。

D．重視身強身弱。有官有財時③則身弱，需得走身強運；官星一二位不超極限的話，只要有印綬則不怕身弱。

E．時支不能反剋格局。正官格時支不能是傷官旺地。如甲木酉月，不能是午時。

F．正官格行運：看日元強弱和官印輕重定奪，身弱印輕喜印地，身旺官輕宜財官運。

①《三命通會》提出了格局喜忌的大綱，在後來的《子平真詮》中則將喜忌與宮位、柱限、陰陽、根之輕重等因素結合起來判斷，條理清晰地舉出什麼情況下官殺混不足為慮，什麼情況下出現傷官可以顯貴……較之《三命通會》更加有操作性。

②按：《神峰通考》認為有病有藥的八字最為奇特，《子平真詮》認為有忌，若果能夠調配得當，則其人仍能顯貴，故此一般人認為明朝《三命通會》的這一觀點與清朝《子平真詮》顯然不同。實際上這個裡面沒有多大矛盾之處，《三命通會》取格以終極富貴為目標，它所認為的富貴概念並不是單單一個品級的問題，而更多的是「體面一生」，「從忠從孝」，「到死不曾降級剝奪俸祿」；《子平真詮》中則是更多地以某人曾經做過幾等品級來證明某八字格局好或者不好，至於這個品級是否能保持到老、是否有牢獄、是否有凶刑則不是關心的事，哪怕只當過三五年知縣也是顯貴之人了——這實際上暴露了清人仍主要是「以一時成敗論英雄」，而不「以生活質量論命運」，顯然是站在命好不如運好的立場。略顯浮躁。

③月上官星本氣，時上財星本氣。

G.又有專門術語：傷官運為「背祿」；身旺運為「逐馬」；行官之墓庫運為「入墓」。

H.《三命通會》又有對於正官格更為入微的論述，這是其它諸書所不及的：

土日主正官格——品秩清高、和俗守慎。

金日主正官格——官序炎赫，為性猛烈，用刑殘酷，勢力時斷時續。

火日主正官格——多為非顯要部門，為人謙和，體恤孤寡。

水日主正官格——為官穩當，厚重，法令分明。

缺木

總結而言：

- 《三命通會》較之以前名著，開始重視身強身弱對於正官格的喜忌、行運影響。
- 對於格局極限的認定較《淵》有了更詳細的解說、發揮。
- 對於前人的經驗有繼承，也有反對。如《神峰通考》認為八字有病而同時有藥最為奇特，《三命通會》則明確指出即便能解救格局之病，也不是上等命造。這些不同點的根源在於：命重要還是運重要？

《御定子平》論正官

《御定子平》此書據傳為康熙御定，現在還沒有最終定論。清一朝康熙帝極好術數，御定有各個門類術數典籍。此書可以視為皇家術數入門用書。書中尊崇《淵海子平》、《滴天髓》、《三命通會》以及晚明時期一些流行命理法理。此書面世也就是近幾年的事，以前只有極少數人能接觸到。很多當代大師都沒有見到此書。故此本書作為入門用書，有必要介紹此書一些取格用格理論，如此可以更好銜接明清兩朝的命理過度。讀者頓時可以明白從《三命通會》到《子平真詮》之間發生了什麼？

《御定子平》在取格用格方面有如下特色：

• 取格：

A．取格分等級。以十神的比重取格，看何者無傷，何者分量重就取何者為主格。正官格從月上取，四柱需要有相助正官的十神，而又不越權干擾正官，才能成格①。

B．月令天透地藏為標準格局。

C．正官格在以往諸書列為首格、最為首先對待的格局。《御定子平》則是靈活處理：a：官旺身衰，賴印生身，則取用在印，八字以印格對待。b：身旺官輕，賴財生官，則以財格對待。c：正官太多即做七殺格論。d：四柱重見食傷剋制正官，則又以傷官格論。

D．尊重《碧淵賦》，認為日時的正官也可取用為格局。

• 定格方面另附有「秘法」。是指「石田山人命理微言」中所道及的定格之法，有如下要點：

A．以乘氣定格局真假。

① 所謂相助正官的十神，是指財和印。所謂越權是指七殺能越正官之權，傷害、干擾是指傷官對於正官的剋制。

B．乘氣是指每月中司令之氣。如寅月中未必都是一月之內都甲木專權，而是甲丙戊或者甲丙己三者各執幾天，甚至也有亥月中有幾天是土值日。

C．取出格局後，若是格局受到乘氣的生助，則此格局有用。

D．但乘氣在內，不能去剋制明顯存在於八字中的字。

E．若乘氣與用神不相生助只是格局不真，而並不是格局作廢①。

F．四墓庫月的取格定格仍是近似《淵》、《三命通會》等觀點，以透出之物為優先。

G．除了以乘氣定格之真假以外，還有如下考慮：

格局混雜與否？

格局之字是否多透？

干支的生和剋要分宮位年限來定其先後順序②。

行運可以彌補缺憾使格局成立。

刑沖會合對於格局的影響。

---

①1，用神就是格局。若是正官格，則正官就是用神、有用之神。2，用神能剋制乘氣，但乘氣不能剋制用神，如戊土生於子月，正財癸水透出，取為正財格，但若生日這天是己土乘氣，則屬於用神癸水和乘氣己土不相照應，這個己土是不能去剋癸水的。

②如：正官帶財，以財生輔正官時，只宜財在於年月之上，不宜在於日時。否則就容易侵犯正官格，有成為財格的嫌疑。此一細節在《三命通會》已有提及。這一點被後來《子平真詮》繼承，《子平真詮》十分重視年柱與時柱的位置不同對於格局的影響。

……

●用格、格之喜忌：

A．總的原則是：喜財印，忌殺傷。

B．《御定子平》一書明白清楚地劃分出「身強」「身弱」對於正官格喜忌的影響，後來的《子平真詮》也不出其右，只是細節的開演。身旺者喜用財。身不甚旺者宜用印。

C．忌七殺混雜，若有此種情況，一是合殺，一是制殺。

D．忌刑沖。若有此種情況，合可以解沖①。

E．忌多合。

F．五陽干之正官格，食神合正官，故此怕食神。

G．五陰干正官格，日主合正官，不透比肩時對格局無甚影響。

H．不論陰干陽干，忌多合。如：甲木酉月，多見辰字。乙以庚為正官，則不宜再有乙木比肩②。

《御定子平》相比前朝，至少有如下延伸：

●對於格局的喜忌、用法，很明確了其中宮位、年限所起的作用。

●提出合可以解沖刑。

①《真詮》有『刑沖會合解格』一章。

②《子平真詮》不認為辰酉合等六合能壞格局，但三合可以變格。

- 較之《三命通會》，更加注重身強身弱對於喜忌的取捨。
- 取格定格並不是首重官格。八字有其它干支天透地藏，且力量比正官更強旺者，則定其它為主格①。
- ……

《子平真詮》②之正官

現在所說《子平真詮》是後人以沈孝瞻所藏手稿為基礎，潤色、增刪後出版的，沈孝瞻並不知道此手稿會出版。此書在多格透用方面見長，關注富貴，不甚注重百姓日常③。

①此一點看似過分靈活，但只要能夠理解宮位、柱限的含義，則這一點相反是一條十分重要有用的法則。

②二十一世紀初，有人考證《子平真詮》原稿出現于明朝，非是清朝沈孝瞻原著。

③按：1.《三命通會》注重人情味，既論十神、又論格局，大型的的命理彙集型典籍。2.今日一般入門讀者之所以尊《子平真詮》，主要有以下原因：a：清末民國的徐樂吾謂「《子平真詮》與《滴天髓》如江河日月，不可廢也」。b：《子平真詮》用語堅定，直接，術語統一，沒有其他書那樣一本書內部本身就有不同觀點的現象，方便人閱讀。c：《子平真詮》一書在用格方面確實有獨到之處。

論正官

官以尅身雖六七煞有別終受彼制何以加忌刑沖破害尊之若是乎豈知人生天地必無矯焉自尊之理雖貴極天子亦有天祖臨之正官者分所當尊如在國有君在家有親刑沖破害以下犯上烏呼可乎以刑沖破害為忌則以生之護之為喜矣存其喜而去其忌則貴而貴之中又有高低者何也以財印並透者論之兩不相礙其貴也大如薛相公命 甲申 壬申 乙巳 戊寅 壬印戊財以乙隔之水與土不相礙故為大貴若壬戌 丁未 戊申 乙卯 雜氣正官透干會支最為貴格而壬財丁印二者相合仍以孫官無輔所以不上七品若財印不以兩用則單用印不若單用財以印能護官亦能洩官而財生官也若化官為印而透財則又為透之而失貴之格也如金人狀元命 乙卯 丁亥 丁未 庚戌 此並用財印無傷官而不雜煞所謂去其忌而存其喜者也然而遇傷在於佩印混煞貴乎取清如宣參國命 己卯 辛未 壬寅 辛亥 未中己官透干用清支會木局而辛解之是遇傷而佩印也李參政命 庚寅 乙酉 甲子 戊辰 甲用酉官庚金混煞乙以合之合煞留官是雜煞而取清也至於官格透傷用印者又忌見財以財能去印未能生官而適以護傷故也然亦有逢財而反大貴者如范太傅命 丁丑 壬寅 己巳 丙寅 支其巳丑會金傷官而丁解之透壬豈非破格卻不知丙丁並透用一而足以丁合壬而財去以丙制傷而官清無情而愈有情此正造化之妙變幻無窮焉得不貴至若地支刑沖會合可解已見前篇不必再述而以後諸格亦不談及矣

《子平真詮》取格：

- 四旺月，以本氣取。子月為癸，酉月為辛，卯月為乙，午為丁，午透己則為丁生己。
- 四長生月，以本氣為首要格局，長生氣為第二，再看透出者是什麼、透出物之間是什麼關係來決定一個八字的具體格局。寅月：甲為首格。甲不透而透丙，此時注意：格局為甲兼丙。如庚日主寅月，透甲為偏財，不透甲而透丙則為甲財格逢丙殺。甲不透而丙戊雙透，則為財格逢殺又透印（注：《子平真詮》的長處在於八字有多個天透地藏時格局的認定。主格以月令本氣取，透出的其它則為兼格。《子平真詮》的用語很規範，讀者宜讀原文來理解）。申月：申中有庚本氣，壬水長生氣，還有戊土，如丙火申月，不論庚透不透都為庚財格，庚不透而壬戊雙透，壬為七殺，戊為食神，此時的格局因壬水被剋，故此透出之物只看戊土，則格局為財格逢食神（此種更有因戊土、壬水的位置不同而導致的格局不同，讀者宜細心體會。作為入門教材，此處暫不深究）。

●四季月，以方局、透出之物為依據。如戊土，申酉戌全則以金看，寅午戌全則以火看。無方局可看透出何物。舉例說明：

A．乙生戌月，見寅午則為火局傷官局，認定為傷官局。此時透出戊土，則為傷官生財。

B．若乙生戌月，見寅午為火局。甲透，戊也透，此時並非是劫財甲木剋戊土正財，而是：若火透出則食傷局不怕比肩劫財，此八字稱為「傷官生財不怕比劫」①。若火不透則為「傷官生財，而財逢劫」，是為險造。

---

① 按：《子平真詮》有一套非常嚴謹的專門用語。這種嚴謹能很好地表達一個八字有多種格局透藏的情形，如：甲生酉月，丁火傷官天透地藏，稱之為「官格逢丁傷」，而不是「傷官見官」。傷官見官在其看來是甲木午月，辛金天透地藏，是主格的稱謂在前面，副格放在後面。甲木生於寅月，丙戊雙透，並不是食神生財，而是「月劫格，可以用食神生財」。甲木戌月，申酉戌全，透戊土偏財，不是偏財格，而是「七殺逢財」。

《子平真詮》用格：

• 所謂用格就是如何用好格局。古時所稱「用神」就是月上「有用之格局」，用神者——八字中有用之神！用格即是用好這個「有用之神」①。

• 《子平真詮》用格有一個基本的大原則，即是依據用神（格局）之善與不善來確定這個用神（格局）如何用。

• 用神之善與不善是固定的，即食神，印綬，財星，正官是用神之善，這四位十神成格則為善格，以順生順護等「順用」的方式對待，不可以「剋制」來對待。用神之不善是指傷官，七殺，建祿，羊刃這四位十神，這四位十神所成格局則以反剋和化解等逆用的方式為用格首選，剋制的方式比化解的方式效果更佳。

• 正官屬用神之善，故此正官格以順用為主，即，用財生或者用印護。

• 除過以財、印為順用正官格的喜用外，還有一般格局都要有的條件，即是「忌合、忌混雜、忌

---

① 《子平真詮》的「用神」和「格局」二字與今日有些沒有入門的讀者所理解的意義不同。不論《子平真詮》還是《三命通會》，若月上正官，則此八字為正官格，正官則就是需要去用好的「用神」，而那些正官所喜的財、印則是屬於為了用好「正官用神」而使用的手段。而我們今日一些不太瞭解古籍原義的讀者在有關「格局」與「用神」的理解則上是混搭著《神峰通考》中病、藥等思想概念，即，將能治癒八字的「病」的那個字稱為用神，而不是把八字中有用之物稱為用神。之所以有如此大的用語偏差，一是《神峰通考》這本書的單行本在民間十分普及，其數量遠遠超過《三命通會》、《星平會海》、《應天歌》等，在民國以前也更是遠遠超于《子平真詮》。二是民國徐樂吾等先賢大師，在這個問題沒有很好地做一個區別，命理術語運用相當隨意，以至於今日讀書較少的讀者更是不能窺得「用神」原貌。

刑沖、忌顛倒順逆之用」。

以上簡單列述《淵》、《三命通會》、《御定子平》、《子平真詮》四本書關於正官格的取法、用法。力圖使讀者有一個「歷史」的線索。當然，這些都是距今三個花甲以上的觀點了，對於入門讀者，以上文辭看起來仍是有些雲霧感覺。

我們今日取格基本上是處於「亂法」狀態——有些人依照自己的理解取格；有些人嚴格遵守《子平真詮》；有些人則是以《石田山人命理微言》、《口授碎金爐》的乘氣、沖合等法蔑視其他所謂「散兵游勇」；也有人力圖恢復李虛中那種甲子、納音論命；也有人以「無傷不是貴、有病方為奇」一句話走遍天下……現在更有一些個現象就是在不瞭解古人觀點的情況下胡亂復古，或者在不讀古籍的情況下過於蔑視古人成果……這其中固然有「我知道而你不知道時，我就「奇貨可居、有利可圖」的原因，當然也有命理學本身一些術語不清、思路、傳承脫節的問題。

作為教材，沒必要將讀者帶入到一切文化、文明傳承均有毛病的終極原因中去，謹在此提醒讀者：命理學和其他文化、學術一樣：在傳承、創新上都是有歷史規律的，不可能總是平平順順，更不可能被所有人平均地接受。

從以上關於四部書的取格轉述當中，可看到四部書一直是以月令為主要核心取格。這個讀者都能一眼看到。但學問在於「細節」。通過四書比較，可以發現一些命理學演進的蛛絲馬跡，隨著朝代推移，越來越活：

- 《淵》是在取格上毫無懷疑月令力量的。

●《三命通會》將重月令的原因歸之為柱限和年齡有關，並非是人一生所有階段都主要受月令影響的，書中極為重視八字的日時結構①。

●《御定子平》相當重視時上歸屬，且一旦八字中其它部分力量態勢超過月令上格局，則月上取格就要讓位於其它部分了。

●《子平真詮》仍是重月令，但有心的讀者都可以察覺到《子平真詮》的取格是以月為主格，其餘三柱天透地藏為副格。

其實，八字命理是眾多基礎法則的組合體，比如我前文所說的柱限、刑沖會合、神煞等，只要運用熟練都可以窺見人生一部分命運。八字的取格用格只是一種論述八字的方法，因為格局所對應的仍是以人生事業富貴為主，並不是人生的全部。在民間的批八字活動中，文化水平較低的、活動於鄉里街頭的算命師傅，絕大部分並不講究格局。

在論及事業、成敗、富貴方面，格局有較大的參考意義，但結婚、生子、傷災……用「天透地藏」、「月令取格」、「用神無傷」、「乘氣」、「人元司事」等則入手不便。因《子平真詮》一書在推論格局上確有獨到之處，本書以其立場帶領讀者入門。如下為入門讀者梳理一些《子平真詮》②相對於其它三本書的特點：

●明確區分出用神的善與不善，進而順用、逆用。方便了格局取用。

①重視日時關係並非是《三命通會》的發明，在南宋時代就有。《五行精紀》中就有諸多引自於名為《宰公口訣》的相關論述。

②依據版本為民國十二年上海會文堂版《子平真詮》，而非是民國徐樂吾的《子平真詮評注》。

——事實上是《子平真詮》以明確語言斬釘截鐵說出如此道理，但卻不是它定出如此道理，《元機賦》中就已說：「官印財食，無破清高；殺傷劫刃，用之最吉」。

- 明確提出如何處理刑沖對於格局影響的方法。

——《御定子平》也已經提及「合「能解沖刑。

- 對於八字中有多個天透地藏的多格局有一整套處理法則。
- 有區分格局高低的方法，即用神之有力、無力、有情、無情等。

——《三命通會》則是更多借鑒納音。《御定子平》在這方面走的遠些：發現格局高低和日元的喜忌和四季氣候有關。

- 有一整套格局關聯大運的相關用法。
- 指出格局在極端氣候條件下會大大失效，提出了「調候為急」的概念，比如眾所周知的『凍水不生木』就是『冬木的印格用官時無效』的同義詞。

——「調候」一詞明見於《子平真詮》。此處的調候是格局相對於月令而言的調候，而非是日元相對於月令的調候。

- 發明了很多專用術語：用神善惡、成敗救應、相神、有情、有力、有情而兼有力、有情而力非至、有力而情非至……等等。今日我們在這些詞的運用上往往不是在沈孝瞻的原義立場，而是自說自話。
- 不認為神煞對格局起作用。
- 《子平真詮》將六乙鼠貴、飛天祿馬等以常格的局部來解釋。

第二節　諸格提要

正官格

•《淵》

格局之喜：1，注重年干，年干能助正官則妙（財印可以助官）。2，喜印綬（正偏印不分）。3，喜身旺（地支中有日元之祿）。

格局之忌：1，忌傷官羊刃沖剋正官，如甲生酉月，怕有丁卯。2，忌刑沖破害正官。3，正官不宜天干多透，一位最佳。4，忌年時七殺、羊刃。5，忌官星太過（地支超過兩位）。

行運：1，喜行官旺之鄉。2，不喜傷旺之鄉。

•《三命通會》

格局之喜：1，喜日主健旺。2，喜有財印輔助。

格局之忌1，忌傷官、七殺。2，忌刑沖破害。3，忌貪合忘官。4，忌時上反剋正官。5，忌日坐傷官。注：《三命通會》注重日支。

行運：1，財官重身弱，不宜財殺旺鄉。2，怕走官之墓運。

•《御定子平》

格局之喜：1，喜財、印。2，身不甚旺喜用印。3，身旺喜用財。4，財喜在年，印喜在時。

格局之忌：1，忌七殺（書中提出可以合殺，或者可以用食神制殺）。2，忌傷官（提出可以合去傷官。）3，五陽日干八字忌合正官。

行運：身弱喜行身旺運。

- 《子平真詮》

格局之喜：1，喜財、印。2，若有財透出，傷官透出時也為破格，此時並不是傷官生財轉而再生正官的關係。

格局之忌：1，忌傷、劫、殺。2，忌正官被合。3，忌刑沖，合可以解沖刑。4，忌傷官，若是傷官透出，則正印透出且正印有根就可以挽救格局。4，忌七殺，合殺而留官，則正官格也可以成立。按：正官被定為順用的範疇，不宜以剋害正官的方式使用正官格。

行運：1，有財印輔助的正官格，身弱宜行身旺運。官輕則宜官旺運。2，正官透出時不可行食神運，不可行殺運，也不可走天干官運。3，不宜刑沖正官地支運。4，正官格有印透出，印多時財運並不妨礙。傷官運也不妨礙，因為印星能剋傷官。5，官殺混雜透出，喜行合七殺運，若是八字本身已經合住七殺，則可以行財運，但卻不可以再行殺運。

印綬格

（沒有明確區分正印偏印）

- 《淵》

格局之喜：雖然官格喜印，但印格不一定非要有正官，但有正官則也很不錯。

格局之忌：1忌財星。2，印格無官則清閒無品。3，偏印怕見食神（《淵》經常性地十神與格局不分，偏印僅僅從十神角度看卻是不大喜與食神相並，但作為月令所取的格局時，與食神相見並不一定影響富貴）。4，忌身旺。

行運：1，怕行印的死絕運。2，怕行日元的死絕運。（從實踐看，《淵》所說的死絕運是不論陰干陽干都按照陽干換算的死絕運）3，喜行官運。4，流年喜官旺（三合官殺）。

• 《三命通會》

格局之喜：1，喜官星為印的元氣。2，雖然也是正偏印不太分明，但卻也提出喜食神（須是身旺印旺）。3，喜天月德（注：是指印本身就是天月德星，或者日元是天月德星）。4，喜七殺。5，喜身弱（有根，但卻不是祿、旺位的根）

格局之忌：1，忌財星破印，提出有財星時需八字有比劫剋財來護印。2，《三命通會》的高明之處在於「親和」、方便操作實踐，書中提出：火印多則土燥，水印多則木腐，土印多則金被埋，以上三印多往往為凶甚烈，也就相當於指出印格同樣怕印星過多。按：不論是格局還是普通的十神，都怕過多。關於過多可以參考前文十神講解部分，書後還有關於過多的講解。

行運：1，印格見財，身弱時行身旺運發福。2，印格八字無殺，行殺運則發，有殺行殺運則凶。3，怕入印墓運。4，怕行運將印格合局變化為殺、傷、財局。5，印格八字無官、殺、財，行身旺運只是平常人。

- 《御定子平》

格局之喜：宜有官、殺。

格局之忌：1，忌財，有官殺時不忌財。2，印綬太旺反而可見財。3，忌身旺。4，忌食神。5，不怕印多。按：與《三命通會》一樣：認為凍水不生木，冬木不生火。

行運：畏見財鄉。

- 《子平真詮》

格局之喜：1，喜有殺。2，官印雙全為美。3，身強，印也強時，則喜食傷。4，印多時，如有財星則可以財星來成就印格。

格局之忌：1，忌財剋印，若兩者同時透出，劫財可以制財來成就印格，或者合去財星留下印綬。2，身旺印也旺時忌七殺。3，殺印同透時，忌財星，但若財在年，印在時無妨。4，身旺印旺而可以食傷成就印格，正所謂『身印二旺用食傷』，但此時忌財星。按：印格屬《子平真詮》順用的格局。

行運：1，印格喜官而官透者，若官不足，可以行財運。2，以官星成就印格時，八字有食傷，則喜行官印運，食傷運也可以。3，印星過多以財星成就印格，則不宜行比劫運。合財星的運也不可以。官印運則可以。4，印格八字，官殺混透時，身強喜食傷運，身弱不喜財運。

財格

- 《淵

格局之喜：1，喜身強（《淵》認為正財不甚怕比劫，偏財透出時怕比劫也透出）。2，喜有印綬。3，喜與食傷連接。

格局之忌：1，正財怕官多（偏財雖也怕官多，但最好要有官星）。2，正財怕梟神（偏財不怕）。

行運：財在地支多根怕走官運。按：《淵》認為財格的要義在於身強。

•《三命通會》

格局之喜：1，喜印綬。2，喜食傷。3，正財不宜明露，但若有比劫，則正財透出為好（認為正財是本分之財，越競爭約有利，偏財為機緣財，不宜爭奪）。4，身強時可見殺。

格局之忌：1，忌身弱（正財透出不怕比肩、羊刃。偏財無論透不透都怕比劫）。2，怕財星空亡。3，怕刑沖破害財星。4，正財格怕財多混雜，偏財無妨。5，因梟能剋制食神，食神為財之源泉，故此怕梟神透出。6，日弱財格見殺為勞碌命。

行運：　財多身弱，官旺地有禍患。

•《御定子平》

格局之喜：1，喜身旺。2，喜印綬（沒有明顯提及正偏印區別）。

格局之忌：1，正財格忌比肩，但身弱時可用比肩幫扶日元。2，偏財格即便身弱也不可用比劫幫扶。3，偏財遇比肩，可利用官殺剋比肩。

行運：1，正財格身旺印多，喜行財地運。2，正財多，身弱，三合財局者有比劫能大發（須有食神）。3，偏財多且身弱，行官運則災。按：《御定子平》對於正偏財的區分較其它書更為詳細。

- 《子平真詮》

格局之喜：1，財格喜財根深（注：根深是指月時都有根）。2，身強喜官。3，財格食神透出，喜有比肩透出，但不喜官星透出。4，喜印，但印與財星要隔開，一年一時為最佳。5，財不旺且露比肩，則可不得已而用傷官生財。

格局之忌：1，忌財星多透，但此時正官也露出則不怕。2，忌七殺，財格有七殺時可以透出食傷制殺來成就財格，或者合去七殺成就財格。3，財格殺太旺時，只要財不露，可以印綬透出來成就美好格局。按：財格為順用格局，不宜比劫反剋，而宜以生護為好。

行運：按：《子平真詮》論運並不是單純看是什麼格局，而是不論是何格局，要看這個格局是如何成就的來判斷行運。1，財格官旺，喜身旺、印綬運，不喜傷官七殺運（若是印也透出則不怕傷官運）。2，財格有食神透出且食神重，喜助身運。3，財格有食神透出而身重，則喜食財運（殺運也可以，但官運不吉）。3，財格配印時，喜官運，身弱喜印旺運。4，財格逢傷官生，財運好，七殺正官運皆不佳。5，財格帶殺，喜身旺食傷運。……還有更多細節，以上只提供大概原則。

食神格

- 《淵》

格局之喜：1，喜財（食神生財喜食神、財星都只透出一位）。2，喜身旺。

格局之忌：1，忌官星透出。2，忌梟神。

關於行運未多提及。

•《三命通會》

格局之喜：喜身旺（最好是日元有祿）。按：《三命通會》認為食神成格之人文武兩宜。

格局之忌：1，忌身弱。2，日元無根時忌比肩透出。3，忌日支梟神。4，忌與傷官混雜。5，不喜財多，財多只是富翁、不顯貴。按：《三命通會》一如前面幾個格局，都提出了可以實際操作的論述：己亥不怕丁梟，丙午不怕甲梟，乙巳不怕癸梟，癸巳不怕辛梟（此段要義日後發揚於《日元確論》）

行運未多提及。

•《御定子平》

格局之喜：1，喜身旺。2，喜清純（食神與傷官不混雜）。3，喜財。4，喜扶身。5，喜比劫（『三命』認為忌日元無根時比肩透出）。6，食神格有七殺，則最好是食神透在年上，七殺透在時上。

格局之忌：1，忌梟神。2，忌官印。

行運未多提及。

•《子平真詮》

格局之喜：1，食神喜生財，但財要有根，不能正偏財混雜。2，食神與七殺同透，無財星可以為貴（金水食神最佳）。按：食神格為真詮順用格局。

格局之忌：1，食神不喜印剋，但木日元夏生食神格可以透印。2，食神忌官，但是金生水月的食神格透官無妨。按：「金水食傷見官為妙」的論法從《三命通會》到《御定子平》、《子平真詮》都在繼承。

行運：1，食神生財的局面，食財強旺則身旺運為佳，食神財弱則食神財運為佳。2，食神制煞而顯貴，不宜走財運。

七殺格

• 《淵》

格局之喜：1，七殺宜有制伏，但不可制伏太過。2，喜身旺。3，喜合殺。4，七殺無制時喜有陽刃（五陽日干八字）。

格局之忌：1，忌三刑，怕沖（身強不怕刑沖）。2，七殺有制時不喜日時有陽刃。3，不論身強與否都怕有六害。4，怕有辰戌相沖。5，身弱忌與財星同透，身強不怕。6，日坐七殺時，怕七殺多透（大凶）。

行運：1，七殺有制喜行殺運。2，七殺無制時宜走身旺運。

• 《三命通會》

格局之喜：1，喜身旺。2，喜印綬（需日主有根）。3，喜合殺。4，喜陽刃。5，喜比肩。

6，喜食神制殺。

格局之忌：1，忌身弱。2，忌財星七殺混雜。3，忌官殺混雜。4，忌刑、沖、害。5，忌入墓。6，忌魁罡（辰戌）相沖。

行運：1，以印化殺時，可行印鄉。2，身旺殺旺，殺無制時行身旺運可以貴，但有凶災。按：運是指天干大運，鄉是指地支大運。比如甲木日主印運為癸、壬大運，印鄉為亥子丑運。

- 《御定子平》

格局之喜忌：《御定子平》明確提出處理殺格（用殺）的四種法門：1，敵殺：即是日元要有刃星。2，化殺：即用印星泄殺轉而生身，如此殺越旺則越貴。3，合殺：五陽干用劫財合殺，五陰干用傷官合殺。4，架殺：即是以食神傷官制伏七殺，五陽干食傷均可，五陰干用食神，但不可制伏太過（比如七殺一個，食傷兩個）。按：這四種法門借鑒了兵家用語。

行運：有制伏則喜行七殺運，無制則喜行身旺、制殺運。

- 《子平真詮》

格局之喜：1，喜有制伏，食神制殺不宜露財（財在年上，食神在時上無妨）、透印（食神有兩個則不怕印透）。2，喜印化殺（七殺與印同根則大貴，不同根往往是一般小貴）。3，喜身強。

格局之忌：1，忌七殺無制。2，忌身旺印也旺，則七殺無效（正官也會如此）。3，忌財殺同透。4，忌官殺混雜，合官無妨。按：七殺格為真詮逆用格局，以剋制七殺為首選。

行運：1，七殺逢食神制伏，食輕宜食神運，殺輕宜七殺運，身輕宜身旺運。2，七殺純，不喜正官天干運。3，七殺無制時，身弱則宜身旺運，殺弱宜殺運（雖貴不久）……按：七殺格行運頗為複雜，讀者宜讀原文。

傷官格

- 《淵》

格局之喜：1，喜財星（傷官無財則傷官失去大用）。2，不怕七殺。按：《淵》沒有明確提出傷官配印，但認為印運佳。

格局之忌：1，忌正官，因此正官要去盡（主要是身弱時忌正官）。2，忌刑沖。按：《淵》並不如《三命通會》、《子平真詮》那樣重視金水傷官要見官，木火傷官要配印等與氣候相關的觀點。

行運：1，傷官帶財的八字要走財地支運，而天干財運效力不足。2，不喜官運。3，傷官生財者喜財運。4，八字中原有正官，則官運災重，原八字無正官則官運災輕。按：傷官帶財是指傷官與財不同根，傷官生財是指傷官與財星同根。

- 《三命通會》

格局之喜：1，喜身旺（但不是地支有陽刃的旺）。2，喜生財（認為傷官不生財等於無用）。3，喜印綬（無財可以配印，清要之貴，通琴棋書畫）。4，喜傷官傷盡（傷盡並非是不見官星，而是如果官星存在蓋頭截腳的現象也為傷盡，如甲為正官，甲坐在申上，或者寅木上是庚金則甲木正官就發揮不出格局層面的效應）。按：十神的功效有若干層次，比如單純十神層次，柱限層次，格局層次……

格局之忌：1，忌身弱。2，忌無財。3，忌刑沖。4，忌入墓（傷官的墓）。按：1，《三命通會》提出火土傷官、土金傷官不宜見官。而金水、木火、水木傷官可見官。2，《三命通會》承認月令氣候可以導致某些格局的喜忌搭配無效。

行運：1，傷官配印身弱時可行官殺運，不宜財運。身強印也強時可行財運。2，原有官星，再遇官星與傷官沖戰運大凶，原無正官則輕。

•《御定子平》

格局之喜忌：1，身弱時宜有印（生身制傷兩重功效，並非單單為了生身）。2，身旺時宜生財（並非是單純為了耗身，更是為了順泄傷官，使傷官有事可干）。3，有陽刃時則也喜有七殺。4，分門類論述傷官：火土傷官－火土太燥者宜見水官。土金傷官－土金太頑，宜用木疏。水木傷官—喜官財同有。木火傷官－財官同現更好。金水傷官－喜官而同時有印更佳。

行運：1，四柱無財忌行官運。2，傷官格不論有官無官，財運總是好事。3，傷官生財者，不宜劫財陽刃運。

•《子平真詮》

格局之喜、忌、行運：1，傷官生財：身要強，財要有根。傷官合局為財局更佳（如辛生亥月為傷官格，若八字有卯未則亥卯未合局為財）。金水傷官生財不如見官，但見官也要有財印。財重身輕，印比運佳。財輕身重則財運佳。2，傷官帶印：印要根深，印不多透，身弱為好，不要正偏印混雜。身旺傷官輕時則不宜配印。傷官不透，印透但印弱時，可以再透七殺生印。官殺運為好，印運也可，食傷運平平。3，傷官格傷不透可以財印同透，但要一年一時分開。4，金水傷官見官可以貴的前提是財、印也同時透出，否則容易成為凶命。5，傷官帶殺，無財則吉。6，傷官格財印均透藏者，財重宜印運，印重宜財運。7，傷官帶殺，喜印忌財運。金水傷官見官時，喜財印運，不宜食傷運，透財不忌比劫運。

建祿

明以前之書很少有建祿格，《三命通會》中說：「建祿舊無格」，說的就是《淵海子平》。另有幾個術語需得明瞭：比肩、劫財（五陽干之劫財又稱敗財）是指八字中透出天干而言，地支而言是指祿（比肩）、旺（劫財），又五陽干之旺位又稱陽刃，五陰干無陽刃。

- 《淵》

格局之喜、忌、行運：財官食在比肩之先，若有財官食，則按照輕重另入財官食等格。

- 《三命通會》

格局之喜、忌、行運：1，宜七煞、偏財、食神。2，建祿平生不聚財，但少病多壽。3，原有財官旺氣，運入官鄉有氣之地則貴。4，原有財星旺氣，運入財地則富。5，時上財庫，入財鄉大發。6，原無財官，走財官運虛名虛利。7，原無財官，再入比劫運，貧乏。按：《三命通會》關於月上祿即建祿的主旨是：有官星則必須有財，財與官同透；八字有財，則必須要有食神，即所謂建祿用食神生財。

• 《御定子平》

格局之喜、忌、行運：《御定子平》有比肩劫財之論，而未有建祿專論。從全書其他部分看，書中是承認有建祿格的。1，八字須有財，且財旺則能富。2，殺旺則能取貴。3，有食神則能自給自足。4，比肩有刑沖破害者一生人際均不安穩。5，比肩有力無刑沖破害者，又無財官殺者，在年則祖父有力，在月則得朋友之力，在時則賴子孫之力。

• 《子平真詮》

格局之喜、忌、行運：1，建祿取官而成者，需有財印透出分開，否則孤官無輔。行運怕官被合。怕七殺運。怕食傷運。2，建祿取財而成者，必須帶食傷。財食重則喜印綬運，不忌比肩運。食財輕則宜助財運。3，建祿如能月上祿合局為食傷，天干又透財者，格局更佳，如丁生巳月，為建祿，若有辛丑、酉，則三合財局。又如庚生申月，若有甲辰、甲子二柱則申子辰三合食傷天干又有財，大貴。4，用殺而成者：需得七殺有制。食重殺輕宜助殺運。食輕殺重宜身旺助食運。若是七殺見財則要合去一個。合殺留財者，食傷運佳，官運不忌，身旺運也可。合財留殺者，宜食傷運制殺，原有食傷過重則宜助殺運，原有七殺過重則宜身旺助食運。5，八字無財官而用食傷時，只以春木，秋金之建祿能貴（注：由此可見《子平真詮》很重視格局因月令不同而導致的區別）。財運佳，殺運不忌。印運不吉，官運不美。食傷重，財運可以，印運也可以。6，建祿格，官殺混透時，要麼合官留殺，要麼合殺留官，取八字之清而貴。不論合誰留誰，食傷運可以，比劫運可以，印綬運不佳，財官運不能發福。7，建祿若有兩個正官透出則不怕傷官透出。

陽刃格

- 《淵》

格局之喜：1，喜七殺，以七殺陽刃為日元最為極端所處，故此可以相互抵銷、制伏。2，喜印綬。

格局之忌：1，忌反吟、伏吟。2，忌三合陽刃為比肩局。3，忌魁罡。

行運：1，七殺透出，不喜傷官運，不喜七殺運，身旺運無妨。2，命中原無殺，行殺運發福。3，命中有殺，殺旺運有禍（此處未言明是否是七殺有制）。4，陽刃不可同時被合又被沖。按：戊日午月，火多則為印綬，而不以陽刃對待。

- 《三命通會》

格局之喜、忌、行運：1，喜身弱（即日元不坐在印綬、祿、旺上）。2，戊庚壬三日陽刃格，怕走財運沖月令陽刃。甲丙日陽刃格怕走官運沖月令。3，喜見殺，八字有殺行殺運凶，無殺走殺運發福。4，戊日午月午多以印綬論（注意，是午多，不是《淵》所說火多）。

按：《三命通會》論述陽刃是以陽刃格和十神陽刃兩種層次論述。以下檢錄一些八字有陽刃而未必是月上格局時的用法：財多，時上陽刃為妙。陽刃三四重，其人聽力、視力不佳。不論月上陽刃還是日上陽刃，均喜有七殺。癸丑、丁未、己未三日堪比五陽干之日刃，剋妻。刃怕沖合，合多有災。

•《御定子平》

格局之喜：此書講陽刃部分說：「其取用大率與建祿相似」，但此書並無專論建祿，故此書有抄錄他書而有應付了事的嫌疑。1，喜偏官。2，喜食。3，喜安靜。

格局之忌：1，忌伏吟。2，忌刑沖。3，忌魁罡。4，忌日元旺。

行運：1，原八字刑沖，歲運又為陽刃，凶。2，有刃無殺，沖羊刃運凶。3，有刃有印，無殺，入殺旺運為禍。

•《子平真詮》

格局之喜、忌、行運：1，陽刃格可以通過官或者殺的配合而成貴局。2，陽刃之用七殺時，宜有財印相隨，此時不宜制伏七殺。若無財而雙透七殺，則可以透出食傷制殺。殺不旺時喜助殺運。殺重則喜身旺運，印綬、食傷運無妨。3，以七殺制伏陽刃時，天干不宜透劫財，因為五陽干劫財能合七殺（格局均怕合）。4，七殺格官殺混透時，要去一留一。使八字轉清而貴。不論合誰留誰，喜制伏官殺運或者身旺運，財官運不吉。5，以官星制陽刃終有力不從心之感，七殺制陽刃最為合適。官不重可行官運。官重可行印綬運。不喜食傷運。6，陽刃格透財而財無輔助則為險格，但財根深有食傷透出可以言富貴。

第三節　雜格提要

雜格提要

此處以《淵》和《子平真詮》共同提到的做對比。

實際上《子平真詮》正是議論《淵》中所提到的一些外格而專門立出一章名為「雜格」。

- 《淵》

1，魁罡。只有四日，即壬辰、庚戌、戊戌、庚辰。須得為日柱，且八字內至少有兩柱是魁罡，喜身旺運，忌財官運。

2，時墓。時上為財官之墓（此處之墓不分陰干陽干均以陽干代替），墓上之字不能是剋制財官之字，如丁日辰時，辰為官庫，不能是戊辰時，因為戊字剋水官。

4，倒沖。同《子平真詮》。

5，合祿。六戊、六癸日有，即六戊日庚申時因為申字能暗合卯字，須得八字中沒有甲、乙、丙、巳四字，大運也不能有。六癸日庚申時，申能合巳，須得四柱沒有丙、戊、巳字，大運也不能有。

6，甲子遙巳。

7，丑遙巳。同《子平真詮》。

8，井欄叉。同《子平真詮》。

9，刑合格。同《子平真詮》。

10，棄命從財，須是財神旺極，日元無依（沒有說明是否可以有官殺）。

11，棄命從殺。須得殺局無制，身主無氣，喜行財殺運，忌日主有根及比肩之地。

12，「炎上」。

13，「潤下」。

14，「從革」。

15，「稼穡」。

16，「曲直」。

……

按：《淵》一書中內外十八格交代的都相當簡略。

• 《子平真詮》

《子平真詮》認為月令無用而取外格用之，所謂外格就是不透財官，若透財官且各有根深或者多透，則按照財官的方法對待。書中提出以下經驗證有用的格局：

1，取五行一方秀氣。如甲乙全亥卯未寅卯辰，生於春月。喜印露，運喜印綬比劫之鄉，財食運也吉。此即是《淵》中所講「炎上」「潤下」「從革」「稼穡」「曲直」。

2，從化取格。要化出之物得令乘時（得月令和時辰），如丁壬化木，地支全亥卯未寅卯辰而又生於春月，喜行所化之物的印綬財傷運，不利官殺運。

3，倒沖可以成格。八字無財官，而以財官對沖之位的字沖出財官，比如午為財官，八字中三子就相當於有午了，行運不能是午字。前提是八字中沒有一點財官。

4，朝陽格。

5，合祿格。同《淵》

6，棄命從財。須是四柱皆財日元無氣，也不能透印，更不能有官殺，有官殺則財氣漏了。

7，棄命從殺。須是四柱皆殺，可以有天干比劫但日元必須是無根。不能有食傷制殺。運喜財官不宜身旺食傷運。

8，井欄叉庚日全申子辰，運喜財，不宜寅午戌運。

9，刑合格。癸日甲寅時，寅能刑巳，巳為癸水財官。須是八字中沒有財官，不宜運走巳字。

10，遙合，丑字多則能合來巳字，巳為辛金之官，故辛日多丑能遙合官星。須是原本八字沒有財官，也沒有子字合丑。

以下諸格不驗，即便驗也是湊合，用其它方法能解釋通的。

1，子遙巳。

2，拱祿。

3，拱貴。

4，福德。

5，魁罡。

6，時墓。

7，兩干不雜。

8，干支一氣。

9，五行具足。

10，天地雙飛……

另外須得提及金神：是以時辰而定，只有三個時辰，即癸酉，己巳，乙丑。須得八字有火，走火運佳，水運破敗。金神格從應用講頗為應驗。

《子平真詮》所附命例

•正官格

薛相公　甲申　壬申　乙巳　戊寅印可扶身，財印並透，因為相互隔開，所以不相礙。

金狀元　乙卯　丁亥　丁未　庚戌月令之官三合為印，透財。

宣參國　己卯　辛未　壬寅　辛亥正官格遇傷官，以印制傷。

李參政　庚寅　乙酉　甲子　戊辰合殺留官。

范太傅　丁丑　壬寅　己巳　丙寅官格配印，丁壬合而壬不剋丙，正印又可壓制傷官。

•財格

葛參政　壬申　壬子　戊午　乙卯財露，官星坐旺。

曾參政　乙未　甲申　丙申　庚寅財格配印。

楊侍郎　壬寅　壬寅　庚辰　辛巳財用食生。而不是食神生財。

吳榜眼　庚戌　戊子　戊子　丙辰食神正印隔開不相礙事，正印扶身，食神生財。

汪學士　甲子　辛未　辛酉　壬辰因比肩透出，食神透出則可以化解比肩而生財。

注：子平真詮認為可以用劫財為根，比如這個八字甲木透自未土乙木。

毛狀元　乙酉　庚辰　甲午　戊辰乙合庚七殺而財格不亂。

趙士郎　乙丑 丁亥 己亥 乙亥財多用印扶身，印弱但七殺緊鄰可以生印。
王太僕　丙辰 癸巳 壬戌 壬寅棄殺就財。

●印格

張參政　丙寅 戊戌 辛酉 戊子印格透官
臨淮侯　乙亥 己卯 丁酉 壬寅印格印透制食神，則食神不剋正官。
朱尚書　丙戌 戊戌 辛未 壬辰印格印透制傷官，則傷官不能為害正官。
李狀元　戊戌 乙卯 丙午 己亥身印二旺，食傷透出。
毛狀元　己巳 癸酉 癸未 庚申印旺生身。
牛監簿　庚寅 乙酉 癸亥 丙辰財印帶食。
趙知府　丙午 庚寅 丙午 癸巳化印為劫，故此可以透財。

●食神格

梁丞相　丁未 癸卯 癸亥 癸丑身強食旺，透財。
沈路分　丁亥 癸卯 癸卯 甲寅藏食露傷。
謝閣老　己未 壬申 戊子 庚申身強食旺生財。
龔知縣　甲午 丁卯 癸丑 丙辰偏正財疊出。
黃都督　己未 己巳 甲寅 丙寅夏木逢火土燥，多為武職。

胡會元　戊戌 壬戌 丙子 戊戌 食神見殺而財不露。
舒尚書　丁亥 壬子 辛巳 丁酉 金水食神無財而透殺。
錢參政　丙午 癸巳 甲子 丙寅 夏木火焦食神用印。
劉提督　癸酉 辛酉 己卯 乙亥 財不黨殺。

• 七殺格

何參政　丙寅 戊戌 壬戌 辛丑 殺印有情。
脫脫丞相　壬辰 甲辰 丙戌 戊戌 食神過重，透印則七殺不破。
周丞相　戊戌 甲子 丁未 庚戌 財星剋印，故此成為食神制殺。
劉運使　甲申 乙亥 丙戌 庚寅 身重，殺化為印，此時可用財星。
沈郎中　丙子 甲午 辛亥 辛卯 去殺留官。
岳統制　癸卯 丁巳 庚寅 庚辰 去官留殺。
趙員外　戊辰 甲寅 戊寅 戊午 七殺無食神制，而用羊刃敵之。

• 傷官格

史春坊　壬午 己酉 戊午 庚申 身強財有根。
秦龍圖　己卯 丁丑 丙寅 庚寅 食神與財有情。
羅狀元　甲子 乙亥 辛未 戊子 化傷為財。

索羅平　壬申　丙午　甲午　壬申傷官佩印。

都統制　丁酉　己酉　戊子　壬子傷官兼用財印，財印分開不互相妨礙。

蔡貴妃　己未　丙子　庚子　丙子傷多身弱，用印扶身，七殺可以生印。

鄭丞相　丙申　己亥　辛未　己亥冬金用官。化傷為財。

章丞相　甲子　壬申　己亥　辛未財旺生官。

●陽刃格

賈平章　甲寅　庚午　戊申　甲寅刃格食神制殺。

無名氏　丙戌　丁酉　庚申　壬午殺純不雜。

●建祿格

金丞相　庚戌　戊子　癸酉　癸亥用官護印。

王少帥　庚午　戊子　癸卯　丁巳財印兩不相傷。

李知府　丁酉　丙午　丁巳　壬寅用官而有財助。

張都統　甲子　丙子　癸丑　丙辰財虛而食神生之。

無名氏　己未　己巳　丁未　辛丑食神化劫為財。

婁參政　丁巳　壬子　癸卯　己未合財黨殺。

高尚書　庚子　甲申　庚子　甲申化劫為財。

袁內閣　戊辰 癸亥 壬午 丙午 合殺存財，

張狀元　甲子 丙寅 甲子 丙寅 木火通明。

王總兵　己酉 乙亥 壬戌 庚子 乙庚合而去傷存官。

• 雜格

吳相公　癸亥 乙卯 乙未 壬午 乙全亥卯未

一品貴命　甲戌 丁卯 壬寅 甲辰　從化生於春月

書中未說品級　戊午 戊午 戊午 戊午　四午沖出子字。　甲寅 庚午 丙午 甲寅　三午沖出子字。

張知縣　戊辰 辛酉 辛酉 戊子 朝陽格。

趙丞相　己酉 辛未 癸未 庚申 合祿格。

蜀王　己未 戊辰 戊辰 庚申 合祿格。

王十萬　庚申 乙酉 丙申 己丑 棄命從財。

李侍郎　乙酉 乙酉 乙酉 甲申 棄命從殺。

章統制　辛丑 辛丑 辛丑 庚寅 遙合。

郭統制　戊子 庚申 庚申 庚辰　井欄叉。

某節度使　乙未 癸卯 癸卯 甲寅　刑合格。

羅御史　甲申 甲戌 甲子 甲子 遙合。

關於「喜用」二字的通常誤解

古人與今日初學者，都是各自在各自的語境中理解、學習命理學，難免出現同詞而異義、同義而異詞的理解。我們今日仍有很多容易誤解、且古人今人都使用的詞語，在此做一提要：

《淵海子平》、《子平真詮》等書有『……用神專求月令……』

此處「用神」二字是「有用之神」的含義，而非是今人為了彌補日元強弱、調候、通關等缺陷找的「字」。

《子平真詮》有『……官格用印……』

此處之「用」字，是相對於正官格局而言，是這個正官格需要用印。《子平真詮》是在格局的基礎上「取用」，然後再參考日元強弱等取運。今天很多人則未必是在格局基礎上「取用」，相當多的人是直接著眼於八字整體取出所謂「用神」，且這個用神可以直接用於大運流年。

《淵海子平》、《三命通會》等書有：『……食神喜財，忌偏印……』

此處的「喜」、「忌」二字不是八字整體的喜忌，而是「食神格」和「食神不成格的時候的食神」均有如此喜忌。今日則相當部分人以「整體平衡、流通、病藥」等思想為標準，認為不用之物盡可去掉。

從古典名著到今日的清談臆說，這中間為什麼有這麼些差距？其中原因不外乎是：時代風俗在變；名人流行著作的影響；實踐層次不同……

第四節　今日論格要領

本節的講解立足於實際應用。

柱限法、十神定位、十二運對於初學者來講，可以很好地擴展視野，不用再簡單地留戀身強身弱，也不用挖空心思地找一個萬能的用神，而僅依照十神相關法理即可勾勒出一個人的大概輪廓。局部法理推導的是局部信息。就好比我們看一幅畫，知道這幅畫卷上有山、有水、有人……但對於整幅畫卷的氣質、中心思想卻不易把握——這是《寒江孤釣圖》？還是《圯橋三進履》？換句話說：柱限法預測的是人一生多個階段生活重心的轉移，十神法預測的是六親、自我性情、能力的重點信息，十二運預測的是四大階段的心路歷程。

初學者與專業人士的差別中較為重要的一項是：初學者不清楚各個法則對應的都是人生的哪些信息。就比如本章節要講的「格局」。那麼格局對應的是人生的哪些信息呢？

對「格局」的定義不同，則上面問題的答案也就不同。

初級入門中，將格局作如下區分、定義：

格局是指「格」和「局」。「格」更多指向的是月令、天透地藏。「局」多主三合、地支四見……。格與局合起來可以籠統稱為「格」。

一、以月令立格——月支即是格局。月支換算為天干，看是日元的何種十神即是什麼格局。

如：

庚申　丁亥　戊申　庚申　汪御史八字。月支亥換算為壬，壬為戊土日元的偏財，則此八字為偏財格。

丁未　丙午　庚戌　丁亥　梁劍庵侍郎八字。月支午火換算為丁，丁為庚金日元的正官，則此八字為正官格。

辛未　壬辰　甲辰　乙亥　宋沈尚書八字。月支辰的本氣為戊土，辰又為木的余氣、水的庫，原則上來講辰戌丑未四個月的格局，以透藏為第一優先，此八字透壬、乙木，則此八字立為印格，因劫財歷來不受重視而讓位於印格。

二、以天透地藏立格——以八字中的天透地藏為標準的格局，天透地藏即是天干在地支有根。以天透而地支無根為虛浮的格，其作用可橫跨一生，但虛有其表，沒有相對應的真才實學。以地支為地藏的格，其作用以十五年為最大效用，不參與一生外在作為，有才學但不為人重視。

以上八字若以這項標準來看則為：

庚申　丁亥　戊申　庚申　汪御史八字。八字中庚金在地支有三個根，不是標準的格，而是此庚金食神格力量過大。凡力量過大者即有「因循守舊」之嫌。丁火沒有地支的根，虛有其表，但一生有用。凡虛有其表者，可理解為「錦上添花」或者「雪上加霜」。亥水的本氣沒有透在天干，其偏財的最大效用以青年十五年為最大。凡地支不透者，可理解為「心裡有數，不能有效表達」。

丁未　丙午　庚戌　丁亥　梁劍庵侍郎八字。丁火正官雙透天干，地支上三個根，此為正官格過強。丙火七殺沒有根，但天透，此為虛有其表，但卻一生管用。時支亥水本氣不透，只在晚年效用明顯，不能擾動一生社會作為。

辛未　壬辰　甲辰　乙亥　宋沈尚書八字。辛金正官無根，虛浮少用。乙木三根過強。財星不透。壬水印綬透而過強。

三、以三合、地支四見為局——三合之效用相當於天透地藏；地支四見的功效也同於天透地藏，但雜亂不專心。

戊戌　甲寅　甲午　壬申　府判。有三合寅午戌火局，為傷官局，相當於天透地藏，「傷官方面」一生管用。有申金沖寅，表示晚年時此三合局效用消失。

庚申　丁亥　戊申　庚申　汪御史八字。壬水地支四見，財一生管用，在「財的方面」有真才實學，也受重用。

辛未　壬辰　甲辰　乙亥　宋沈尚書八字。地支三乙木一甲木，雖也為地支四見比劫，但因混雜，視為有相對應的「比劫手段」，能在社會上展現「比劫的能力」，但不堪大用。

這三種立格的方法並不矛盾，而是各有用處，各有特長，互相補充的。

• 第一種的月支立格，其相關法理在八字本身使用較為妥貼，不善於流年推導。針對的是人一生富貴貧賤夭壽的極限。正所謂「成格成局者富貴」。又似《雜論口訣》云：「入格清奇者，富。入格不成者，貧。一格二格，非卿即相；三格四格，財官不純，非隸卒多是九流」。

●第二種的以透藏區分格局效用大小，既可用於八字本身，也可用於大運流年。因透藏之法關注天干、地支、支藏人元、刑沖會合和日元喜忌，故此法橫跨三命：天干者天命；地支、支藏日元者地命；刑沖會合、日元喜忌者人命。天干搭配得當而得用——有工作，有成就。地支搭配得當而得用——有才能、有興趣、有愛好、有緣份。刑沖會合、日元喜忌搭配得當而得用——會做事、能做好事。「天地」和諧而不兼顧人命者，有工作、有事業、有位置、有名聲、名至實歸，但一生受社會形勢、自身才能限制，不通「人性」，不懂修行，為俗人。「地人」和諧不兼顧天命者，瀟灑、自如、有情趣、有才能、有緣份，能通靈見性、懂人間悲苦，但成就有限……

●從法源層次講：第一種立格之法更多著眼於富、貴、貧、賤等社會身份的極限，其發明傳承者以士大夫、文人、儒子為主——類似於現在社會的「體制中人」和「想躋身於體制內的人」。第二種立格之法更多著眼於天時、地理、人性三者之互動，發明傳承者多為有經歷、有歷練、有修行心裡的出世人，比如宗教界的、落榜舉子、自學成才、自我修行的。在初級課程中，我以第一種立場領大家入門，中級課程中我以第二種為大家開闊眼界。高級課程則以第三種為主。

●第三種最擅長於推斷流年。

作為入門課程，我們以《子平真詮》相關法理為主，也即是以第一種立格為主。第二第三種作為輔助。

著重講解八格。八格是：正官格、七殺格、財格（不分正偏財）、印格（清中期以前正偏印不分，今日則將印格分為正印格，偏印格）、食神格、傷官格、建祿月劫、陽刃。

取格

●以八格為主——八格即是：正官格、七殺格、財格（正偏財）、印格（正偏印）、食神格、傷官格、建祿、陽刃。

●月令為主格，年、日、時為副格——副格輔助主格者，一生事業專心有成；副格干擾、損壞主格者一生多次創業、多種事業。

●格局有極限。

A．以天透地藏為標準格局。

B．天透者，一生事業人可共見。

C．天不透者，事業規模只有親近人瞭解。

D．格局多透者，事業瑣碎、為人多勞（從格不論），能得時勢眷顧（過多則為時勢所惑）。

E．格局多根者，風水地理有力，人緣有利（過多則因循守舊）。

定格

●月令主次分明

A．子午卯酉月——以本氣論。

子——癸。

午——己丁（已看誰透出則誰優先，都透或者都不透則以丁優先）。

卯——乙。

酉——辛。

B．寅申巳亥月——本氣為主，生氣為次。

寅——甲為主格，丙戊其次。

申——庚為主格，壬戊其次。

巳——丙為主格、戊庚其次。

亥——壬為主格、甲其次。

C．辰戌丑未月——透藏合局為優先。若月令本氣不透，而透一字，此字又有多根者，也可成為主格，即徐子平所說『八字最重者為用神』。

辰——乙戊癸可以透藏，又有寅卯辰、申子辰匯合局。

戌——辛戊丁可以透藏、又有申酉戌、寅午戌匯合局

丑——癸辛己可以透藏，又有亥子丑、巳酉丑匯合局。

未——乙己丁可以透藏，又有巳午未、亥卯未匯合局。

●四柱年限分先後

A．天透者一生管用。

B．只地支者，僅就那一柱年限內效用最大。若是有刑沖會合，則會牽連到刑沖合會那一柱的年限內。

●四柱最重者能產生實質吉凶、能擾動月令主格——何謂「最重」，可以參考十神章節有關「過多」的解釋。

A．八字以天透地藏為標準格局——吉凶成敗表裡如一。

B．天干三透同一五行（除日元外）是為虛透，擋住了其它地支的天透機會。如天干三丙，或者兩丁一丙。

C．地支中三個同一五行藏支者而不透，尤其是年月日，月日時相連者，即會擾動、牽制天透地藏之格局。如午午未即是三丁藏支，又如寅戌未即是丙丁丁三火藏支。

用格

用格即是主格和副格相互之間的搭配、使用。以及審查八字的刑沖會合等是否影響八字（初級中暫不涉及）。

作為初學者，可依照《元機賦》中「官印財食，無破清高；殺傷劫刃，用之最吉」的原則，尤其又以《子平真詮》所擅長的用神善與不善的原則用格。

具體而言即是：

- 以十神為用神。分善神和不善神。正官、食神、正財偏財（統稱為財）、正印偏印（統稱為印綬）為善神。以七殺、傷官、建祿、陽刃為不善之神。故而格局分為善神所成格局和不善之神所成格局。
- 正官格，食神格，財格，印格此四格因是善神所立格局，故而要從「生」和「護」的角度使用。也就是要「生」或者「護」這四種格——俗稱順用格局。
- 七殺格，傷官格，建祿格，陽刃格此四格要從制和化的角度使用。也就是這四個格，需要剋它們，或者泄它們——俗稱逆用格局。

順用原則列表

格局	護	生
正官格	正印、偏印	正財、偏財
正財格	正官、七殺	食神、傷官
偏財格	正官、七殺	食神、傷官
正印格	比肩、劫財	正官、七殺
偏印格	比肩、劫財	正官、七殺
食神格	正財、偏財	比肩、劫財

逆用原則列表

格局	七殺格		建祿、陰干劫財格		陽刃格		傷官格	
化	正印	偏印	食神	傷官	食神	傷官	正財	偏財
制	食神	傷官	正官	七殺	正官	七殺	正印	偏印

• 不論生、護，還是制、化，都有兩種手段，也就是每一個格可以有四種方法對待，需要注意的是，這四種方法並不是能同等對待的，比如七殺、正官都可以護財，但正官護財時並不需要擔心正官，因為正官也需要財。倘若七殺護財，則七殺本身仍要注意是否能制、化得住——因此在用格時仍要注意第二次的順用逆用。

• 八字四柱，除日元外有三個天干（三格），順用逆用似乎只是應對雙格，剩下一個位置也能直接決定八字之格成與不成，這第三個字的好壞，則仍是以順用逆用原則判斷。

• 除在外，十神作為格局時，是有等級之分的，一般而言子平命理重「財官」，即，一旦出現財官，是需要優先考慮財官的生護。我們將拆解格局時需要注意的十神優先對待等級列出（參考「五倫十神」一節插圖）：

十神用神優先對待等級列表

十神用神	比肩	劫財	食神	傷官	正印	偏印	正官	七殺	正財	偏財
用格優先等級	最後		第二				第一優先			
離日元遠近等級	一		二				三			

以下舉例說明①：

傷官格

1．傷官用財

注意：所謂傷官用財，是指傷官格用財。這個「用」是相當重要的概念：凡所要用到的東西，必須至少有「天透」的力度才行，也就是我們前面講的天透地藏、天干虛透、三合局、地支四見中的其中一種，尤其以天透地藏為最佳，天干虛透其次。

① 注意：只是入門級別舉例，不過份深究特殊變化。

壬午 己酉 戊午 庚申

史春坊，四品。

壬水財星在天干透出，一旦透出就不可被傷。己剋壬，但有庚在後生壬，而且壬水通根申。

己酉 丁丑 丙午 庚寅

元戎。透己為傷官格，酉丑半化財，又透財庚，庚財有己透，不怕丁剋。

2．傷官佩印

丙戌 癸巳 乙巳 庚辰

丙火傷官透出，以癸水制之。雖說此八字丙傷官與庚正官同時透出，可謂傷官見官，但又有印綬也透出，正所謂「傷官見官，透印無妨」。

乙丑 乙酉 戊辰 丙辰

孔天引，布政。傷官不透，天干之印丙有乙官生，可稱為傷官配印。也可稱為傷官見官，透印無妨。

3．傷官兼用財印，財印需分開

癸未 丁巳 乙酉 己卯

吳三省，舉人。癸印與己財分開。此例中癸無生護，不大保險，實際上可稱為傷官用財。

壬戌 己酉 戊午 丁巳

丞相。己土隔開丁壬，壬財無根。此例壬財被己剋，己護丁印，實際上可稱為傷官用印。

4．傷官用印，可以帶殺

己未 丙子 庚子 丙子

蔡貴妃。己印有丙殺生，又丙能解凍。此命也可以解釋為「寒金喜火」。

庚子 壬午 甲辰 甲子

張振，憲副。壬印有甲護，有庚殺生，殺也有壬印來化解，互相得用。

5．用殺。用殺者，不宜透財。若透財則需合去財，或帶印、傷、食透出，總之殺有制化為好。

甲寅 癸酉 戊辰 丙辰

林養浩副使，天干財見殺，同時印也透出。

甲子 癸酉 戊午 庚申

吳主事。此傷官格，殺甲癸財同顯，後又庚食神透出生財制殺。

6．傷官也可以用正官，以冬金為主，是為寒金喜火。另外，用財者，可以帶正官，但傷官不宜透出。

戊申 甲子 庚午 丁丑

丞相。丁為正官，子月為傷官，是為傷官格見到正官，但傷官不透，不為大礙。

辛未 甲午 甲午 戊辰

董侍郎。正官辛剋甲護戊財。

食神格

1．食神格用財，財要有根，財要清，最好不要偏正財同出。需身旺。

己未 壬申 戊子 庚申

謝閣老。財根深，日元有根，壬財有庚生。

2．用殺。

戊戌 壬戌 丙子 戊戌

胡會元。殺透出則需要制化，此例食神透出制殺。

辛卯 辛卯 癸酉 己未

常國公。己七殺透出，有辛印化解。

癸酉 辛酉 己卯 乙亥

劉提督。殺需要制化，而不宜受生，若有生，則又必須有制，此例食神隔開財殺，同時生財制殺。

3．官殺混出，可透傷或者印。《子平真詮》原文有：「至於食神而官殺競出，亦可成局，但不貴耳。」

庚午 辛巳 甲申 丁卯

辛棄疾，安撫。

庚午 辛巳 甲寅 壬申

丞相。官能用印護，殺能用印化解，官殺同出時，印也出則皆有所用。

庚午 辛巳 甲申 壬申

丞相。同上

4．官星本怕食神，但金日冬水食神格，可用正官、七殺，參照傷官格。

5．食神格本怕剋，但夏季需水，故甲乙木夏生之食傷格，還是需要透印。

乙酉 壬午 乙亥 壬午

葉觀憲副。乙木夏生，透出壬水印綬，此印又有年上乙木保護。

壬午 乙巳 甲辰 己巳

方時逢尚書。甲木夏生，壬印透出，又有乙木護印。

6．梟神奪食者，透比、劫、財星可解。

甲寅 戊辰 丙午 丁酉

師丞相，透劫財救食神。

乙卯 己丑 丁丑 辛丑

王侍郎，乙剋己為梟神奪食，透辛財可解。

7．化食為財，參照傷官格。

戊午 乙丑 丁巳 辛丑

楊丞相。巳丑半合金財，是把丑土食神化為了財。

辛亥 辛丑 丁巳 己酉

林穎，太學博士。

8．食神單格，須走財運。

〇〇 〇巳 甲〇 丙〇 須走戊己運。

財格

1．財不喜露，露出來怕比劫剋。所以財露出時，最好再帶上官星來護財。

壬申 壬子 戊午 乙卯

葛參政。時柱乙卯正官護財星。

2．財用食傷生，帶比劫無妨；若帶印，需食印分開。

壬寅 壬寅 庚辰 辛巳

楊侍郎。壬食透，辛劫財透，此為食神得生。

庚戌 戊子 戊子 丙辰

吳榜眼。食印分開，兩不相礙。更重要的是：食神可用比肩生，印也能用比肩護，兩相得用。

3．財格怕殺，若七殺透，食神、傷官透出可以制殺。

壬午 己酉 丙寅 壬辰

侍郎。己土傷官透出制殺。

壬申 戊申 丙寅 戊子

莫如士御史。食神透出制明殺。

4．財格可以佩印而貴，注意：若財和印都透出，則財與印最好不要相鄰。

丙寅 庚子 戊戌 壬戌

鄭文煥舉人。年印時財，兩頭分開。此例中庚食神被剋，但也有壬水救應。

乙亥 甲申 丙申 甲午

解元。天干全印。若提前一個時辰則為癸巳時，是為天干正官帶印，也為佳命。

5．財可以用食神，也可以用傷官。

甲子 辛未 辛酉 壬辰

汪學士。

壬申 壬子 戊寅 辛酉

王西時尚書，透傷官辛金，辛金有壬財化解。

6．七殺見財多為敗格，要麼合七殺。要麼食傷透出制殺，要麼透出印星化殺。

乙酉 庚辰 甲午 戊辰

毛狀元。乙合庚殺，留下戊財（也可稱為庚殺合劫，留下戊財）。

庚辰 戊子 戊寅 甲寅

李御史。庚透剋甲殺。

甲寅 癸酉 丙午 壬辰

侍郎。印化官殺。

7．財格也可論從，虛透比肩無妨。虛透官印也無妨。

辛丑 丁酉 丁酉 辛丑

黃鎬尚書。

甲子 丙子 戊子 壬子

元帥。

正官格

1．用印。

丙戌 丙申 乙未 壬午

黃侶，郎中。丙傷官透出，壬水剋制傷官。

丙寅 庚寅 己卯 庚午

范宣，舉人。庚傷官出干，丙透出制傷官。

2．用財，財星可混雜。財能生官，能引官。

壬戌 癸卯 戊子 壬子

丞相。

癸未 乙卯 戊寅 壬子

侍郎。

3．官格不喜混雜七殺，要麼合殺，要麼化殺。

戊申 癸亥 丁酉 壬寅

林二山，都堂。戊癸相合而合殺留官。

乙丑 己卯 戊申 甲寅

葛守禮，左都御史。合殺留官。

4．正官格可同時用印、財，此為三奇，又稱三連環。

甲申 壬申 乙巳 戊寅

薛相公。此八字也可認為是甲護壬印，而戊財不能剋。

己卯 癸酉 甲午 辛未

左鑒郎中。透官。此為財官印三奇全透。

5．若傷官透出，則要想法去除傷官之害：

A．可雙用財星，不使正官明見傷官，又得順逆之用；

B．可用印星制傷，則即使正官透出也無妨。；

C．可以合傷。

辛未 庚子 丙子 己亥

張尚書。透傷官，用雙財。

壬午 癸卯 戊子 辛酉

知州。用雙財。

戊申 癸亥 丁酉 庚子

魏公濟，進士。五陰干之傷官可以合七殺，此命傷殺相合。

乙酉 己丑 壬戌 辛丑

楊侍郎，此為正官傷官同顯，不過辛印也透出保護正官。

七殺格

1．七殺用食神制（傷官也可）

辛丑 丁酉 乙丑 乙酉

知府。殺透，食也透，此為七殺用食。

庚午 甲申 甲戌 丁卯

趙太守（相當於地級市市長）。丁傷出，庚殺也出，此為七殺用傷。

2．七殺可以用印來化。

甲午 壬申 甲子 庚午

張參政，吳中丞命同。壬出化解庚金七殺。

3．可見財，要注意：財透出則須有食傷透出，或去財星。

丁酉 戊申 甲戌 甲戌

進士。此為傷官透出生財，七殺不透。

丁亥 己酉 乙丑 己卯

太守。此為食神生財，七殺不透。

4．可見印，也可見財，若財印同見，最好雙雙合去，而取清殺。

戊辰 丙辰 壬辰 辛丑

秦鳴夏，修撰。丙財辛印雙合而留殺。此類八字又名「財殺印三全」。

甲申 乙亥 丙戌 庚寅

劉運使。乙庚財印雙合，留甲木偏印。也可稱為「財印雙用」。

5．凡格怕混雜，官殺混雜者，或去殺，或去官，或印化，或食傷制殺——所有格局均是如此。

辛巳 丙申 甲子 癸酉

劉文莊，都堂。合官。

戊辰 癸亥 丙辰 戊子

李南庵參政（相當於立法委員）。合官。

6．三朋可抗殺。

乙酉 甲申 甲戌 甲戌

酉申戌戌

韓琦，丞相。三甲。此命也可論為從殺格。

乙卯 甲申 甲戌 甲戌

李通判。三甲。

乙酉 乙酉 乙酉 甲申

薄尚書。三乙，也可論從殺格。

丙辰 丙申 丙申 壬辰

潘濆，尚書。三丙，也可論為從殺。

戊戌 壬戌 壬午 壬寅

舉人。三壬，也可論為從殺。

注意：從三朋格可見，從殺格可以虛透比肩。

印綬格

印綬格不分偏正，可以同論（以下簡稱印格）。

1．印格用正官。

丙寅 戊戌 辛酉 戊子

張參政。

癸卯 乙卯 丙子 乙未

唐瑤，太守。

2．印格可以用七殺，雖不如正官顯貴，但卻能迅速成名。

己巳 癸酉 癸未 庚申

茅狀元。七殺透出時，就需要再對七殺制化。此八字庚印化己殺。

丙辰 甲午 戊戌 甲寅

舉人。同上。

3．印格可以官殺混透。

A．官殺混透時，可以透出印星化解（因官殺都能用印）。

辛巳 庚子 甲子 癸酉

通政。

壬申 辛亥 乙未 庚辰

李巨川，進士。

B．官殺混透，也可以傷官、食神透出合、制之。

辛未 庚子 乙酉 丙子
翁成吾，參政。
壬午 癸卯 丙戌 己亥
舉人。
C.官殺混透，可以通過「合」使八字變清。
辛亥 庚子 甲辰 乙亥
御史。合殺留官。
4.印格可以用食傷（須是身強印旺）。
己卯 己巳 己巳 辛未
林燦章，進士。食神辛金有己土比肩生。
癸未 己未 辛卯 庚寅
胡鎮，總兵。癸水食神被己土所剋，但有時上庚金劫財救應。
5.印格可以用財，但此財最好被合而不是財星緊剋印綬。
辛酉 丙申 壬申 辛亥
汪侍郎。
戊子 癸亥 乙卯 壬午
朱天球，少卿。

6．天干可以財官印三全，也可以財殺印三全。

庚辰 己亥 乙未 癸未

李逢時，舉人。

庚申 戊子 甲申 壬申

陳位，進士。

7．可以單用比劫，多為清流，長壽。

癸酉 甲子 甲申 甲子

翰林。比肩護印。

己酉 己巳 戊戌 己未

謝汝像，進士

建祿、劫財

即陽干之祿，陰干之祿、劫。

甲——寅；乙——寅卯；丙——巳；丁——巳午；戊——巳；

己——巳午；庚——申；辛——申酉；壬——亥；癸——亥子。

1．用官。

庚戌 戊子 癸酉 癸亥

金丞相。正官，正印均透出，此為印護官星。

乙卯 戊寅 甲寅 辛未

趙汝謙，正卿。乙剋戊財，辛來救護。此為正官帶偏財。

2．可用七殺。此七殺仍需制或化。

己丑 乙亥 癸卯 癸亥

盛唐，副使。透殺透食，食神制殺。

戊申 丁巳 己巳 乙亥

金幼孜，尚書。天干有殺有印，印化七殺。

3．若官殺混雜，或合殺或合官或印化或食傷制之。

辛巳 庚寅 甲子 癸酉

通政。印解「兩賢之厄」。

辛丑 庚寅 甲辰 乙亥

賀丞相。合殺留官。

4．可用財，此財需要有生護。

甲辰 乙亥 癸未 丙辰

李盛時，舉人。財有生。

丁未 癸亥 壬辰 己酉

高昭，舉人。癸剋丁財，己官救護。

5．三連環，也叫三奇。

A．財官印三全

庚午 戊子 癸卯 丁巳

王少師。財官印。

癸酉 丁巳 己丑 甲子

丁襄，知府。財官印。

B．財殺印三全

庚申 戊寅 甲子 壬申

憲副。財殺印。

辛酉 癸巳 丁巳 乙巳

施判院。財殺印。

C．財食殺三全或財傷殺三全。

己丑 丙寅 甲戌 庚午

唐皋，狀元。

丙午 辛卯 乙亥 戊寅

林遷喬，進士。也可認為是合殺留財。

己卯 丙寅 乙卯 辛巳

曾一，參議。同上。

D．殺印比或殺印劫

癸卯 丁巳 丁巳 乙巳

項編修。

E．食財比或食財劫（食可換為傷）

己巳 庚午 丁酉 丙午

鄭寺丞。

甲子 壬申 辛卯 辛卯

副使。

6．可以用印，但印需生護。

癸丑 甲寅 甲申 乙亥

徐榮，長史。比劫護印。

癸未 乙卯 乙卯 辛巳

李侍郎。殺星生印。

7．可用食傷。從五行性講，以春木、秋金之食傷為最好。

甲子 丙寅 甲子 丙寅

張狀元。有人稱之為「木火通明」。

癸酉 庚申 辛亥 癸巳

酉申亥巳

周進隆，布政。有人稱之為「金水相涵」。

陽刃

陽刃為五陽干之帝旺位，若在月令則為陽刃格。

1．陽刃可用殺。

庚戌 丁卯 甲子 甲子

歐解元，明朝大貴。用殺，殺有傷官制。

庚午 己卯 甲申 癸酉

張峰，僉事。財殺印三全。

庚子 己卯 甲子 丙寅

姜壁，御史。財食殺三全。

庚辰 壬午 丙寅 己丑

劉提刑。財傷殺三全。

2.陽刃也可用官。用官時，可帶財印，也可單帶財。

乙酉 乙酉 庚申 丁亥

佟登，總兵。官護財，財生官。

己未 丙子 壬寅 辛亥

李璣，尚書。財官印三全。

3.陽刃可用財，財需有生護。生即是食傷生財，護即是官星護財。

甲子 丙子 壬戌 壬寅

楊太卿。用財而財有生。

甲寅 丙子 壬寅 甲辰

府丞。同上。

4.陽刃格可財印雙用。

甲戌 庚午 丙戌 丙申

張師載，督堂。

己丑 乙酉 庚午 己卯

何御史。

第五節　子平命理精華

子平命理的精華即是十神與格局。格局即是決定一生命運高低的十神架構。但不論某一十神是否能成為有用之神，它都有因宮位、柱限、沖刑匯合、坐支、引遁而具有不同含義。

簡而言之子平命理論命的法門即是：「論財官」、「論格局」①。所謂「財官」，就是十神的簡稱。

論財官如：

月上正財，男子青年時期重感情，女緣好。不論男女對錢財、經濟敏感。

時上正官，男命晚年與子女相處，與子女緣份深厚。女命晚年丈夫得力，亦有異性緣。不論男女，皆近官利貴。

① 實際上經典原話為：「論格局不論財官，論財官不論格局」。意思都一樣。

論格局如：

坤：

七殺 丁亥 傷官
七殺 丁未 偏印
　　 辛卯 偏財
七殺 丁酉 祿

正財格成格可以論富貴，但不一定是理財方面的貴。
正官格成格可以論富貴，但未必不能是宗教界的領袖。
以例相比：

以論十神而言：

• 年上傷官：好學、好動，少年時代興趣廣泛，因合亥字為財（因為財能剋印），少年時代學業上沒有成就可言。

• 月上印地，青年時代受母輩照顧頗多，但已土為偏印，母親偏向兄長。印星主學，青年時好學。但因合化為財，青年時代也無學業成就可言。印中透殺，對政治、形式敏感（文革時很積極）。

印能生比劫，故此能照顧姊妹，但透殺，照顧之中對姊妹也多有壓制，朋友關係不佳。

• 日上偏財，中年時期有理財的想法和環境（開過一段時間商店）。

• 時上祿（比肩），祿上七殺壓制，晚年時期親朋好友均處於彼此對立而又離不開的境地（姊妹之間是非極多，但也總時常來往。與夫家親屬一概為敵）。

• 日時互沖，為財與比肩沖，中晚年姊妹之間多分離，錢財不聚（實際上此人一生受害於兄長）。

以格局而言：

• 四墓看透出何物，透出七殺，故此可立七殺格。又以三合為局，但卯酉沖，三合不成，故三合財局破。

• 殺格喜制伏，印綬，合殺……三合財局被沖。

• 七殺忌財……

• 此八字七殺無有干頭制、化。而又三合財局生殺（卯酉沖雖然導致財局不完整，但也能生殺），故此八字財局、殺格全敗。無富貴可言。

• 此八字有比肩根氣，不能從殺。

• 殺格殺重，喜身旺運。（申酉庚辛運風風火火）。

「論十神」，即是依靠我前文所講的柱限、宮位、十神生剋而推斷。論格局則可以依據本章節『格局提要』的一些要點而推論。實際上兩者並不矛盾，若一定要細分其中區別，無非是：

● 能夠同時領悟兩者層次的人不多。

● 世上不可能是富貴之人居多數，往往是一般百姓居多，一旦八字格局調配不當，無富貴可言時，仍要關注日常生計的困惑，故此十神所能預示的人生細節就更有人情味。一個重在區別人生細節，一個重在表達人生極限。

但兩者是可以同時兼用的。格局言富貴之大象，十神判斷一生細節，至於吉凶細節、大運流年，則要依據於干支本身了。這正是「易」中所言：爻以言情理，象以報吉凶，數以定期限的「象」、「數」、「理」三個層次。

● 「象」即是一生大概表像，是富？是貴？是夭？是壽……

● 「理」即是不論富貴夭壽如何，但人一生如何經歷、心境如何，環境如何……

● 「數」即是干支、沖刑、合局、序列……以此而定大運流年吉凶的期限、吉凶發生的原因。

第四章 喜忌、用神、強弱

第一節 喜忌

「喜忌」這一詞現在幾乎是所有看書學命理的人最為關心的一個概念了，我們說富貴、我們說細節、我們說報應期限，但這三者都是建立在一個基礎的前提之上，我問幾個問題讀者體會體會：

- 金命人的成功失敗和木命人的成功失敗是完全一樣的嗎，各由什麼決定？
- 冬天生的人和夏天生的人，各自的健康、夭壽一樣嗎？
- 甲日主的人和乙日主的人是在同樣事情上機會均等、吉凶程度一樣嗎？
- 木日主印綬格與火日主印綬格成就一樣嗎？
- 年上甲木七殺和年上辛金七殺都對應相同災凶嗎？
- ……

我想，這些問題的答案除了要從格局、十神找以外，恐怕還得要根據五行、干支、氣候來決定。

而這，就是所謂「喜忌」。

喜忌不同，則同樣的事會有不同的過程，甚至結果大相徑庭。

本書之所以將喜忌放於格局之後，至少有兩個原因：

相對於格局而言的喜忌，如財格喜食神，喜身強，忌七殺……這些喜忌是屬格局層面的運用，仍是屬十神認知的層面，即所謂人倫、法理、事、情等人生社會範疇之事。並不是我現在所要講的喜忌，我所講的喜忌不是社會倫理上「爹媽一定是長輩」、「有理即可走遍天下」式的目力可觀、人心可以思齊的公理，而是人的宇宙分類屬性。

更為主要的是：格局一般而言指向人的事業、富貴，更確切地講是「才能」。格局佳良的人比比皆是，但社會上相對應的位置只屬少數人。喜忌則更多傾向於指出人的機會、成功領域、健康、病態範圍、讓每一個好八字找到適合「自己」的範圍……如讀者能在這多個層次均有心得①，則不但可以稱為明人事、也可以了先機了。

常見的人生不盡合理之處如：

1．一個沒有什麼本事的人，卻身居高位。

2．一個專能專才的人不受重用。

3．一個人幹著自己不喜歡的事也可以有成就而言。

4．一個人的存在只是為了滿足、填補一個位置，除了他，別人都沒資格。

---

① 格局用法與喜忌用法兩者不矛盾，應該說後者是前者的基本功，而古籍中談前者多，後者少，且讀者理解前者較為容易，若非是有一定生活經歷和觀察力的，後者仍是較難切身體會。

這些並不符合社會中「勞動換取報酬」、「人盡其才」等理想狀態的信念，但卻符合陰陽五行干支的「定數」。

一者是說機會有時候比才能重要，這種事往往發生在透藏配合不佳，但干支喜忌、貴人、順逆等搭配極佳的八字上。

二者是說有一類八字透藏有力，但喜忌、順逆未必和諧。

三者是說喜忌不佳時，透藏、順逆有情有力，可論成就。

四者是說時勢。

我們多數人喜歡以成敗論英雄，這當然有道理，但有些狹隘，用之於要求自我上進尚可，但若在不瞭解個人潛能情況下如此要求，恐怕會失去很多人生寶貴意義。

總結一句話即是：我們關心成敗，也要關心自己成敗的領域。後者正是喜忌所以蘊含的。

術數和其它學術一樣，依靠基礎概念才能建立起獨立學術系統。西方科學正是擅長於觀察、邏輯、驗證，即《大學》所說的「格物、致知」。中國哲學則擅長於綜合、歸納，正所謂修身、齊家、治國。術數的一大功能則是溝「格物、致知」與「修身、齊家、治國」兩者之通。中國哲學自始至終注重「從內向外」探求宇宙所含的人生意義，西方科學則是注重「由外向內」地尋找宇宙真相。

陰陽、五行、干支、十神等概念的分裂，正如宇宙大爆炸的過程一樣處於無限分裂狀態：宇宙蛋內部的運行法則不同於宇宙爆炸之初物質誕生一刻的宇宙法則，而物質誕生之初的法則也與星系、星雲誕生後的運行法則不同，星系、星雲的法則不同於有機生物的生存法則，有機生物的法則不同於有自知、自覺能力的人的生存法則……每一次分裂造就一個階段（概念），此一階段概念的生存法則也就隨之誕生：

陰陽──五行──干支──十神

陰陽

陰陽於八字中常見有純陽、純陰、全陽、全陰、陰包陽、陽包陰，兩陽兩陰等說法。這也是比較簡單的：

- 純陽八字不利於生活中的女性，純陰八字不利於生活中的男性。
- 純陽、純陰是指天干地支而言的陰陽，不包括地支藏干。若是算上地支藏干也都是陰陽單一，則就是全陽、全陰了。全陽、全陰八字其人少變通……

五行

五行不單單是「元素」式「質」的含義，更有：

- 先天後天之分，水火為先天，人命必須首先搭配好水火才能有「大健康」；金木為後天，人長成後開始處事，重要的就是進退、剛柔的取捨了。

- 有方位區別，水北、木東、金西、火南，土四維中央。不分方位則不知道如何趨吉避凶。
- 有時序區別，水冬、木春、夏火、秋金、土四季，不知時序則不知機會進退。
- 有過程之別，水生、木長、火死、金收、土藏。不知過程則不知自身處境。
- 五行之前為五常，太陽（未有氣時）生水、太初（有氣還未成型）生火、太始（有形而未有質）生木、太素（有質還未有體）生金，太極（形質體全備）生土。上文有水生木長火死金收土藏之義，而此五太則是物成之前的生死。

能將五行認識的有多徹底，就能多徹底地應對人生吉凶。

干支

于和支在八字中而言，並不處於同等地位，當然也並不是對立的：

- 干為人生表像，支為一生根基。
- 干常動，支常靜。
- 干為陽，支為陰。
- 干支配合而成甲子，每一甲子均有一氣質。
- ……

十神

即京房易①生我、我生、剋我、我剋，競我之五倫分陰陽而成。命理學概念從陰陽裂變至干支、甲子，納音還只能稱之為三命、祿命，由日元而我定，再裂變為五倫、十神，則八字命理學已具有推演社會、人倫的功能，自此而成命卜主流——以子平而名稱。

十神之中有善有惡，正如人倫之中有道德和不道德、至親與旁親之分。如七殺為壓力、打擊等一切無情之物，正官雖也為制我，但卻生護我而有情。偏印生我，若我沒有主見則恐受制他人，正印生我而有情，不論我美丑如何均生我而無保留，正財為妻就需得保護……故此每一十神各有宜、忌：七殺宜有制伏、忌財；正官宜有財而忌傷；偏印宜身有根而帶財，正印不喜身強……

這些宜忌的出發點均可認為是法源於社會、倫理的推演。

前面格局部分已將格局喜忌，和格局用神有了個提綱式講述，在「諸格提要」一節中的《三命通會》所列喜忌部分即是十神的大綱，讀者可以參考閱讀。

下文主要針對五行、十干而敘述喜忌原理。

---

① 在我們今日看來很多有用的、失傳的、能稱之為母法的法則、文化，大多是在京房易創立早期之漢朝誕生的。今日的中華命理實際上是漢文化的一種延續和保存。若沒有術數、占卜、命理的延續，以後想全面瞭解漢文化恐怕很難。

五行

◎四時五行——調候。

◎人事五行。

現今流行的命理學書籍中，提到的五行方面的喜忌都是散論，尚未系統總結，且多集中於《五行精紀》、《三命通會》這樣的大部頭命書中。出於照顧初學者閱讀古籍不多的現實，本書以大綱、提要方式梳理，以備日後深入學習瞭解。

五行因有不同層次含義，故此有不同層次的應用，當然的也就喜忌層面的不同。

八字體例之內，五行至少有兩個層次需要關注，一是當五行表達月令氣候之時，則有月令氣候方面的關注，即四時之五行；二是五行作為日元，則每一五行有其各自特質，即人事之五行（成功、失敗、為人等方面）。實際上當五行不作為日元時，則此五行可以有我之外世界的特性需要關注，與日元應用法則相同，只是一個體用互換的關係。

按：

• 四時五行——天理、自然——映射時勢、潮流。月令五行在很大程度上又決定一個人的先天稟賦，尤其是體質、健康方面，如冬夏生人多是心血系統不穩定，春秋季節生人多是肝、膽、肺、脾系統病症明顯。

• 人事五行——人倫、人性——映射人之做事習慣、環境特徵。日元五行更多的決定一個人的性格、行為方面的傾向性，如金命人金多其人冷峻，火命人火旺其人燥而多禮……

• 子平命理或者說八字命理自古以來就不是一門純粹自生自演的學問，而是不斷借鑒其它術科學術而成長的。如：

A．十二運干支引遁——奇門遁甲之飛、遁。

B．十神——京房易五倫

C．柱限——火珠林爻限……

D．四時五行調候——《黃帝內經》醫家五行……

E．命理風水——六壬神將、玄空……

F．……

【擴展】：

子平命理的核心「知識產權」約有：

格局——格局成敗定大象而論才干、富貴窮通。

十神喜忌——事業、才能施展的過程、範圍。

五行十干喜忌——吉凶範圍、人欲、可能性……

大運流年——歲運吉凶，進退、變通、取捨。

四時五行──調候

四時即是春夏秋冬四時。因季節不同、氣候不同，對人之影響自然不同。每一季節，尤其是位於極端的夏季、冬季，人所享有自然稟賦、社會性情均會有相應突出優點、缺點，為了彌補、糾正所謂缺點、發揚優點，就要在八字之中對氣候有所調節，此即所謂調候。

《御定子平》在此方面概括地極為精當，摘錄如下：

「凡夏生之命，無不宜於水，冬生之命無不宜於火。春之命近冬者宜火、近夏者宜水，秋之命近夏者宜水、近冬者宜火」。

如下圖：冬至開始陽氣生。夏至開始陰氣始。以春分秋分為界而分出近於冬者和近於夏者。

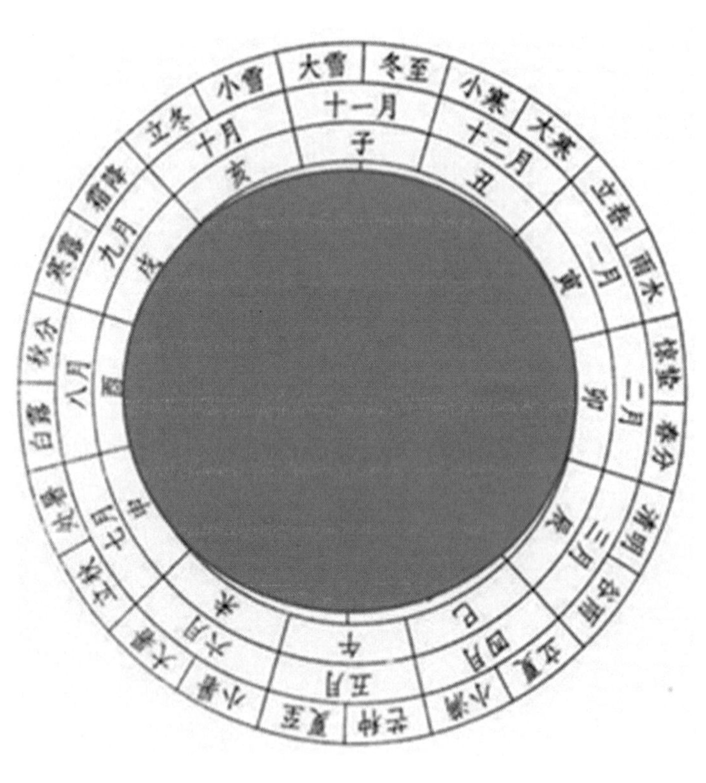

四時五行：氣候不調者謂之不得天時。年月為人青少年時期，大凡人之青少年所經之事物多為家

中已有的人和物所主宰，一旦已有的人和物不利於我，又無日時補救，則恐一生受困於家境、風水、親友關係。故此命中日時要多少帶點糾正月令五行偏頗的五行才能日後有所創新、自立、另立……

注意：這種糾正月令五行偏頗的干支在於八字何處，以及是否天透地藏，均含義不同。大體而言是：透天干者享用一生；虛透無根者虛而不實，需待大運；得一地支祿旺不透者只利一時，藏在哪一柱則哪一柱期限內作用明顯；藏於地支之內則似有似無。此即火珠林所謂「透出得時利一生遠圖，有氣伏藏只利暫時，無氣伏藏雖有如無」。

在這裡，糾正月令五行偏頗的說法可能會引起這樣一個誤會——「格局從月上取，若是反剋月令，則就是破壞格局」？

這個擔心完全沒有必要，因為糾正月令五行偏頗的手段雖然多是以剋耗為主，但反剋月令之後仍有技術餘地來彌補『剋制格局』的缺陷。如：

甲木夏生需要有水，水為印綬，但夏木多為食財格，食格無財怕印綬，此處就有印綬水反剋食神火的矛盾。讀者須得注意，這兩者的矛盾既在一個層次，也不在一個層次。在一層次是指印綬剋食神。不在一個層次是指夏木食神格，其人明敏文采，但若無水恐其人短壽。一個說的是才能，一個說的是夭壽健康……在同一層次的印綬剋食神的含義是指，若水印在日時天透地藏，則其人中晚年改食神行業而為「印綬」行業，或者即便為食神行業也是以「相反」方式「經營」食神。這種行業調整後，其人一生會顯得更完美些——若要兼顧兩者，只需再透比劫即可。

乙卯 壬午 甲午 壬申 馬從謙光祿卿。

壬寅 丙午 甲辰 乙亥 方潤郎中。

注意：我們今日取格是月、日、時天透地藏均可取格。至於那個是最有用的，則仍是以月令為第一，其它格圍繞月令之格而調配，這與古人取格並不矛盾，多數是語言表述的差異而已。

- 月上成格者，青年時期即有事業眉目。
- 日上成格者，中年落至實處。
- 時上成格者，晚年勞而不息，活到老幹到老。

人事五行

人事五行意喻人之做事特徵。

任何格局都要考慮日元五行干支特性，這本來是常識，但因為一般人還是善於感受物理世界、人際社會那些看的見摸得著的東西。而對於抽象出來的陰陽、五行、干支，若是沒有很好的觀察力、思考力，是很難體會得到的。故五行學說反而成為修習命理學者的高級課程。

以下列舉初學者容易體認的五行喜忌於人事之上的論法：

木

- 木重逢金——建祿陽刃用官殺。多為武職——「剛柔」之論。

辛丑 庚寅 甲辰 乙亥 賀丞相八字

•木火通明——春木透火食傷格。文武皆可——「文采、修飾」之論。

甲寅 丁卯 甲子 丙寅 此為徐狀元八字，木火通明多主文才。

甲午 丁卯 甲寅 丁卯 此人富而不貴，為人高雅。

•木不南奔——夏木火旺火多，傷官欠制化。主孤、夭——「心力」之論。

丙午 癸巳 甲子 丙寅 行午運時火土乾燥，水無源，目盲成為乞丐。

•水多木漂——日元無根印綬重重又無財。主漂泊、傷殘——「自立」之論。

甲申 乙亥 甲子 甲子 早年多傷災，多次傷災。

火

•夏火逢真水——七殺得用，富而險——「明、昧」之論。

庚寅 壬午 丙戌 己亥 大貴

•冬火逢木——殺印相生。多奇謀、文采，文武雙全——「明、敏」之論。

癸巳 甲子 丁酉 甲辰 （文武雙全。印星化解七殺者，越是困難局面、越是危險局面，越是能建奇功，如『四渡赤水』、飛奪瀘定橋）

•夏火無金水——夭——「孤、燥」之論。

《應天歌》中有四戊午一造，為一山賊，被執法判刑。

《子平真詮》中也有四戊午命造，被列為貴命。

《三命通會》中也有兩個四戊午命造的說明，一為關公，死於刀光。一為萬戶侯。

- 火不向西——歇滅，即有心無力。丙火金多（尤其是時上為酉金），一生易困於感官享受——「性烈」、「灰心」之論。

癸酉 庚申 丙子 丙申 申酉皆為西方地支。此為賈似道八字，因奸貪被查抄。

金

- 金水相涵——金白水清，秋金食傷泄秀。主文章、藝術——「情智」之論。

癸亥 庚申 辛巳 癸巳 舉人。

- 火煉秋金——陽刃用殺。主武勇、司法、行政——「性急」、「性烈」之論。

丙子 丁酉 庚子 丙子 喬行簡尚書。

- 金沉水底——冬生之金日時無火土。晚年無人俸養——「人情、關係」之論。

己丑 丙子 辛亥 庚子 土太薄不能擋水，凶死。

- 土厚金埋——恐一生埋沒，不知爭取自身利益「專一」、「福慧」之論。

乙丑 己丑 辛巳 戊戌 被革職拿問而死。（厚土埋金，有含冤之象）

水

- 壬子見丙午、壬午見丙子——身材兩旺。利經商，利動中謀財——「智慧」之論。

壬辰 乙巳 壬子 丙午 黃太守

●日照江河——冬水逢真火（丙火有祿旺之根），光明磊落，仗義疏財——「動靜」之論。

辛酉　庚子　壬寅　丙午　周侍郎。

●水不西流——癸水酉金多而無火土。孤——「超脫、自陷」之論。

甲寅　癸酉　癸未　辛酉　三十五歲死。

●水多漂流——水多水旺無土，官殺無力。飄蕩——「性動」、「性拙」之論。

丁卯　壬寅　壬子　辛亥　凶死。

丁亥　壬寅　壬辰　辛亥　十九歲溺死。

●夏水無源——財旺無印。短壽——「修行、生養」之論。

戊戌　壬午　壬戌　乙巳　十五歲落水而死。

土

●珠玉寶藏——土厚秋生（申月為好，酉月遜色）。食傷格財藏。富而有禮、有智（不論八字、風水都是以土金為最富）——「知行」之論。

戊戌　庚申　戊戌　庚申　寒四維翰林

●松挺高崗——土厚（戊土）逢木。七殺格。厚黑、權謀——「承受」、「信任」之論。

庚辰　戊午　戊午　甲寅　大富

●火躁土烈——主要指戊土日元。孤。血光。多出僧尼——「孤、燥」之論。

庚午 癸未 戊寅 壬戌 丁亥大運癸丑年、水多激火之時，被殺身亡。

● 土虛而崩——春土木多而無火。小人多。內外堪憂——「自制、內斂」之論。

辛卯 甲午 己卯 乙丑 雖有午火生土，入水運沖午火而土崩，父母皆亡，小人環伺。（天津一起名「先生」）

以上論述，可以謂之人事五行喜忌，也即是每一五行均有某一種極為明顯的優點和缺點，可以映射於事之成，也可以是事之敗，可以是自身之榮，也可以是自身之辱。古人做如此論述之時採用的是列舉法，其中法源並未明述，作者我將於稍後時日專門整理此方面的法源、法理，請讀者持續關注。

十干

此處以摘錄為主，初學者可以體會原著含義。

《淵海子平》十干體象

甲木

甲木天干作首排，原無枝葉與根荄。欲存天地千年久，直向沙泥萬丈埋。

斷就棟樑金得用，化成灰炭火為災。蠢然塊物無機事，一任春秋自往來。

【要義】：

- 自立成家需得以水土並用（所謂「為用」，就是成為有用之神的意思。下文同）。
- 成就功名須得以金為用。
- 火多則健康有問題。
- 木旺無生剋制化，則為曲直。自立自成。

乙木

乙木根荄種得深，只宜陽地不宜陰。漂浮最怕多逢水，刻斷何當苦用金。
南去火炎災不淺，西行土重禍猶侵。棟樑不是連根木，辨別工夫好用心。

【要義】：

- 財不宜多，多則不富（福）。
- 官殺多則傷殘多。
- 食傷多則易夭折。
- 印多則孤。

丙火

丙火明明一太陽，原從正大立綱常。洪光不獨窺千里，巨焰猶能遍八荒。
出世肯為浮木子，傳生不作濕泥娘。江湖死水安能剋，惟怕成林木作殃。

【要義】：

- 辰、丑之中的癸水正官不足為用：雜氣、墓氣財官效力不足，需得餘位再有。
- 正官格不如七殺格有用。
- 甲木偏印多則無生機。

丁火

丁火其形一燭燈，太陽相見奪光明。得時能化千斤鐵，失令難熔一寸金。
雖少乾柴尤可引，縱多濕木不能生。其間衰旺當分曉，旺比一爐衰一檠。

【要義】：

- 丁火雖柔弱經不起風雨（不論貴賤，梟殺過多易有災），但能煉金。
- 乙丙合用則為乾柴，可以生火。乙癸合用則為水濕枝柴，能滅丁火。

戊土

戊土城牆堤岸同，振江河海要根重，柱中帶合形還壯，日下乘虛勢必崩。
力薄不勝金漏泄，功成安用木疏通。平生最愛東南健，身旺東南健失中。

【要義】：

- 善剋水（身財兩旺，大富）。
- 喜戊癸合化。
- 戊子、戊寅兩日不宜食傷格局。

• 戊土大抵喜暖不喜燥熱。

己土

己土田園屬四維，坤深能為萬物基。水金旺處身還弱，火土功成局最奇。失令豈能埋劍戟，得時方可用磁基。漫誇印旺兼多合，不遇刑沖總不宜。

【要義】：

• 食傷、財格成就不大。
• 印格，有奇遇（貴人扶持、成就自然不甚費力）。
• 己土弱，食傷格無大用。

庚金

庚金頑鈍性偏剛，火制功成怕火鄉。夏產東南過鍛煉，秋生西北亦光芒。水深反見他相剋，木旺能令我自傷。戊已干支重遇土，不逢沖破即埋藏。

【要義】：

• 官殺火重而無制，血疾。
• 陽刃格，身殺兩停，大貴。
• 冬生日時為水，後半生淒冷。
• 不宜印格印多，恐埋沒（任何格局都不宜過重，從格除外）。

辛金

辛金珠玉性虛靈，最愛陽和沙水清。成就不勞炎火煆，資扶偏愛濕泥生。

木多火旺宜西北，水冷金寒要丙丁。坐祿通根身旺地，何愁厚土沒其形。

【要義】：

- 金用水洗，傷官格最佳。
- 戊、戌、未燥土印格無大用。
- 己、丑、辰濕土偏印格須得日元有根。

壬水

壬水汪洋並百川，漫流天下總無邊。干支多聚成漂蕩，火土重逢涸本源。

養性結胎須未午，長生歸祿屬坤乾。身強原自無財祿，西北行程厄少年。

【要義】：

- 無格無局者一生飄蕩。水旺者一生多走動。
- 殺格不喜財，財格不喜殺。身旺破財，逢印運則夭。
- 水火既濟利修道養真，金水雙清宜文學。

癸水

癸水應非雨露麼，根通亥子即江河。柱無乾坎身還弱，局有財官不尚多。

申子辰全成上格，午寅戌備要中和。假饒火土生深夏，西北行程豈太過。

【要義】：

• 印格可堪大用。

• 不宜財多反剋印星。

《滴天髓》天干

五陽皆陽丙為最，五陰皆陰癸為至。

五陽從氣不從勢，五陰從勢無情義。

甲

甲木參天，脫胎要火，春不容金，秋不容土，火熾乘龍，水宕騎虎，地潤天和，植立千古。

【要義】：

• 春木食傷為秀。

• 建祿、陽刃之官殺無大用處。

• 官殺格不宜財多。

• 甲辰日不怕火多。

• 甲寅日不怕水旺。

乙

乙木雖柔，刲羊解牛，懷丁抱丙，跨鳳乘猴，虛濕之地，騎馬亦憂，藤蘿繫甲，可春可秋。

【要義】：

- 乙木有根可用午未之財。
- 透出丙丁不怕殺旺。
- 冬生用火也恐身體不佳。
- 甲木劫財可供依附。

丙

丙火猛烈，欺霜侮雪。能煆庚金，逢辛反怯，土眾成慈。水猖顯節，虎馬犬鄉，甲來成滅。

【要義】：

- 官格無大用。
- 偏財格財力不足。
- 大忌丙辛合而不化。
- 七殺格水火既濟為人光明磊落。

- 印格，火旺木焚則孤。

丁

丁火柔中，內性昭融，抱乙而孝，合壬而忠，旺而不烈，衰而不窮，如有嫡母，可秋可冬。

【要義】：

- 丁火日人即便劫財多，也不坑害朋友。
- 財格、殺格可以用印扶身化殺。

戊

戊土固重，既中且正，靜翕動辟，萬物司命，水潤物生，火燥物病，若在艮坤，怕沖宜靜。

【要義】：

- 印格印旺。孤，恐無後。
- 善剋水，冬生能悶聲發財。
- 丑未月可用雜氣財官（雜氣財官不用沖）。

己

己土卑濕，中正蓄藏，不愁木盛，不畏水狂，火少火晦，金多金光，若要物旺，宜助宜幫。

【要義】：

- 甲己化土，中正謙卑。
- 不怕財多（這一點從實踐看不能服眾，其它諸書都是論己土怕財旺官盛）。
- 不怕正印過多。

庚

庚金帶煞，剛健為最，得水而清，得火而鋭，土潤則生，土干則脆，能贏甲兄，輸於乙妹。

【要義】：

- 陽刃敵殺極貴。
- 傷官格也可大貴。
- 偏印格無效。
- 偏財格可堪大用。
- 怕乙庚合而不化。

辛

辛金軟弱，溫潤而清，畏土之疊，樂水之盈，能扶社稷，能救生靈，熱則喜母，寒則喜丁。

【要義】：

• 印格難以顯貴。

• 喜水食傷格。

• 冬金之食傷格可見官。

壬

壬水通河，能泄金氣，則中之德，周流不滯，通根透癸，沖天奔地，化則有情，從則相濟。

【要義】：

• 丁壬化木為奇。

• 壬水最怕身強無制。

癸

癸水至弱，達於天津，得龍而運，功化斯神，不愁火土，不論庚辛，合戊見火，化象斯真。

【要義】：

• 喜戊癸化合。

•印格雖好也不如戊癸化合好。

《格物至言》十干論

甲

陽木乃參天兩地，舒枝抽干之木。一下地挪移不得。勿論春夏秋東。勿論良楛巨細。總要重土厚培。先壯根柢，然後徐尋火金水木。以講富貴貧賤壽夭之征。所謂欲圖長久千年計，須向沙泥萬丈埋也。若土薄根搖。未論到金剋水蕩木劫火焚。已遭夭折。蓋根不深而風不怕者未之有也。

【要義】：

•日元有根不怕逢沖，無根逢沖多主漂泊。

•不論日元強弱，須得有土。無土則難以立根、無定性。

乙

陰木，名花佳卉稻黍稷麥之類。婀娜多姿，可以移東就西。要認春培夏蔭秋灌冬曬之理。然後去留舒配得宜，為得用。失宜即失用。最怕甲木逼處為害。尤怕庚金掣肘不伸。其餘用舍配合，尚看廷獻。

【要義】：

•乙木不怕八字逢沖。

•夏用水，冬用火。

•日元無根怕甲木根深，恐依附於人（《滴天髓》有藤蘿繫甲之說，認為依附於人也可有成。實際上兩者無多大矛盾，只是作者們各自情懷不在相同場景而已）。

• 乙庚合而不化為掣肘。

丙

陽火太陽之光。不因春夏秋冬而論強弱。只可分晝夜而論生息。晝生人，要行健自強不息。夜生人，須恬靜至誠無息。合則得體得用。離為失體無用。再察太陽晝生，未遇辰不嫌其弱。夜生未遇戌。還論其強。故卯生人雖丙辛妒合不妨。酉生人雖焚膏繼晷亦不妨。

【要義】：

• 丙火的強弱是其次之事。

• 關鍵在於晝生夜生。

丁

丁陰柔傳燈之火。可親可炙。或取於樹或取於石或取於引化。喜就燥不就濕。喜夜不喜晝。易引於乾柴。難生於濕木。甲用一二，乙其全需。癸實難堪。壬為最好。

【要義】：

• 丁不離庚、甲。

• 丁不喜乙、癸。

• 喜夜生。

戊

戊陽土，岡陵山阜之土。喜博厚高大為得體。更喜喬木以壯其觀。則有色。流水以結知音，則有神。峻石以成峭厲，則有骨。三者備矣，富貴福澤無窮。兼有撐持，乾坤氣既。大抵佳山水，不過山明水秀，石峻水流。若不明為暗山。無木為童山。無金為媚山。無水為枯山。便不中矣。此山不妨官殺混雜。蓋博大之土，木愈多而山愈秀。不論梧檟樲棘，魯聞賀宰輔。大造得斯解矣。

【要義】：

- 喜甲木。
- 喜有壬。
- 喜有辛。

己

己陰土田園稼穡。茀厥豐草。先勿令官殺混雜。更遇雨暘時若。高濕得宜。又春耕喜木。夏耘喜水。秋收喜火與金。冬藏喜土。數者得宜自然秀實。受享富貴，更知向陽之地。春光先到。蓋己逢丙。無人不發。即舒配酌取。終能發達者。不離丙火範圍。

【要義】：

- 忌甲乙混雜。
- 己土總喜丙火，尤其是秋生之傷官配印。

•夏生喜水。

•冬生戊土為堤。

庚

庚陽金鋼鐵劍戟之類。堪為大用。先辨生熟。後酌其舒配。寒凝未熟之金必水火煉，纔得成器。若鋒銳已成必金水淬礪，方能吐氣。身強有劫怕財勾爭。喜子化父。身弱無力，喜刃幫身。好劫敵慨妙理須知。

【要義】：

•寒金喜火。

•秋金喜水，為金水相涵。

辛

辛陰金珠玉珍寶之類。性地虛靈，稟氣晶瑩。先要印綬，以資其質。更要食傷，以吐其氣。陽和沙水，是其妙劑。大約精不宜粗用，粹不宜急投。春冬喜微火，夏秋喜清水。

【要義】：

•地支須得有土。

•喜水食傷。

•地支火星多者宜水運。

• 地支水星多者宜火運。

壬

壬陽水天河雨露也。作雲普潤為福無涯。若無雲之雨涸可立待。故先要密雲為有用。至用甲乙為吐氣又其次耳。及水旺用土此去留舒配非論體也。其雲惟何庚辛是也。

【要義】：

• 須得有些許印綬。
• 壬水喜甲乙食傷格。

癸

癸陰水河澗川澤也。生於卯蓋木生水之說。偏喜林木茂盛，得以浚源導流。故喜乙木吐氣。所謂風來水面時也。決然文章科第。仍見清逸佳致。如無乙干卯支，則無文章寧有科第。若庚申辛酉相扶，則源流亦清徹可嘉。最不利者戊土透出化火，反見利令智昏。

【要義】：

• 癸不離乙、卯（草葉露珠）。
• 不離庚辛（寒凝萃化之水）。
• 戊癸合而不化恐其人利令智昏。

十干對十二月令調候

「調候」的使用要照顧十干特性，要不然就會有「大而無當」、「說之有理、用之無方」的嫌疑。因此我們有必要連同十個天干的缺點、優點一同介紹，串並講解如何剋服缺點——十干本身之喜忌。

調候法依四時五行原理而開演，「調候」被一些人認為是背離子平正道的學術，但調候一詞正是多次出現於被稱為「子平命理撻本」的《子平真詮》。

本節所要講的調候並喜忌稍不同於《子平真詮》，而主要是依據於《攔綱網全集》。『真詮』是以格局對月令而言的調候，本書是以十干日元對月令而言的調候，其中法理以三層次為主：

- 十干本身喜忌。
- 四時五行調候。
- 十干本身喜忌融合四時五行調候。

《子平真詮》《攔綱網全集》①兩書比較

子平真詮	攔綱網全集
傷官用財本為貴格，用之於冬水只能小貴。	壬生子月，有丙無戊，好謀無成。或支成水局，丙不出干，即有戊土，亦系庸人。
傷官見官為禍百端，用之冬金反貴。	庚生子月，天氣嚴寒，仍取丁甲，次取丙火照暖。
身印兩旺透食則貴，用之於冬木其秀倍加。	十一月乙木花木寒凍，一陽來複。喜用丙火解凍，則花木有向陽之意。
冬木之官印雙清難以論貴。	冬月之木，盤曲在地。欲土多而培養，惡水盛而亡形。金縱多不能剋伐。
……	……

通過《子平真詮》《攔綱網全集》比較：假如以論人富貴為算命的一大科目，很顯然不論是那家理論，都要參考五行氣候和日元干支屬性。單論天透地藏、月上用神，較難全面掌握細節，甚至有時候南轅北轍；單論五行性調候者只恐不通人事、進退……

①在社會上流行的版本中，是以餘春台的《窮通寶鑒、攔江網》和徐樂吾的《造化元鑰》為最多。兩書均是依照「抄本」整理而出版的，原文作者撲朔迷離，我於辛卯年偶然機會見到幾本名為《攔綱網全集》（並不是〝攔江網〞。「網」字和「江」字在福建沿海一帶發音相似）的抄本，書中有「清乾隆進士甄松年著」字樣。

本書以無名氏手抄甄松年著《欄綱網全集》（並非是徐樂吾版本的《造化元鑰》，也非是余春台的《窮通寶鑑攔江網》，以上二書均無以下兩首賦文）為墶本，對十干相對於十二月令的調候喜忌做一梳理。

注意：

- 一是四時五行，參看前文。
- 二是十干本身之喜忌，用於矯正十干自身缺陷。
- 三是四季分列為十二月令，十干經緯其中，即十干之調候喜忌。

十干本身喜忌總綱

十干所喜歌

甲木挺生無根葉，庚金造作棟樑材。更愛丁火來吐秀，木火通明貴自來。
乙乃花木愛丙榮，向陽花木早逢春。癸水珠露滋根本，枝葉禾稼盡相生。
丙乃天邊一太陽，甲乙之木喜能生。日逢湖海乾坤亮，專欣壬水輔陽光。
丁火燈燭無它愛，專取甲木接引光。次取庚金來劈甲，得令逢焰亦長生。
戊乃泰山至不靈，用甲疏劈有精神。
己土田園愛丙榮，逢癸可作美田稱。
庚金頑鈍可制熔，或用丙丁暖其身。更愛壬水來傷泄，土厚埋金甲有情。
辛金珠玉喜人淘，土厚還需用甲高。冬樂丙丁能解凍，己土濕泥酌用參。
壬樂戊土為堤岸，又喜庚金髮水源。甲丙兩般皆酌用，當分旺衰理亦明。
癸用庚辛無別取，辛金清秀又為隆。若逢水冷金寒候，丙火解凍有奇功。

十干所忌訣

甲木泛來不怕金，支成金局有憂心。不怕土埋共火化，獨愁壬水泛其間。

乙木微弱忌丁焚，不怕辛金只怕庚。貪合庚夫凶藏吉，運逢辛金殘葉落。

丙火太陽出自天，卻愁雨露水來淹。逢辛生合化作水，運逢申酉落西方。

丁火風燭怕風雨，相逢癸水一場空。濕乙不生無焰火，逢壬化木卻有功。

戊土高崗潔且清，忌己濕泥汙其身。又忌乙木多剋破，逢癸化火反成禎。

己土田園本愛水，無癸卻做旱田推。只怕壬水來興波，生芽淹死作沙泥。

庚金泛來不怕丙，丙火在天豈熔金。只怕壬水來寒滯，土厚埋金一場刑。

辛金珠玉清必貴，只恐己土蔽其光。三冬雨露非金愛，凍金困丙實堪傷。

壬水不愁泰山土，水旺用為堤岸防。江湖死水須清潔，卻愁己土濁滄浪。

癸水怕丙熬干性，又愁己土塞根源。土厚無木來疏劈，卻有庚金也不然。

用法約為①：

甲

喜用庚金（無枝葉的情況下用庚，枝葉指的是乙木）。

喜用丁火吐秀（秀是指食神、傷官）。

- 不論四季皆喜庚。
- 金多用水化殺為印。
- 三合三會火局恐夭殘。
- 不怕財多。
- 怕壬水多而無土。

乙

喜愛丙火（丙火主要是取暖作用）。

喜用癸水（癸水可以降溫、滋潤）。

- 乙木本身不論四季都喜歡丙癸。
- 夏生怕丁火透出。
- 辛金之殺不如『乙庚合而不化』危害大。

①以下為簡易初級層次總結。

- 丑、辛、酉運為凶運。

丙

不論四季，白天生人首選壬水（名為水輔陽光）。

- 不怕壬水而怕癸水。
- 日時雙申，金為凶運。

丁

甲木（可以讓丁火持續燃燒）。

庚金（庚金一大作用是劈甲木，怕木多火塞）。

丙火（丁火雖然本身是火，但除寒的功能是用丙火，不是用丁火，故此冬水之際丁火也要用丙除寒）。

- 不論四季皆喜庚甲。
- 怕乙木『風大』。
- 癸水七殺為禍甚烈。
- 丁壬化木為好。

戊

喜用甲（是取疏劈頑土的作用）。

- 忌己丑土多，恐財務不清。
- 不怕甲，而怕春生乙多。
- 戊癸化火為好。

己

喜用丙火除寒取暖。

喜用癸水滋潤莊稼。

- 不論四季皆喜丙癸。
- 夏生須得有水。
- 怕乙木。

庚

喜用丁（金喜火煉）。

除寒用丙。

甲木（疏劈土用，金怕土埋）。

- 冬生不怕丙火剋。但怕壬水多透。
- 四季生怕土厚。

辛

以壬水洗淨自身。

以甲木疏土，使自己不致埋沒。

丙丁暖身。

- 不論四季皆喜壬水。
- 忌己土埋金。
- 冬生怕水多。
- 丙辛合而不化不利女命。

壬

喜戊土作為堤岸，使水不至於氾濫。

喜庚金為源泉（夏季的水需要有源才能長流）。

- 冬生之壬，丑辰官殺無用。

癸

用丙火解凍。

用庚辛為源（癸水柔弱，大部分季節都有斷流危險，故此庚辛是常用之物）。

- 不論四季皆喜庚辛。
- 財多身命難保。殺格，用甲木傷官制殺好過庚印化殺。
- 己土污濁癸水。

十干喜忌原理

十干喜忌原理列表

	十干對應之物	作為日元時，十干有本身的喜忌	氣候的影響（主要是冬夏二季，即所謂調候）	十干作為月令調候的手段和日元自身喜忌時的功效
甲	大樑、木材、大林	因為只是一塊木料，需要成型，故此需要金劈。大林木須得厚土栽培。	冬季寒冷需要除寒（丙），夏季燥渴需要水潤（癸）。	甲木有條直之象，故此可以作為疏通的工具來用。
乙	花草、禾苗	柔弱禾苗，須小心培養。丙、癸須得不離左右。	夏用水，冬用火。	乙木一般不做為其他天干的調候手段。
丙	太陽之光	因太陽在高處，不懼怕水剋，但容易爆烈反而需要剋制，故此又不離壬水。	夏用水，冬季用戊土防水失控。	丙火熱烈，可以用來除寒。
丁	燈燭	微弱燈光，怕風大又怕無風（木為風），故此須得庚甲小心配合。	冬季用丙。	因持續發熱，故可以用來煉金。
戊	泰山、厚土、高崗	厚重、不靈、不變通。需要管理、疏導。故此不離甲木。	冬季用丙，夏季用水。	因厚重，故此可以作為堤岸來使水不氾濫。
己	田園	己土薄，須小心養護，又己土濕，總得有陽光（不離丙火、癸水）。	四季不離用丙，夏季須得癸水。	很少有用己土作為調候手段。
庚	頑鐵頓金	過於頑鈍，須得火煉成型，故需丁火。庚金怕埋沒，得甲木緊隨其後破土。	冬用火，夏用水。	不怕崩刃，可以用來劈開甲木。又金可以作為水源來用。
辛	珠玉之金	佩戴之物喜清潔，故需要水洗，不離壬水。	冬用火，夏用水。	作為水源來用，但水源功能不及庚金。
壬	江河湖海	因容易氾濫，須得時時小心，故用戊土護堤。	冬用火，夏用金水（金水共用是怕水無源）。	淘洗功能，增寒功能。
癸	霧、露水、溝渠水	因規模小，有斷流危險，故須時時注意庚辛發源。	冬用火，夏用金水（金水共用是怕水無源）。	滋潤作用，增寒。

十干五行功能比較

十干五行喜忌的原理之中，有兩項關鍵，一是十干本身需要喜忌，二是十干本身可以是別干喜忌，以及作為四季調伏候的手段。列表如下：

十干五行功能比較列表

十干	十干自身的功效、功能	作為月令調候的手段和日元自身喜忌時的功效對比	喜忌的一般原則
甲	疏導功能，可以成為乙木依附的對象（藤蘿系甲）。	甲木在四季月為常用手段（未月慎用）。很少有用乙木的。	● 十干本身喜忌中，五陽干喜剋，五陰干喜生。陽干很少用劫財，陰干反而常用劫財。 ● 調候以水火為主。多用陽干。無非是夏用水冬用火。
乙	有纏繞依附功能。乙木一般不作為調候的手段。		
丙	除寒，曬乾。	除寒用丙而不用丁，煉金用丁而不用丙。	
丁	煉金，焚燒。		
戊	堤岸，防水。	冬季用戊土剋水而非是己土。己土有污濁它物的功效，避之為好。	
己	有污濁他物的功能，一般不作為調候手段。		
庚	劈砍，發水源。	發水源用庚比用辛好。	
辛	發水源。		
壬	淘洗，增寒。	壬水不作為生木的滋潤作用來取用，而使用癸水滋潤。	
癸	滋潤，降溫。		

四時五行——月令氣數特點與對應調候的方式

氣數與調候原則列表

月令	特點	調候注意事項
辰、戌、丑、未	四季月土厚沉濕	時時注意用甲。注意：因未月火旺，故此未月要慎重用甲。
亥、子、丑	冬季寒	時時注意用火，且要注意水是否氾濫。
巳、午、未	夏季熱	時時注意用水，且要注意水是否有源。
申、子、辰	氣數含水而寒、濕	因濕寒，須得注意是否以火除濕、增溫。
寅、午、戌	氣數含火而熱、燥	因燥，須得注意是否用水濕潤、增寒。
注：春秋二季注重日元自身性情的調節，冬夏二季注意針對季節氣候的調節。		

十干喜忌結合四時五行

十干使用方法列表

表一

十干日元	自身弱點，缺陷	彌補十干弱點、缺陷的調節手段	四季氣候調節
甲	直，溫暖，固執，不易變通	庚——設限 丁——發揮	除燥去熱用癸，很少用壬。除寒用丙。
乙	柔弱，有依賴他人習性	丙癸——給以合適環境（夏季也得注意丙火使用）	除燥去熱用癸，很少用壬。除寒用丙而不用丁。四季月土厚用甲（除未月）。
丙	無私，但常招小人	壬——使其冷靜	夏季須得注意水是否有源，發水源用庚不用辛。四季月注意甲木疏土。即便冬季也要注意壬水的用法。
丁	在執著與缺乏耐心之間徘徊，敏感	庚甲（夏季雖然火旺，仍要注意甲木自身之喜）	夏季注意用水。四季月注意甲木疏土（除未月）。冬季可用丙火增溫。
戊	自我、厚重	甲	夏季用水，因癸水能合戊土，須得注意壬癸水的區別。四季月注意甲木疏土。冬季用丙除寒而非丁火除寒。

表二

十干日元	自身弱點，缺陷	彌補十干弱點、缺陷的調節手段	四季氣候調節
己	優柔、委屈自己、是非常來	丙癸（夏季雖然土旺，仍要注意丙火使用）	夏用癸水而非壬水。冬季用丙暖，需注意丙火是否有源（甲木）。己土雖怕甲乙多透，辰戌丑月也得注意用甲。
庚	仗義、果決、無情	甲丁	夏月用水，因壬水能合丁火，須得注意用法細節。冬季除寒用丙。辰戌丑月注意甲木使用
辛	隨遇而安、自然本色不變	壬	夏季除了自身之喜壬外，也要注意除熱用癸。冬季除寒用丙火而不用丁，丁能合去壬水，壬水為自身之喜。四季月用甲破土。
壬	義無反顧、不聽勸	戊——設限	夏季除熱可以用比肩，又要注意水是否有源。冬季除寒用丙，又要注意水性氾濫。四季月注意用甲。
癸	柔弱、敏感、無主見	庚辛（即便冬季水旺也要注意水星是否有源）	癸水是至寒之物，夏季需注意水是否有源。冬季癸水並不存在氾濫趨勢，除寒以丙為先。四季月用甲（除未月）。

八字舉例，以下命例均為乾造：

注意：並不是說八字只有具備了喜忌、調候才能大貴。而是：

- 非喜忌調候之字成格者，其人以自己才能、努力而成功，有「為」才會有「位」。成功之前以及成功之後多受制於人。
- 調候、喜忌之字成格者，成就自然，順意。成功的領域多為出自本人人性層面的喜好範圍。成功地不太費力，成功之後能提攜他人、惠及他人。成功與否能在本人預料之內。
- 若是調候、喜忌不成標準格，在地支而不透，只主有階段性的機遇。
- 調候喜忌被沖剋者，機遇斷斷續續，六、七年就會有一次不滿現狀的反覆。
- 調候喜忌成格，而此字在後，被前面的干支沖剋者，最好遠離故鄉，大膽創業發展，否則因循守舊，牽掛太多。

甲日：

丙寅 癸丑 甲寅 丁卯 （三命通會）

以調候喜忌論：丙除寒。武貴。

以格局透藏論：身印二旺，用食傷泄秀，文武雙全。

實務點評：有比肩者能堅持自己的事業主張，有劫財者會走捷徑。身印二旺者有思想有才學。丙除臘月之寒，亦能除其人性陰鬱之寒。

己未 己巳 甲寅 丙寅（三命通會）

以調候喜忌論：夏生無水，若有子則短壽。此為黃都督命，無子。

以格局透藏論：食神格生財，食財不破，故有一貴。

實務點評：無劫財只有比肩者，人品單純可靠。無水調候，一生困於現實而不自知。雖富貴而無清高、達觀境界。

乙日：

己亥 丙寅 乙丑 丙子（三命通會）

以調候喜忌論：春生水多，當以透火除寒為要緊。此為陳俊尚書命造。

以格局透藏論：此為建祿，傷財並用，故有一貴。只可惜為己土偏財，如為戊土透自月令，則傷官偏財同透，有情有力當為大貴。

實務點評：五陰干有劫財者氣度老練，遇事應付自如。四地支連者有特殊才能。春生之乙，八字成水火相濟局面，其人智識高遠、聰明穎達。

丙午 己亥 乙丑 己卯（本田汽車創始人，本田一郎）

以調候喜忌論：冬生須以透火除寒為緊要，丙火自坐旺地，固有成就。

以格局透藏論：印格，日元有根，故可以用食傷。印不透，則財星不妨礙印星，故有成就。傷官丙火與印綬之間無力，故難以大貴。

實務點評：日支不輔助調候者，妻子性情因循守舊。丙火除寒自坐旺地，宜在火、光、熱、文、教等相關行業出成就。

丙日：

丁丑 壬寅 丙子 壬辰（三命通會）

以調候喜忌論：春生之火，太陽正旺，故以水輔陽光，使之不暴不燥，又壬水為丙火本身所喜。此為曾丞相之命。

以格局透藏論：印格，用殺，丁合去一個七殺，而使七殺不雜亂，故大貴。

實務點評：天干無明顯化殺之物者，成功之機起於「混亂、機遇、是非」——異途功名。壬水制伏丙火之烈，其人光明磊落。

丁日：

丙申 庚子 丁丑 甲辰（三命通會）

以調候喜忌論：冬生之丁，以丙火除寒，又庚甲相劈而引火，天干全為喜忌所宜。此為孫樞密之命。

以格局透藏論：立為殺格，殺格用印生身泄殺。因庚甲相隔而不礙事，故而顯貴。

實務點評：三合殺者，若印有正根從三合局中透出，一生立危局而不倒，若是透自於偏根（比如本例甲透於辰中乙），則不論安危，均是自己反應過度或過慢。甲木扶正燈芯丁火，能得貴人提攜。丙火除寒，遠賴兄弟之助。

戊日：

丙申 庚子 戊辰 甲寅（三命通會）

以調候喜忌論：冬生之土，當以丙火除寒為緊。又取甲木疏通戊土頑性。張獻可舉人之命。

以格局透藏論：立為財格，財格見殺本為破格，食神透出制殺，又印綬丙火與甲木七殺通根而透，此八字制化不一。

實務點評：對七殺制化不一者，若是制化在前，主早年性情多變，晚年手段老練。冬生有火，性能變通。戊得甲疏，慎而自制。

己日：

己亥 甲戌 己丑 丙寅（三命通會）

以調候喜忌論：先取甲木破土。次用丙火生身。此為章極都堂命造。

以格局透藏論：官印同透於寅木。年上己土與日爭合甲木官星，略顯瑕疵。

實務點評：年柱與時柱天生地合，其人至老懷念早年生活，也力圖恢復早年生活場景。時之印生年者，有益故鄉，若論政見則是「信守古制」。月日柱天合地刑，中年時代外相和順，內部兇險。帶刑者，吉凶多移於旁人。甲疏月戌，能改弊政，丙暖己土，多得貴人庇護。

庚日：

庚午 丁亥 庚午 甲申 （三命通會）

以調候喜忌論：甲丁全透，坐下午火暖身。此為黃狀元命造。

以格局透藏論：立為食格，財官雙透。《子平真詮》曰：金水食傷見官尤奇，但須得透漏財印。此八字冬金食神見官而透財，固有一貴。

實務點評：年日伏吟，又加上時柱財星坐下為財之絕地，有妨妻之患。丁煉頑金，性自變通，遇事慎重。

辛日：

庚申 甲申 辛未 壬辰 （三命通會）

以調候喜忌論：辛金生於申月，以壬水泄秀。又以甲木破申中戊土。此為禮部尚書。

以格局透藏論：建祿。用食神生財。食神生財透漏比肩更妙——只是財與劫財離得太近，此為一大不足。

實務點評：天干壬水坐下癸水，明的一套，暗地裡還有一套。辛得壬水，樂天知命。

壬日：

丙戌 庚子 壬寅 戊申 （三命通會）

以調候喜忌論：冬生之水防其氾濫而用戊土為堤，再以丙火除寒。此為李同知之命。（「同知」

為官銜）

以格局透藏論：陽刃格用殺，復漏印財更妙（水火陽刃格需得略帶財星。金木陽刃格不宜見財）。

實務點評：壬寅、戊申天剋地沖，家庭婚姻少親情味。壬得丙暖而性不寒。壬得戊制而不氾濫，尚有留戀之情。

癸日：

辛丑 辛丑 癸巳 丙辰（三命通會）

以調候喜忌論：冬生以丙火除寒，復用辛金發水之源。此為李平公御史。

以格局透藏論：立為印格。因雙辛透漏，透財反而無害，合一留一。

實務點評：不論男女，癸巳、癸卯日多得良好對象。財星透自於日支，妻能主持門面。冬生之癸得丙暖者，還不至於悲觀厭世。

乙酉 癸未 癸丑 庚申

以調候喜忌論：以庚金髮水源，又為合祿格，故貴。此為趙丞相命造。

以格局透藏論：1，若論為雜格，則此為合祿格。2，以常格論：食神格有比肩之生，不怕印剋。

實務點評：癸水見庚申，文章成名。夏生之水得金發源，乃智識深遠之人。

十干喜忌調候用法注意事項

• 可以用「互不離」來方便記憶（只是為了方便記憶而已）。

甲不離庚，庚不離丁，丁不離甲。

乙不離丙癸

丙不離壬

戊不離甲

己不離丙癸

辛不離壬

壬不離戊甲

癸不離庚或辛

• 並不是八字中具有所喜之字就是好命。至少有以下幾種情況影響調候喜忌之字發揮效力：

A．在天干和在地支的效力不同。在天干可用一生，在地支只主一時。

B．天干一派

指天干除了日元外是一種五行，尤其是天干一派之物不能合調候之字。

如：丁亥 丁未 辛卯 丁酉 辛生未月，以壬水洗身降溫，壬水位於年，天干一派丁火，即便日後壬水運也是無濟於事。

C．地支一片

地支全是含有水氣，火氣時，調候之字難以發揮效力，須得有生護調候之字才能有效。

如：甲子 丙子 己亥 壬申 地支全有水氣，天干丙火調候大打折扣，如果有戊土剋水護火，或有甲木生火則丙字效力有用。

D．三合三會又透出

三合三會局又透出則具有壓倒性優勢，須得有生護調候之字方可。

如：甲寅 庚午 庚戌 壬寅 壬字調候，須得有生護壬水之物，也就是說除了日元庚金，還得再有庚金，或者地支還有申才可以有效。

E．調候之字須得天透地藏則效力持久。

F．調候之字在天干沒有生護、沒有根氣則是虛名虛利，須待歲運彌補。

G．調候之字不怕沖和坐沖。但怕天干合，合則分心。

H．當格局與調候之字違背時，此時可以理解為格局為才能，調候為機會、為自己喜愛的事情。

I．只以是否富貴衡量，從格可不論調候。若論人性，從格仍是有缺陷。

第二節　強弱

有一個「強弱」的概念，仍是令初學者迷茫若墜雲霧，下面就在對強弱之概念做一個延伸解釋。

「強弱」這一詞很早就有，但不容忽視的是，強弱這個詞在著作中出現的頻率是隨時代而增長的，《淵海子平》少，《三命通會》較少，《御定子平》較為重視，《子平真詮》在論大運上十分重視日元強弱，今日一些成名人士則是幾乎口口不離強弱。

今日口口不離強弱的原因是：在相當一段時期內，一些命理進修班在不學習古籍、原著的情況下而又要為了迅速培訓一批「高徒」，不得已將命理學的所有「核心」定位於「抓用神」，宣稱只要能抓準用神就學會了算命。而抓用神的原則更是簡化為：『強者抑之，弱者扶之』……

「強弱扶逆」假如不考慮對於格局、調候的影響，則只是純粹的一種文字遊戲，不具有實際操作意義。關於此，作為教材，仍是採取公允的態度來講述。

初學者在學習命理上約有以下常見關口：

- 在不知道什麼是格局的情況談論格局。
- 在不知道用神是什麼時指點用神。
- 在不知道強弱能起什麼作用時，而以強弱為主要的命運好壞指標衡量八字。
- ……

第三點關於「強弱」的困惑，在初學者的範圍內是最為常見的。我們今日常見的關於強弱的衡量方式，至少有以下幾種：

- 最為常見的強弱論調——得令、得地、得黨……
- 十神關係衡量強弱——印綬、比劫可以扶身而使日元從弱變強。
- 十二運衡量強弱——以帝旺為最旺，以絕為最衰弱。

我們分別解析。

第一項，得令、得地、得黨……

得令即是：月令為日元比劫：寅卯月木日，巳午月火日，申酉月金日，亥子月水日，辰戌丑未巳午月土日。

得地：年日時地支為比劫則為得地。如甲日寅年、寅日、卯時。

得黨：天干有比劫輔助，同時沒有官殺相剋。

這三者得一即是強，若是日元無氣，無根無輔助則為弱。

按：

這一項關於強弱的論述是旨在強調月令。實際上八字命理中年月日時四柱均有作用，之所以我們今日仍是很重視月令，有一些歷史和傳承方面的原因：

假若子平法與火珠林法、大六壬、奇門有血緣關係（事實上的確有關係），出於火珠林、六壬法重月建日建，且火珠林以月建為『萬卜之提綱』，故此在子平法借鑒火珠林等法的過程中，必不可少的會有極端重視月令的情況。子平法很多今日證明應用起來範圍十分窄，甚至無用的法則，有相當一部分是直接借鑒於火珠林法，比如：1，火珠林法以旬空為無用，則八字命理中有年空祖宗無力，月空事業無力。2，火珠林以入墓須得沖墓、剋墓方論用神有用，對應於八字命理則有雜氣財官不透要沖。這兩點在八字命理中應驗率極低。又有借鑒大六壬的：1，「辰多好鬥，戌多好訟，卯酉多隱私，庚癸路有盜……」類似這種以月將、神煞、干支特性論述吉凶的法則直接移用於八字命理。2，子午相沖，一身不安；卯酉相沖門戶洞開，中年失財；墓主曖昧、隱私……等等這種關於相沖、入墓的論述也是時常直接移用於八字命理。這些八字命理借鑒、移用的法則在火珠林、大六壬內部本身是極為有用的，但在八字命理體系內，可以說是極其不穩定的法理，只是在一定範圍內特殊情況下可以使用。

我們今日一些先學子平而後學六爻的讀者，也會時常發生以四柱的法則移用於六爻的情況，比如十二運的運用。八字中日元遁於年月日時以觀日元的四個柱限中的生態環境。這個法則被一些初學六爻者移用為世爻相對於六爻全部遁一遍，看各爻對於世爻是什麼狀態（實際上卦爻一定是生旺庫的組合，這種論法只是畫蛇添足）。更有一些讀者還將四柱中的從格理論移用於六爻，認為世爻、用神全無生輔也會「從」。

我們一定要瞭解各個法則的極限，才好放心運用。

這種得令、得地、得黨的論法，只是單純衡量誰強誰弱，並不直接推導出八字是好是壞。仍需得參考格局、十神、刑沖會合等等才能得出具體含義。

第二項，十神關係衡量強弱——印綬、比劫可以扶身而使日元從弱變強

十神之中印綬、比劫（天干稱之為比肩、劫財，地支稱之為祿、旺）可以用來扶身。在這裡須得提醒讀者：以印綬、比劫扶身必須得考慮格局的取用、配合。

以比肩扶身，助我而排斥我：以有共同目標的同仁組成統一戰線共同但當、對抗困難，事後彼此間能夠互相體諒、分享戰果。因到最後還是要分享成果，故此很容易造成彼此間有虛偽、狡詐的印象。

以劫財扶身，助我而又護我：以各懷心事而又道路相近者結成靈活團隊，既能獨自為戰又能借助外力實現自身目的，事後彼此之間各顧各，以個人手段再來分配戰果，故此最終相互的評價是現實、靈活。

正印扶身，生我而無保留，類似長輩對我的撫養義務，不存在爭奪錢財之事，但卻能消解我的能動性，因為過於保護我就會使我增加依賴心而少主動性。

偏印扶身，生我而又排斥我，能幫我化解危險，但卻限制我的自由。

故此，在格局取用上就要注意：

財格（正財、偏財一樣）：

- 若財透出，不宜比肩劫財透出扶身，因為比肩劫財扶身同時能剋財。

●若財透出，比肩劫財也透出，則需要官殺出來剋制比劫或者合去比劫。
●若財透出，食神傷官也透出，則比肩、劫財透出反為極妙之事（須日元有根，否則短壽）。
●財格可以用祿、旺扶身，即所謂「根重」來抗衡「財重」。但要注意，格局怕刑沖，故此以祿扶身，不可以沖刑財星。如庚日寅月，不宜申來扶身。若是以旺扶身（五陽干之旺為陽刃，又需要考慮對陽刃的制化）如庚生寅月以酉陽刃扶身，這個陽刃也需要有制化方佳（食神化陽刃、七煞制陽刃）。
●財格也可以用印綬扶身，須得注意財在前，印在後為好。財在前印在後者，賺錢、謀生容易、清閒。財在後印在前者，賺錢謀生越來越難。以正印扶身，可以不考慮日元是否有根，但以偏印扶身必須得日元有一點根氣方佳。

正官格

●比肩劫財扶身者，競爭厲害，因比劫剋財，故此有損壞官星元氣的嫌疑——雖位高而俸祿少。
●以印星扶身則不存在剋財之事，反而能剋制食傷，因食傷為人之私，故此以印綬扶身能去除私欲，在「官場」上無把柄。
●以祿扶身，只要不沖刑官星即可，又祿為日元之正氣，正好但當官星，故此以祿扶身最佳。
●以旺扶身時，五陽干之旺為陽刃，用為官格扶身之物有點超出正官力量，正官顯得力不從心，五陰干之旺為傷官生地，此時就更不能再透出傷官了。

七殺格

- 同正官格不同，七殺為日元最弱之地，旺為日元最強之地，故此殺格以旺扶身好過以祿扶身。
- 殺格以印綬扶身，也須考慮正偏印不同，正印可以適用於日元無根境地，偏印則要注意日元有根。
- 注意官殺格以比肩劫財扶身時，因官殺本來就剋比劫，故此有以犧牲他人來掩護自己、出賣同事朋友的嫌疑——往往是人緣不佳，只適合當領導，不適合干基層。

食神格

- 財格、食神格在《子平真詮》體系中是以「順用」來對待的。故此不易以反剋食神、財星的方式扶身。即食神格不宜透印，尤其是偏印，地支中的印星也不宜沖刑食神之支。

傷官格

- 傷官格的扶身則是以正印、日元之祿為最佳。因傷官格是以逆用為佳，以印星剋制符合常規取用之道。
- 但要注意，傷官格中，五陽干之陽刃扶身時最好是印、財、殺齊備。如不然八字中純粹傷官、陽刃都為極端之物，極容易使人失去控制而鑄成大錯（但也能創造大功績）。

印格

- 印格的通用之法是「不喜身強」，即便官殺透藏成格也不宜身強。若是身強兼印強，則官殺無效了。
- 印格身強之時，天干也透出比劫，則就需要透出食神傷官來泄秀了。

……

以印綬扶身之時會有一個困惑，即一般初學者經常聽到「冬水不生木，燥土不生金」等口訣。這種說法當然是有其道理存在的，如《子平真詮》認為官印雙清的格局不宜用於冬木，即所謂凍水不生木……事實上這個是調候取用的範圍，因冬天之木多為印綬格，印綬格不宜扶身，燥土之金也是印綬格，扶身之事也是其次。我們在實踐時，經常會看到有的人談論任何一個八字都能按照『子平真詮』的路數將其收尾、說圓，但這個八字就是不顯貴，這其中一個原因就是不瞭解月令五行對於格局的影響。

當然，有人理解的「冬水不生木，燥土不生金」與此不同。而是理解為戌、未為燥土，是不生金的，這個理解並不全面，如庚生亥月而水多，正需要戊土抵水兼暖身。

因此，只要是土當然會生金，是水就會生木，要不然十神之間就沒有生剋的常態法則了。但一旦要離開十神生剋的層次，而論八字的調候時，則一定要考慮五行的各自宜忌、四季的氣候特點來看待十神生剋的效果。正是基於此點，在這第二項「以印綬、比劫扶身」之中，也就有變理存在。

變理：

以下法則也得參考諸格局的順用逆用原則：

- 常規情況下，財格忌比劫陽刃沖剋，『子平真詮』將財格定位於順用格局，即是以生護財格為最佳用法，而不宜比劫剋財。但調候之中有用劫財的，此劫材可以考慮在不損壞格局時取用。

乙日之四季月財格，尤其是戌月，可以用甲，名為「藤蘿繫甲」。這個甲即是乙木劫財，最好是有官殺或者食傷。

又己土生於亥月水多水旺，必須有戊土透出為堤岸防水方可萬無一失，這個戊土劫財的使用同上，最好能兼顧格局順逆。

• 常規情況下，食神格怕印綬剋，尤其怕偏印剋，『子平真詮』將食神格定位於順用格局，和財格一樣，以順生為最佳。但調候法則中，有用印綬的，此印綬若能兼顧順用、逆用的原則則最好。

乙木午月，須得有癸水偏印，若無水則就是木化為灰，恐有五十歲前就陽壽耗盡的可能。

又己土酉月為食神格，食神本怕印綬反剋，但調候取用中，己土最喜丙火正印，這個丙火當然是最好有，同時又能兼顧食神格的使用原則最好。若無此正印，一生徘徊於不喜歡的行業，成就緩慢。

• 常規情況下，傷官格怕正官沖剋。諸多名著中以『傷官見官、為禍百端』為金科玉律。但在調候的狀態下，傷官格也有喜正官的情況。

庚生子月為傷官格，此時寒金喜火，八字須得有火。至於是丙火，還是丁火呢，依據《攔江網全集》所提法則，丁火是庚金的天然所喜，丙火則是三冬解凍所用，故此以丁火為佳（亥月則丙火解凍），此丁火正是正官。當然前文已經講過，並不是八字具備了調候和日元所喜之字就會是好八字，而是若沒有這個字，則顯得艱難，成功過程屢屢受制於人。『子平真詮』以傷官見官的八字也必須有財印配合才是上品。

• 基於調候、喜忌的重要性，有必要在格局取用的層次同時兼顧以下調候、日元喜忌的法則：

A．冬生者不宜以水來調整日元強弱。
B．夏生者不宜以火來調整日元強弱。
C．春生者不宜以木來調整日元強弱。
D．秋生者不宜以金來調整日元強弱。
E．四季月生者不宜以土來調整日元強弱①。

等等還有很多類似的格局順用、逆用與調侯、日元喜忌法則相悖的情況，實際上相悖的情況很少很少，他們之間即便存在相悖，也是八個字中仍有一二字可以從中周旋。若不實踐，是不會體會到此種妙處的。不過這種「相悖」情況的存在正是說明命學的魅力。人的命運是有不同維度的：格局之核心指向富貴，才能；調候指向一生生存的難易、人生境界；十神、柱限表現人一生的環境，細節……讀者切不可落入非此即彼的境地。命理學如果僅僅是格局取用的話，就用不上十神、季節、五行屬性這些概念②了。

①按：以上推論就是《淵海子平》、《三命通會》中關於格局極限的原始本義。但在「從、化」的狀態下可以不考慮。

②命理學中有若干套法則、概念。諸如格局、調侯、神煞、納音……它們都可以拿出來單獨使用，但都無法單獨去解釋所有八字。這個原因不在於這些個法則的不周全，而在於人本身就是不同維度的生命現象。人其實是一個既統一又分裂的現象體。故此很多古籍經典對於學命者都有：「先明人事，後通易理」的教導，即所謂不懂人事就無法學精命理——這正是八字命理易學難精的終極原因。

第三項，十二運衡量強弱——以帝旺為最旺，以絕為最衰弱

古典論法

——關於這一論法，記載最為詳細是《應天歌》①。先節錄其中論法。

生旺為本

生旺旺中生福慧，旺裡反宜鬼相制。
得制方為福壽人，一重方可為祥瑞。
生旺為祥在日時，鬼來制御卻便宜。
桃花直透三層浪，桂子高攀第一枝。

此首七言主旨如下：

A．旺可以是好事，也可以是壞事。旺的同時需要有鬼來制——帝旺須得七煞制伏為佳，祿位則宜有正官對應。

B．一重生旺為最佳狀態——一個長生，一個祿或者一個旺最佳，若超出這個範圍就會失控。

---

①《應天歌》一書的注解版本很多，大多是參雜神煞、納音而注解，故有認為其中法則不適用於日干為主論命。其實不然。古人注解多是應景、藏頭露尾，甚至有些「術家」是胡亂注解，生怕讀者學會。以下所論《應天歌》中所講生旺，是指不分陰干陽干的生旺，以甲乙木都以亥為長生，寅卯為〝旺〞，即五行的生旺。

C．祿旺皆在子午卯酉者（乙祿在卯，甲帝旺在卯），若是有三處祿旺位，則不需要制伏。此說類似《五行精紀》、《三命通會》中所說「倒沖」。如《三命通會》中有：『丙午日甲午時，以午月倒沖官星論，二三品貴』。〇〇 〇午 丙午 甲午

生旺為福

五行生旺不宜多，三兩重重禍必遇。
旺裡若是無制御，傳勞屙病面閻羅。
長生帝旺見重重①，變福為災反不中。
得鬼制他還減福，縱饒榮貴也遭凶。

這首七言可以看出，八字日元過旺有制御，就算是上好格局，也會是凶命。約有以下要點：

A．長生、祿、旺，其中有一，且伏吟者凶。

B．長生、祿、旺三位俱全者，凶。

C．以上兩種情況，若是八字沒有官殺制伏，一生多勞碌、貧窮中死去。

---

①像《應天歌》這種古賦之中所說的「重重」類似今日所說伏吟，不同的是這個重重是更為廣義的伏吟。我們今日將甲子見甲子為伏吟，而甲子、丙子之間不是伏吟關係。實際上，應天歌所說伏吟至少有如下情形：1，子見子，不論這兩個子的天干是什麼，都稱為重重，當然三個子也是重重。2，壬子、辛酉、戊午、丙午、乙卯、戊戌、己未……等等這種干支上下比肩、劫財者也是一種「重重」（其實這些正是大六壬中的貴人、青龍、玄武等等神煞的本體）。

D．長生、帝旺兩全者，若歲運又遇到祿旺時，會突生凶禍，改變美好生涯。

E．長生、帝旺俱全且伏吟者，有官殺制御，就算是好命也是多兇險。

死絕為福

死中得見絕逢生，富貴榮華別樣新。

人言死絕最為凶，起死還魂福反崇。

大意是指：死絕需得有印綬化解，此謂「絕處逢生」。如此，八字中的死絕也就不妨礙富貴了。

死絕為禍

死絕那堪鬼更傷，鬼居強位豈能當。

若還祿宅皆沖破，破業亡家死異鄉。

約有如下要點：

A．八字死絕並見，不宜再有七煞透出。

B．死絕並見者，八字不得見沖，見沖則漂泊異鄉。

C．官殺多者人緣稀少、人情冷淡。

實務論法

——以上截取四大節是要說明：日元的旺與衰都可以為福為禍，關鍵在於八字整體配合。而且，不論富貴也好，貧窮也好，八字的旺衰是存在限度的，達到這個限度即為凶。為了照顧初學讀者，我從「實務」的出發點，按照較為通俗的方式將『應天歌』中的日元旺衰之極限總結如下：

•生旺重重者，天干透出比劫為明顯之凶，不透天干者為內苦。

如：《三命通會》中：『甲寅日甲子時，卯未甲，太旺，未免刑傷……丁亥月惡死』

〇〇 丁亥 甲寅 甲子

•死絕重重者，天干又透官殺多凶禍，不透逢沖者也多凶禍。

如：《三命通會》中：『甲申日壬申時，最怕殺旺身弱為禍，大凶』。

庚申 甲申 甲申 壬申 為一盜賊

丁亥 壬子 甲申 壬申 被殺而死

•生旺過多者需得官殺制伏。

如：

辛亥 辛丑 甲寅 甲子 潘九齡參議

•死絕重重者需得印綬回生日元。

如：

壬寅 戊申 甲午 癸酉 鄭子充通判。

戊申 癸亥 甲申 癸酉 洪鏘員外

•長生、祿、旺三者俱全，不論是否有制伏皆可成凶。

如：《三命通會》中有：『壬申日庚子時，乙亥月，孤，自刑』

○○　乙亥　壬申　庚子

•長生、祿、旺有兩者，最怕『重重』。

如：《三命通會》中有：『丙寅日甲午時，午月火太旺，凶』

○○　○午　丙寅　甲午

己卯　丙寅　甲辰　丁卯　此人為殘疾

這些正是前面「十神功用」一節所講的「多」與「過多」。讀者回頭參考一下圖例。需要注意的是，◎以相連接的力量最大，若是年時隔開則效力減小，如：

○○日◎　○○日◎　◎○日○

◎○◎○　◎◎○○　○◎○◎

八字中一旦出現極限強弱，如無制伏化解必定有凶。制伏化解方法參考以下①：

A．日元旺極時，天干只要有比肩、劫財即可透出食神化解，若天干無比肩劫財，食神難以奏效，因為若是沒有比肩劫財生食神，印綬就會直接剋制食神，此時需要印綬食神分開，一年一時最佳——《子平真詮》所謂：身印二旺用食傷。

---

①不包括「從化」狀態。「不論制伏皆有凶」是指凶災易發，「可以制伏化解」是指能富貴。

B．日元旺極時，天干只要有印綬，透出官殺化解的效用卻並不大，甚至失效。正所謂：身印二旺，官殺失效。若天干沒有印綬而透出官殺，是為險配，正所謂「身殺兩旺，雖貴不久」。

C．日元弱極時，只要天干無財，即可透出印綬化解（一旦有財也得財印年時分開，需得是印在時，財在年）。

強弱所對應的凶相

以上所言生旺死絕，只要到一定程度，不論是好命壞命都會出現兇險，至於是什麼兇險，可以按照以下原則斷定：

以十神屬性論：

印多則孤——懶惰，散漫。務虛不實。人口越來越稀少。

殺多則殘——人情冷淡、是非多。傷殘。

比多則窮——有合長壽，沖刑則貧窮。大體而言，比肩為「虛」神，比肩多則一生阻滯多，競爭多，付出多。

劫多則凶——有合，得人之助；有沖刑，互為欺詐。劫財為詐神，劫財多，人情之苦也多，一生想走捷徑而總走彎路。

傷多則病多，傷災多。

又可以按照五行性來斷：

水多飄蕩

木多阻滯

土多悔緩

金多傷殘

火多灰心

實例參考：

1，坤：癸丑 辛酉 乙卯 乙酉

兩酉沖卯，卯為四肢手足，故有四肢受傷徵兆。八字中癸、乙卯、乙四重水木，水生木旺。大運癸亥，流年壬申，又水生木多。右手無名指中毒，差點喪命——此為水木過旺。

2，坤：戊午 庚申 辛亥 丁酉

此八字戊午、丁三火土，庚申、辛酉四重金，大運丁巳，癸未流年，地支成巳午未申酉亥，正是流年訣法中的「虛一待用」。應於丈夫，丈夫此年去世。

3，乾：壬戌 辛亥 丁亥 壬寅

此八字壬、壬、亥、亥四重水，丁火被剋，必有心血病狀。癸丑運，戊子年，水又大旺，戊土難以抵擋，心臟衰竭而死。

4，坤：丁亥 庚戌 戊寅 壬子

此八字亥子兩重水，癸丑大運壬子年，又添壬癸子丑四重水，此年死於水火之災。

5，乾：己丑 甲戌 庚寅 癸未

此八字丑戌未己四重土，又辛未運劫財透出，地支又為土生身，土多則土凶。壬戌年再添一土，此年被人殺害。

6，坤：己卯 乙亥 壬申 庚子

此八字申子亥生旺全又透庚金生身，甲子年又來一刃，此年病逝。

7，乾：戊子 庚申 壬午 己酉

此八字戊午己三重土，壬子申酉金水四重，大運癸亥又水旺，流年戊午戊土輪值。形成水火俱旺的對沖局面。此年病逝。

第三節　用神

說到這裡就又不得不交代「用神」了，今日初學命理的人士感覺最為困難的莫過於找用神了，之所以說是最為困難，有這麼幾個原因：

- 個人所在立場不同。書房裡看看書從不實踐批八字的、專業算命的、研究的……立場不同對於用神的重視程度就會不一樣。
- 甚至有不讀古籍、原著，不清楚八字是什麼，而僅憑自己的一知半解論用神。
- 不知道八字各種法則的輕重取捨。
- 命理學內部的失傳、人為偏重。
- ……

為了照顧各個層次、立場的讀者，我以較為絮叨的語言做比較，講解如下：

用神概念的混亂

- 《淵海》、《三命通會》、《子平真詮》均以月令有用之神為用神，相對於這個有用之神的配合之字為用神之「用」。
- 我們今日一些觀點將月令取出的那個字稱為格局，而相對應於這個格局的「喜忌」之字又稱之為用神。

●又有一些觀點不以格局入手，凡是將有益於八字整體之字稱之為用神。至於是依靠什麼來判斷一個字對八字整體是否有用——有以是否流通來判斷，有以寒暖燥濕判斷……十個人可能會有十個說法。

●又有不稱『用神』、『喜忌』者，而論『病藥』的，至於什麼是病，什麼是藥，也是沒有統一看法。

●也有人以調候為用神。

●……

不妨舉例呈現亂象：

乾：己卯　辛未　壬寅　辛亥①

◎以《子平真詮》看

1．用神專求於月令。

2．己土正官透出月令，故己土正官為八字要用的「用神」。若是此八字圍繞這個正官配合得當，則此正官己土即為八字的有用之神。若是配合不當則雖是格局，但這個正官格不成，反而無大用了——這叫做「沒有把正官格用好」。

3．月令三合局傷官，傷官也是八字要用的「用神」，如此傷官配合得當，則傷官也是有用之神。

4．此八字三合傷官，但正官為順用之神，忌傷官剋制。好在八字雙透辛金正印壓制傷官，故辛

---

①此例取自民國十二年版本《子平真詮》，並非徐樂吾的版本。此八字為張（參國）八字。《三命通會》載有相同八字，為宋宣（參政）八字。

金正印為正官這個格的「用」，也就是說：這個正官格要「用」辛金正印①。

◎以《三命通會》看

1．用神從月令中尋。

2．己土正官透於月令，為正官格——是八字要用好的。辛金無根，不為格局。故圍繞正官去留搭配。正官喜印，喜印是為了壓制傷官，生身。

3．八字中又有三合傷局，此傷官也為格局，也需要圍繞傷官去留搭配。

4．正好辛金正印為正官格可用之物，又為傷官格可用之物②。

◎今日一些觀點

有人會這樣看：己透出月令，故此八字為正官格。由於三合傷局，因為「用之正官不可傷」，故此傷官為病，正印剋制傷官為藥。

有人會這樣看：己透出月令，故此八字為正官格，又有三合傷局，以正官為優先，則需要正印壓制傷官來護衛正官。故此此八字為正官格，用神是辛金正印。

有人會這樣看：己透出月令，故此八字為正官格，又有三合傷局，以正官為優先，則需要正印壓制傷官來護衛正官。故此此八字為正官格，兼傷官局，用神是辛金正印。

①《子平真詮》此八字是將正官格放置於三合傷官局更優先的位置對待的。

②這一論法的關鍵點在於是正官格優先，還是傷官局優先，兩者優先程度不一樣，則解釋不一樣。

有人會這樣看：己透出月令，故此八字為正官格，又有三合傷局，以傷官為優先，八字不透財可以配印，則為傷官配印。正官能生正印。故此八字為傷官局用印，正官可以生印之不足。

又有人這樣看：此八字日元虛弱。須得辛印生扶日元，正印雙透，故以正印為用神。

又有人這樣看：此八字日元虛弱。須得亥水扶助日元，亥水得辛干之生有力，故以亥水為用神。

又有人這樣看：壬生未月，燥渴相加。須得辛甲雙用。取甲木破土，取辛金髮水源。辛金雙透又有己土來生，是為用神逢生，日元坐下甲木不透，中年小有開創之力。

……

等等、等等，幾乎可以說是一個人一個說法。有將正官稱為格局的，又有將正官稱為有用之神的，又有將正官稱為用神的。有將辛金正印稱為用神的，又有將辛金正印稱為「喜」的，又有將其稱為「用」的。這些所有不同均是因為各自都有其各自的出發點。

再不厭其煩地強調一下：

格局是「八字中最重之物」。預示著一個的能力、性格，成就等人生的大體傾向。此八字正官成格，即所謂這個人有管理才能，即便沒有也註定其人有從事管理職務的機會，再如果還沒有，也表示其人有身不由己的需要控制的事情要做。此八字又有傷官局。表示其人一生都有傾向研究專門技術才能的環境、機會。正印虛透，不成格，只表示其人有正印方面的機會，但不實在。比如其人外表看起來清雅，沽名釣譽，一生所在公家的位置比較清閒……

格局之喜，是相對於人的事業才能的配屬而言：如此八字，正官格喜印，也就是說一個人有了正官方面才能，需要有一個好的組織、單位、身份來讓他施展、發揮。傷官局喜印，即一個人有個傷官方面的藝術、宗教、文化、科技等專門才能，就需要有一個穩定的環境、系統的條例來供其實施。正官格兼傷官局是指一個人既有管理方面才能，又有專門的技術才能，其人既能在公家謀得差事，又有私干、單弄的能力。兩者矛盾時，正印透出則意味著公家的差事穩定，使其不能全身心謀私，能在公家做事、顯貴。若是不透印而透財，則誘發傷官之性，此人屬先私後公，自己創業，謀生有成後而又以利養「官」……

強弱扶抑：強弱是一種力量態勢，強者穩重，弱者從眾。有根既有定力，無根則虛浮不定。強弱與一個人的成功沒有直接關係，但卻與一個人成功失敗的方式息息相關。此八字正印有扶身效用，是指此人若沒有正印則屬那種不老練，缺乏貴人提攜，缺乏父母關愛的人，很容易在爾虞我詐中被人利用。一旦有正印則有貴人提攜，有人為他化解壓力（正官為壓力），約束其私心（傷官為私心）使其不輕易頂撞上司。若此八字沒有亥水則日元無根，就屬隨風倒無定力的類型，表示其人凡事想得過多、沒有主見、按照形式、跟從形式而行動。一旦有亥水則為有根，表示其人有定力，有主見，不論形勢如何，自己再怎麼行動都能連帶自己的意見、手段……比肩劫財又為幫手、朋友，官殺來了能幫我抵擋，財星來了協同賺取，我有技術時為我提供客戶關係……

調候是相對一個人的機會、愛好、機遇、健康、境界、眼界等等而言。此八字取辛發水源，則青年時期開始有合適的社會機遇。如果將庚辛金換做土、火，則此命一生多病，生育艱難，恐怕到不了五十歲就要回家養病了，事業成就恐怕要打折了。

日元喜忌是一個人一生的喜好範圍。壬水喜丙，這個丙並不一定是要起到扶抑作用，而是：這個八字只要有丙，即預示此人有符合自身喜好之追求。假如丙火正好成格（天透地藏），則就是此人喜好之領域可以做出成就。

在瞭解每一種出發點後，至於什麼是用神，用神是什麼則反而並不是十分重要之事了。

直到今日依然流行的幾類「用神」

按：

- 子平命理以定格優先，圍繞月令所取之格尋找一二字來使八字成格。這個格局一旦成格，則此格局，比如正官格、七殺格，則正官、七殺這些個十神為「有用之神」，也就是這個八字的用神。而使格局不破的一二字是格局所要用到的字，叫做格局之「用」，而不是「八字的用神」。
- 今日流行觀點未必是以定格為優先，經常性的是以所謂流通、清純等等任注《滴天髓》發明的哪一套用語觀念為優先。有些人並不一定先月令取格，而是會：1，少的那個字不如把它剋盡，使八字變「清」。2，多的那個字使其更多而形成從格。3，某五行太多以相剋五行看，某五行太弱以相生五行看……（並不是說任注『滴天髓』沒有價值，而是要明白任氏注解的出發點方可借用，要不然就是「玄學捉迷藏了」）。4，日元強抑日元，日元弱扶日元。5，正好缺一字就可以五行流通，則取這個字為用神……很顯然如此這麼多種立場是模糊不定的，一個八字面對十家，會有十家說法……

●子平命理月令定格優先，但很多人並未考慮日元十干特性，經常性忽略氣候對格局的影響。清以後至今有一部分人仍尊重月令定格優先等古法，但也同時將十干、四季的差別對格局帶來的影響考慮進去，即所謂「格局」、「五行」並重。如此「用神」這一概念又有「調候」、「日元喜忌」派生出來。

扶抑用神

此即是依據「身弱不能抗財官」、「財多身弱而富屋貧人」而言：日主弱則扶日主，日主強則扶格局、抑日主。

這種思路有其合理之處，但上面已經說了，身強身弱與成功方式有關，而與成就大小沒有絕對關係，身弱而發達的八字不計其數，身強而潦倒也是不計其數。之所以如此，主要原因即是扶抑日主的同時一定要照顧格局、調候、日元喜忌的需要。如財格為順用格局，以印、祿扶身最佳，而比肩、劫財、陽刃則是不得已所用。又如官格身強，官格為順用格局，以財星耗泄日主生正官為佳，而不宜以食神、傷官來泄耗日元求得平衡。又如乙木戌月之正財，戊土不透則正財格成就自然、不費力，一旦透出戊土，則壞了癸水調候，男命因此而一生受制於情慾，事業均在財、情之後考慮……

如：

戊辰　戊午　甲申　乙亥。財重身弱，有人將乙木比肩用為扶助日元之用神。但乙木剋戊財，財無生護，格無大用。

辛酉　戊戌　丙子　甲午。食神生財耗泄日元太過，又有子水剋日，有人取甲木生身，為用神。此甲木雖剋戊土食神，但食神有辛金財星保護，格局堪使。

調候用神

調候用神用法前文已講，讀者更宜參看《攔江網窮通寶鑑》等書加深理解。

如：

戊辰　戊午　甲申　丙子。甲生午月，以水為先，取子中癸水調候——甲木夏生，火旺土多，氣候濕熱略燥。水深而靜，以之調候，則木得水潤。可推得此人有生活情趣，喜生喜養，文雅，能靜。若無水則急躁，好怒，停滯，甚至剋子。

辛酉　戊戌　丙寅　壬辰。丙火生戌月，取甲木破土，又取壬水輔光並生甲木——甲木不透只在日支：三十後有破土之力，即能糾正家庭慣性和自身生活習慣。壬水本身之喜透出：此人一生光明磊落，慎而有智。

日元用神

即是依照前面講的「十干喜忌」而論定的十干固定用神，比如乙木不離丙癸，己土最愛丙火……

通關用神

通關亦即和解之意。當八字中有兩種五行力量對抗，形成互相損耗而拖累日元時，就需要從中牽一條線使雙方從相剋轉為相生。為的是求一個和平相處、流通有情。

如：

甲申 甲申 甲申 乙亥

三金剋四木，亥水從中調停，則金生水轉而生木了，若換做戊寅時，則沒有通關，反而形成八字沖戰，不如前造安穩（甲申 甲申 甲申 戊寅）。

這裡需要注意的是：通關用神並未全部考慮格局用法。如正官格見傷官的八字，若是以通關方法來取，則會選財星，使傷官生財進而生官，如此則沒有「傷官見官」的危險了。但《子平真詮》並不是取財星通關，而是若有可能，要取印綬壓制傷官來護官。

如：

辛卯 丁酉 甲午 己巳。此八字在有人看來以己土通辛正官和丁傷官之關，故此己土為用神。在真詮看來此八字官格失敗，因己土通關無效。

辛卯 丁酉 甲午 壬申，此八字若以真詮看：官格逢傷，以壬水剋合丁火傷官，則官格成立，顯貴。

這兩種論法都有道理，也只是立場不同：以財星通正官和傷官之關者，多為企業領導、高級經理、技術型官員，而非政務類官員、行政型領導。以印綬護官者，則反過來是以政務為主，技術其次。封建社會很少設有三品以上的技術型官職，故不以通關一說為有效。

又，通關用神秉承流通至上的觀念，但實際上很多大貴八字不取流通之意，而取相互制衡之意。如：食神格見殺，只要無財是可以稱得上貴命的。有財當然也行。

戊戌　壬戌　丙子　戊戌。此為《子平真詮》中所載胡會元之命，雖沒有說品級職務，但被列舉為貴命。此即是食神格見殺，無財能貴。若以一些初學讀者所說取戌中辛金生水成通關，以成八字流通之意，則相去甚遠……。

病藥用神

以「無傷不是貴，有病方為奇」，「病重而藥至則貴」等《神峰通考》中所推崇的觀念為依據，以傷害八字「有用之神」的那個字為病，能去此病之字為藥，大運遇到藥之生旺運為佳①。

如：戊申　丙辰　癸酉　戊午。官重用印扶身，但丙火透出壓制印綬，以丙火為病。故此走癸運剋丙火之病而發，癸就是藥。

專旺從化用神

八字從旺之時，以日元本氣和扶助本氣五行為喜用神，如甲木成東方局時以木火為喜用。

八字從勢之時，以生助「勢」之物為喜用，如從財格以食神為喜用。從化用神：以生助化神之物為用神。

①《神峰通考》注重大運，認為命好不如運好，故此講究取運。

眾多用神歸類

眾多用神分類列表

常見用神種類	類屬	用神含義所指	使用注意事項
日元喜忌用神	自然性用神（四時五行、十干隨行所喜用神）	十干各有缺陷，故有隨性而顯之喜忌。	均需注意格局順逆。
氣候調節用神		冬需火、夏需水。	
強弱扶逆用神	社會性用神（十神格局用神）	衡量日主與格局二者之間的強弱，扶弱抑強，力求中和。	
戰鬥通關用神		八字貴生，故此借一十神使相剋之神和睦相處。	
專旺從化用神		叢旺不可反剋日，從勢不可反剋勢。	
病藥用神在此五家用神中隨「意」引用。			

以上幾家「用神」即是今日普遍流行的觀點。讀者宜反覆閱讀古籍，加強實踐來充實自己心得。

第五章 倫理

以前的命理書，將人際關係統稱為六親，即：父、母、兄弟、妻、丈夫、子女。這種分法著眼點主要是在於家族內部，並不包含如領導、部屬、同事等社會範疇的人際關係。現在社會已從農業社會那種家族親緣關係為主的人際，轉變為工業社會以組織分工為主的人際，讀者不可不察。

教材所講倫理，主要包括以下幾個範圍：父、母、兄弟、妻、丈夫、子女、上司、下屬、同事。

預測任何事項，都需要找出相對應的著手點，比如測兄弟、同事看比肩、劫財，看月令，看時柱，又看比肩劫財的五行干支屬性，又看月令、時支的五行干支屬性。與火珠林、大六壬一樣：火珠林測兄弟、平輩之事看兄弟爻，又看兄弟爻的五行屬性，又看兄弟爻的爻位、飛、伏等，大六壬測財以青龍看，又以支辰看，又以干剋之財看……也就是說，對於所測之事歸其門類，看其所屬而論定。

第一節 命理學六親預測總綱

八字命理論定人際倫理的法則主要著眼點在於：宮位、星情類神及各自屬性。三位一體共同定位一種所測事項。

六親預測總綱

人際定位

列表如下，以利讀者查用①：

① 徐樂吾在其《命理一得》中認為六親的十神分屬應該區分日元的陰陽。他認為陽干之男取偏財為父，正印為母，七殺為子。陰日干男命取正財為父，偏印為母，正官為子。陽日干女命取正印為母，偏財為父，食神為子，傷官為女。陰日干女命偏印為母，正財為父，食神為女兒，傷官為兒子。總之是將陰干對應為女性家屬，陽干對應為男性家屬。實際上這些個法則是採信自《星平會海》——有興趣讀者可參考拙著《十神訣法總錄》。

人際關係星宮定位列表

	宮位	星情、類神
父	月令為父母宮，參看年柱	偏財
母	月令為父母宮，參看年柱	正印
兄弟	兄弟宮寄存於月令，兄姐參考年月兩柱，弟妹參考日時柱	經實踐所得：「比肩和劫財既能應兄姐又能同時應弟妹，故此不應該全部將比肩定位於兄姐，劫財定位於弟妹」
男命妻子	日支為夫妻宮	正財為常態之妻、偏財為非常態之妻子
女命丈夫	日支為夫妻宮	正官為符合社會普遍平均要求的丈夫，七殺為我喜歡但不一定有合法身份的婚姻對象
男命子女	時支為子女宮	正官七煞為子女。正官為女兒常態，七煞為兒子常態
女命子女	時支為子女宮	食神為女兒常態。傷官為兒子常態
上司	月柱、時柱都可以為事業宮，月令為公家之大環境，時支為自身之小環境	正官七殺為上司，但各自含義不同。正官為組織關係中的上司，七煞是一切對我有掌控力的人
下屬		正財、偏財為下屬。正財為組織關係中的下屬，偏財為一切能為我辦事的人
同事		比肩劫財為同事，比肩為有擔當道義，我能把握的同事，劫財則為競爭力強、我難以掌控的同事

宮位、星情所指含義：

• 宮位

宮位的十神屬性，宮位為：

正財者：勤勞，善於過日子，正派，但容易不知變通。

偏財者能排場，能運籌，善於計劃調度，但不穩重。

正官者：正派，循規蹈矩，忠厚，善管理，但略顯古板。

七殺者：激進，膽大，是非多，聰明伶俐，但不容易接近。

正印者：與世無爭，和藹，書卷氣，但容易不注重生活質量甘於貧窮。

偏印者：偏執，精明，理解力強，但缺乏人情味。

比肩者：有道義心，能擔當，能忍受，但古板不會走捷徑。

劫財者：自尊強，善於變通，不宜掌控，堅強不達目的不罷休。

食神者：溫和，有專才，沉默低調，但容易固執。

傷官者：外向，開朗，有才藝，但顯不穩重，容易碰壁。

比如：月柱為父母宮，月支為母親，當月支為正財時，表示母親勤勞，簡樸，能過日子。

宮位為：

宮位的五行干支屬性，宮位為：

水者：膚黑，低調，沉潛，消極，成就緩慢。但能忍受，持久，對別人的影響長久才能顯現，智力深沉。

火者：膚紅，躁動，不安，有強迫他人接受自己的傾向，但易灰心，不持久，做事繁瑣講究程序。

木者：膚青，仁義，溫和，固執，積極，能犧牲自己照顧他人，也能甘心享受不顧他人。

金者：膚白，義氣，剛斷有威，冷靜、不易接近，容易挫折。

土者：膚黃，沉悶，心事多，不明朗，但講信義。

按：辰戌丑未四土，若八字沒有三合局，也沒有半三合局則以土看，若有以上合局則以合局五行看。如辰、子兩見，則辰字既有土性又有水性，若是申子辰俱全則辰為水性。

注意：六合則能均霑。如某女命夫妻宮為卯，月令為戌，則丈夫即顯出卯像，也有戌像——卯木柔美、倔強；戌土沉悶厚重、易怒，合起來即是外形柔美，但略顯沉悶易躁。

• 星情、類神

類神的宮位屬性

凡六親星離我遠者表示實際生活中與我距離較遠，或者關係較為鬆散。

月干在婚前離我最近。

時干在婚後離我越來越近。

年干在我少年時離我最近，隨著年齡增長離我越來越遠。
月支是一生大環境，一生中任何與自己有關之人都受月令影響。
時支是我隨身攜帶的稟賦和人生走向，表示一切將要認識的人的屬性。
年月多主父母，長輩，上司。日時多主妻子，丈夫，子女，下屬。
月令多主其人一生之「公域」，時支多主其人一生之「私域」。

類神的五行干支屬性
木：形美，性溫。
土：沉悶，厚重。
金：冷靜，義氣。
水：風韻，不定。
火：多言，浮躁。
如：某男命財星屬木，主妻子形美、性溫。
按：辰戌丑未四土，若八字沒有三合局，也沒有半三合局則以土看，若有以上合局則以合局五行看。
以上即是六親、社會人際的對應法則。人之所以算命，疑問的當然不是有沒有父母、妻子、丈夫、子女，而是父母如何、妻子如何、丈夫如何、子女如何？除此之外更關心的是父母對我如何、妻子對我如何、丈夫、子女對我如何？

六親如何

父母、妻子、丈夫成就大不大，有無成就，即是所謂六親如何？可依據以下所列原則判斷，其中原則是：觀察六親對應用神在八字是否有力、是否旺盛、大運對其約束如何。

- 以對應十神是否有力判斷他是否有成就

注意：以天干透出者論：

四善神坐實逢生為有力。坐實即是坐下有根，逢生即是天干緊鄰有生。四惡神需要坐實有制有化則為有力。制即是剋，化即是泄。

以無根虛浮為無力。無力則成就有限，6、7年就會有一次波折。

四善神僅僅坐實者易遭歲運沖剋而起伏不定，僅僅逢生者恐怕基業不實，坐實逢生則穩如泰山。

四惡神無制化者難以約束，容易做出格事，且自身成就有限。大運流年也影響六親成就。

四善神需要不破為好，如偏財父星，正印母星，食神、正官子女星最好不要有剋制為佳。四惡神需要有制化為好。即：女命傷官為子，須有印制或者財化，或者無財時配七殺。男命七殺子女星須有食神制，或者正印化，或者陽刃敵之為佳。陽刃劫財兄弟星也需有食神化，正官制。比肩則是制化生扶都可以。

●以對應十神引至月令、時支看其能力如何

年月為父母星旺地，則父母有能力。年月地支剋制父母星則相反。以下同：

月令為婚姻宮（月是婚姻宮，日是配偶宮）。夫星、妻星引至月令若是生旺地則其能力強，若是衰地則是能力受制。

子女星引至時支為生旺地則子女能力強。

年月之印又可代表父親和母親，爺爺、奶奶等所有長輩的對我對我的恩惠，而不一定專指某個人。

年月之正印旺多代表母親能力強，日時正印旺多代表岳父能力強。

女命日時食神旺，表示子女能力強，年月食神旺代表祖輩能力強。

男命日時正官旺表示子女能力強，年月正官旺則表示外親祖輩能力強。

按：1，能力和成就是兩碼事。2，以上所謂能力是指給我本人的印象感覺，不是社會上所有人都有這樣的感覺，甚至自己的兄弟姐妹也會於此感覺不同。

●以大運流年看其起伏波折

第一二步大運沖年月祖先宮、父母宮，表示祖輩、父母親起伏不定。一二步大運剋制父母星或父母星過旺，表示與父母有分離。

大運扶助配偶時，表示所接觸的異性其事業漸漸向前，俗稱旺夫運、旺妻運。大運為配偶星運時表示與異性接觸機會多，或者這一大運的走向受配偶影響大，而非一定是配偶事業有成。

婚後流年歲運沖月日，夫妻容易分離、情感波折，沖剋配偶星時易與配偶分離。配偶星過旺時配偶易有災。

生子後歲運沖剋日時則子女容易有波折、與本人分離（如遠方上學，寄養於老家等）。

大運逐漸走向六親星死絕之地表示與其關係漸漸消失，或其健康漸漸出問題，走向生旺地而致使其過旺時，也主健康出問題。

六親對我如何

• 為調候者，看其宮位和十神屬性而定是否有提攜之力

1，調候是指日元對於月令氣候而言。如夏生者宜水，冬生者宜火（從格不論）。

2，調候在年月者，不論父母星祖輩星得力於否，青少年時期即有相當的社會機遇、且會生活在有利身體健康的環境中。

3，在日支者中晚年有擅長、愛好的事業。

4，在時則論為中晚年。

• 為格局者，對我有事業方面幫助

此處格局是指天透地藏標準的格局形式。日時有天透地藏者也算。如：八字有正財格者，得妻之助。

按：經常有格局剋制調候的情況存在，若是正財格，但調候是印綬，則表示能得妻之助，但屬不顧我喜好之助，比如能提供我資金創業、謀財，但卻不理解我為什麼喜歡文學。又有複雜情況，如正財格，印綬為調候，此印綬又恰好在日支夫妻宮，則表示妻子能照顧我的喜好，但也要求我按照她的意願發展。

●為日元之喜，則一生關係至為緊密

此處日元之喜是指十干本身固定之喜，如甲不離庚，庚不離丁，丁不離庚甲。乙不癸，癸不離庚辛等等。

也就是說，十干每一干生人均有特殊親情傾向。

如甲木女命，甲不離庚，庚為七殺，則甲木女命較為喜歡那些能讓自己傾倒、有男性魅力的男子為丈夫，而不喜歡辛金正官那樣循規蹈矩，不越雷池的居家男性。

又如：乙不離丙癸，乙木女命，對母輩子輩有特殊情節，即所謂好天倫之樂。

●以是否在八字中出現來判斷緣深緣淺

1，八字中明顯有的六親表示一生有緣且緣深。

2，八字中沒有的六親表示緣淺甚至沒有緣份，待到歲運出現才會加重這重緣份。

3，正因如此，古書有云：『八字無財而印重重，母生之時父不在』。即是說連母親生我的時候父親都不在場，可見緣份淺薄。

●以離日元遠近，地支沖合判斷距離遠近與分別

年離我最遠，月干在青年時代離我最近，時干在婚後與我漸漸增近距離。

與月支六沖者易分別，相合者藕斷也絲連。

不常見法則

1．年月兩柱干支相合者，出生後家境轉好。

2．年日均沖月支者，家境起伏極大。

3．年月兩柱反吟（天剋地沖）、伏吟（天地相比）者，家中親人多「呻吟」，事業躊躇不進。

4．印透天干，財星藏者，母掌家權。偏財透干，印星伏藏者父掌家權。

5．八字中任一五行過旺，家中必有人壽短。

6．六親星入墓者，或者個矮，或者無能，或者多病。如乙木為父，只在未中有，其餘幾個字不見乙字，表示父親個矮，或者無能。

更有很多論斷原則已經在前文基礎概念部分、十神部分做了解釋，讀者宜打好基礎，熟悉基礎概念後才能掌握好技巧。只想掌握技巧而沒有基礎知識，那就是空談。

預測六親是命理學最基本的部分，但也是最難的部分。說它是最基本，是因為六親比任何一生遇

到的東西都親密，如果六親不算是命運範疇，那又什麼是命運呢？說它是最難的部分，是因為六親之間各自的命運是互相影響的，要精確論斷各自成就、吉凶禍福須參考各自八字為好。經常聽到一些所謂神奇的預測：可以測出一個人有幾個兄弟姐妹等等，這些當然是可以辦到的，但不是單純依靠命理，這其中有一些「術」的東西在裡面起作用。有時候更有一些初學者的思維停留在加減乘除的數學領域，以為命理學會有絕對答案，經常拿個八字去考別人問有幾個姊妹？父母是否健在等問題……單純依靠命理學是辦不到的，其中原因很簡單，同八字的人未必兄弟姐妹人數一樣，排行也不會一樣，父母生卒年月更是不會一樣。以前這個還很難驗證，但現在網絡時代，互聯網上有很多生日QQ群，同八字的人比以往幾千年都能更方便互相交流，讀者可以借此交流交流，驗證驗證。

第二節　家世出身

家世出身的判斷主要依據年月兩柱以及第一二步大運。

總的原則是：年月上是『有用之神』的，且為財、官、食神、正印的，出身富足，家世有好的名聲。若是年月上是『有用之神』，且為七殺，傷官，偏印，比肩，劫財的，出身不能稱得上是富足，但卻祖輩有能人——只要是『有用之神』，必能助我事業，對我成長有益。

年月上有調候星天透地藏（也就是調候為格局）者，則主早年有異於常人的家庭傳承和教育。

列表如下：

家境出身列表

	年		月	
	為有用之神	不論是否是有用之神	為有用之神	不論是否是有用之神
傷官	祖輩父輩中有專才專能之人。	家業凋零。小時候多動，少人關愛，父母很少能約束自己。	青年時代聰明好學，喜歡接近藝術、文學、哲學、宗教類學業。	兄弟不和，父母雙親也是感情不佳。
食神	祖輩能干有力。祖輩父輩中多有專門才能之人。	早年學業不佳，但卻十分聰明。	父母是專心謀生之人，有專才。我也是能靜心學習之人，但多主理科、經管、法律。	母親與奶奶可能會有不和，母親在家中自顧不暇。
偏財	祖輩父輩有遠方營謀之人或是善於經商理財。	早通人情。早年學問（非文憑）不佳。父母多勞。	父母對我管束鬆散。	父親兄朋多。母親有感情困擾。
正財	祖輩父輩有理財經商或領工資薪水度日的人。故長輩一般都有積蓄。	父親多勞多爭。早年學習不佳。早早體會物質享受。	父母勤儉，在物質上不虧待我，但往往不關心我的思想、學習情況。	青年時代早戀，學業受阻，容易沉迷。
偏印	祖輩善於營謀。	祖輩艱辛。兄弟手足不和，母家偏執。	青年時代就喜歡哲學，宗教，藝術一類。有特殊專才。	母家姊妹多，父親感情是非多。
正印	出身書香門第，家族有清譽。早年教育良好。	小時候與母有緣。	學業佳。年為正官者，家教良好，書香門第。	好學，母親操勞。
七殺	祖輩或父輩多有司法、軍、警出身。至少是在地方上有一定勢力的。	出生後家業凋零，清貧。	早早就有約束他人的傾向。容易接近司法、管理、技術類學業、職業。	好出風頭，經常是無形中就對兄朋造成壓力。是非多。經常性缺錢花。
正官	少年得地，學業優異。祖輩及父輩多有當官之人。	少年時代有良好的管束，父母敦厚。	父母對我教育良好。青年時代就有好的名聲和地位。比如班幹部等。	青年時代學業佳。父母對我照顧多。母親事業有力。

按：年柱既能代表祖輩，從時間上又與父輩有關，但月令則以父母為主，祖輩則影響很小了。事實上日時兩柱也能決定家境、父母（參考《三命通會》）

以上不論年月兩柱多麼美好，但仍要注意第一二步大運對於年月兩柱的影響。若第一二步大運沖刑年月兩柱，則主家境有變。若第一二步為日元喜用的大運，則主青少年時代大大有益於我的成長。經常見到年月財官不破的八字，但第一二步沖刑八字，不是父母離婚，就是自己學業、生活條件變動劇烈。更要注意：若是一連三步大運均對八字不利，則其人一生基礎不牢，很容易在社會的競爭中落後，甚至淘汰。故為人父母者，教育孩子一定要仔細觀察子女八字第一二步大運的情況。

家世、出身的判斷只是相對其八字本人而言。也就是說，若是一個人兄弟眾多，每個人對於家境的感受是不一樣的，也經常有同為親弟兄的，但一個年月財官，一個偏印、傷官……這個現象正是說明自己的命運是「一種當事人的感受」，且「只有自己感受最深」。有時候年月的財官應於家庭的富裕情況，而到姊妹哪裡的年月偏印、傷官則應於父母祖輩對自己偏心，不重視自己，而使自己對家境感受不如其他弟兄好。如同為親姊妹：

坤：壬戌 己酉 癸卯 癸丑（姐）

坤：丙寅 戊戌 甲寅 丁卯（妹）

相差3歲多。姐姐七殺劫財排於年月，小時候經常感覺錢不夠花，父母照顧不夠。妹妹則是十神偏財年月，雖二人為親姊妹，但是妹妹感到父母從不虧待自己。

實際上是這樣的：因妹妹有輕微殘疾，父親、母親以故意偏愛妹妹來掩蓋自身責任。但姐姐性格比較剛直，自閉，有難受的地方不會給父母表白。姐姐從懂事到上大學再到工作，父母不論是在生活，還是在學習、教育方面都沒有過慷慨現象。但妹妹學業不佳，在家與父母住，工作也在本地，下班回家住，工資不高但錢花不完，父母也從沒有在生活上虧待過妹妹，甚至工作有問題了還跑到單位為妹妹找單位領導說情。姐姐收入遠遠高於妹妹，但住外地，生活必須的花銷很大，仍是錢不夠花。雖同樣的家庭、父母、親友，但家庭的溫暖感、幸福感簡直不是一個級別。

依據於本章表格來論斷如下，括弧內為實際情況：

姐姐：

年上比劫：早年獨立（早年朋友多）——早年獨立是指凡事並不需要首先依賴父母。年上劫財劫去年支中八字唯一財星，可論家財為兄弟姊妹把持。

年支正官：祖輩父輩應有當官之人（祖輩有，叔伯中有，但父親不是）。

月干七殺：青年時代不利姊妹（朋友稀少，無知心人，妹妹輕微殘疾）。

月支偏印合會年支所藏偏財：父親感情有問題（父親有多年外遇）。

年月支均有辛，可為日元之喜：青少年時候喜歡文學、文字，安靜。大學也上的是中文系。

妹妹：

年上食神為有用之神：祖輩父輩有專能之人，祖輩能力強（祖輩有做官之人，父親精通機械製造）。

年支比肩：早年與姊妹有緣。

月干偏財為有用之神：父親發達，父親兄朋多，父母多有經商之人（父母早年經過商，父親兄弟眾多，都是在當地了不起的人）。

月支偏財，早通人情、善理財，學業不佳（不愛學習，在上學時就早早有掙錢的打算，畢業後做做出納、會計）。

兩者相比：

姐年干劫財，可主早年家境是苦干所得。妹年干食神，則主家境已有小成。

不同點是：姐之年支有財官印，可主祖輩父輩中有當權、有錢之人，因以官印為主，少年時代是與官貴類親戚緣份重。妹之年支為食財比，人緣之類型多以「經濟」、「錢」為重點。

姐姐月令偏印，妹妹月令偏財，都可主父親感情混亂。

不同點是，姐姐月令偏印主母家人口多，故此姐姐對於母親系家族感情較深，也多受他們負面影響。妹妹月令偏財，主父親系家族人口眾多，故此妹妹對於父親的兄弟眾多身有感觸。若以姐姐八字論父親，年干剋財，月干泄財，年支墓財，表示父親、父輩無能。實際上父親在姐姐眼中屬懦弱無能之人。但在妹妹眼中父親是有才、有專能之人。若以妹妹八字論母親，八字無印，月財剋印，年柱耗泄印綬，表示母親、母輩無能，事實上也確實妹妹看不上母親哪一套，敢於直接言語肢體反抗。但姐姐則認為母親不容易，很能干。

倘若以「家庭於我如何」這一題目來看：

姐——月令偏印，主青年時期家長給予的，主要是人情上的約束、口頭承諾，並無真財實貨。月干七殺可主青年時代十幾年，在外人看來姐姐經歷的是家庭的破敗、走下坡路，為非正常的落寞家庭。

妹——月令上下為財，可主青年時代家長給予的盡是「真金白銀」，而少給予人情上的壓力。月干之財可主在外人看來都知她的家庭能拿得出積蓄。

所謂給予姐姐「人情壓力」和不給於妹妹「人情壓力」，可以想像如此場景——「姐姐」從家長要錢買衣服、買文具，但母親總是以各種家庭艱辛來說服「姐姐」，希望「姐姐」懂事、能體諒家庭經濟拮据，也就是以「孝順」、「懂事」等人情理俗約束姐姐。「妹妹」從家長要錢買衣服、買文具，此時母親則不以所謂孝順、懂事、體諒家境來要求，而是第一時間想到不能在物質上虧欠「妹妹」。又比如逢年過節探視親朋好友時，母親是一定要姐姐做到禮數周到，不論親戚好不好、討不討厭，都要姐姐去親戚家裡送禮、寒暄、賠笑、說話，一旦受了親朋的氣，一定是懷疑姐姐沒做好，不孝順。而妹妹則是想去就去，相送什麼禮、寒暄什麼話都不要求，一旦受了親朋的氣，並不會約束妹妹。

姐之年支藏有微財，合到日支，可主有婚姻時家長能提供嫁妝、資財。但可惜被月令酉金妨害——姐姐若於巳、酉、丑年論婚，嫁妝、資財會被沖散。

……

以此比較可見，家庭出身實際上更確切地說是一種幸福感、家庭感。而不能逞能地去斷定家中父母到底是干什麼的，各自有什麼具體出息。同樣的一個家庭，但姊妹兩對於家人、家境的感受、評價如此不同——深刻地證明力一個哲理：任何評價都是相對而言。

命只有自己體會最深，並不是別人依據於眼睛觀察能完全體察得到的。

實例

1，乾 戊辰 戊午 癸卯 庚申

- 此命戊癸合而不化，經云：『合不化者，異性孤兒』，以此可論此人雙親有損。
- 日支與年支，時支與年支均可合會，唯有月令父母宮孤單，月支午形成實質的孤寡。午火為財，可以代表父親——六親星同時為孤寡者多有意外之災。
- 實際上，出生當年父親去世。母親後改嫁。

2，坤 癸亥 戊午 甲戌 辛未（1983年）

- 年上正印，為父星衰死之地，故少年時代，父親不順。
- 年月天干有合，家人容易失散（同例1）。
- 未運合午父母宮，甲子年又沖父母宮，甲木剋土偏財，偏財為父，為星宮同應，父必有不順。
- 辛巳年巳午未三合局，父母宮動，又巳火沖亥水印星，印為母，又是星宮同應，母必有不順。
- 實際上，己未大運 84年甲子父親去世。庚申大運 2001辛巳年母親去世。

3，乾 甲子 丁卯 丙辰 丁酉

- 年月兩柱印旺財弱，父不得志。
- 月令父母宮被沖又被刑，已是父母不安的徵兆。

•己巳大運 04甲申年甲木印星合己土大運，申金財星合大運巳火，又合申子辰七殺，形成父母皆被合走的跡象，此年父母離異。

4，乾 壬戌 壬寅 辛未 壬辰

•巳運刑月令父母宮寅。戊子年子害未，未中乙木為財父星。己丑年又沖未，未中乙木財星又受傷，父必有不順——星宮同應。

•此人乙巳大運，08戊子年父親車禍，09年父親去世。

5，坤 辛酉 辛丑 癸丑 丙辰

•金寒水冷，年月無火，父不得志，若得志當與父無緣。

•偏印過多，長輩缺乏人情味，多有偏心。

•月令印綬坐華蓋，母性孤。

•正財暖身，但在日時，屬自創前程，長輩少助力。

•甲辰大運湊成兩丑兩辰一酉，形成流年秘訣中的『伏吟待用』，此運必有親人去世。故09年母親去世。

6，乾 丁巳 辛亥 癸酉 庚申

•冬生之水，首先以火暖身。年上丙丁，祖輩對我當有提攜之力，至少是能沾上祖輩的光，又恰好火為財父星，父親也對我有機遇上的提攜之力。

●年財月上比劫，少年時代父親得志，一入青年時代壓力重重。

●年上財星，家中當有理財經商之人。

●實際情況是：爺爺為村長。己酉大運 甲戌年去世（年柱月柱交接之時）。

●父親為營長。戊申大運 戊寅年去世（月柱運）。

●母親經過商（印多有根，母必操勞）。

7，乾 己巳 戊辰 丁巳 乙巳

●比劫多，又逆行印綬運，父不得志。

●丙寅大運又為生旺運，此運不利父親，寅卯巳午未五年父必不順，結果10庚寅年父親去世。

8，乾 癸亥 庚申 辛未 癸巳

●年上傷官主父母不全。

●日元坐下乙木財星臨華蓋，年財又空，命中父星均無力，月令比劫又剋父星，故一生難得父親照顧。日下偏財合年支，當主日後願意與父親改善關係。月柱通透劫財，青年時代自立，不依靠（難依靠）父母。

●此人為私生子。母親將其送人撫養。

按：並不是這個八字所有人都是私生子，而是他們都難享父親恩惠。

9，乾 辛酉 辛丑 癸丑 辛酉

•命中無財，與父緣淺。若緣深則父不順甚至短壽。

•命中日月兩重華蓋，印綬過多無有力剋泄，難享母親恩惠。

•此人3歲癸亥父親去世，母親改嫁後由叔父養大。

按：民間算命一般會建議此類華蓋重重的命再認一個乾爹乾媽，以避免「重拜爹娘」之事發生。

第三節　婚戀

婚姻、愛情是街頭巷尾、網絡論壇預測的主流，婚姻也最容易改變人的世界觀人生觀。婚戀部分在判斷配偶是何樣人、成就如何、對我如何這三方面可以參考前節所講『六親預測總綱』，即：以是否有力判斷成就，以引遁月令是旺是衰看其能力，以是否為我調候、有用之神判斷是否於我有助，以是否是日元喜忌判斷自己到底喜歡哪種類型，又以離日干遠近判斷配偶與我的距離遠近。婚戀作為預測學重點，教材做一些更深交代。其他六親、上司、下屬等人際關係也可以此類推。

配偶星

- 男命以正財為妻之常態，偏財為妻之非常態。
- 女命以正官為夫之常態，七殺為夫之非常態。

常態與非常態在十神部分已講，宜回頭翻閱加深理解。

所謂常態即是符合社會普遍要求水準的狀態。如，顧家、聽父母的話、在社會上有穩定的地位和收入，以家庭責任為優先……

所謂非常態是指：不能總照顧社會、家庭、配偶的要求、期望。不以常規處事，而以自身所處環境和自身需求為處事準則。

常態的婚姻：正財、正官都是與我相剋而陰陽互相吸引，即能互相約束，又能互相不離不棄，更注重家庭穩固和彼此責任，注重人倫的延續。命中只有常態配偶星者，只有符合這些，才會考慮是否動情、是否結婚。

非常態的婚姻：偏財，七殺都是互剋且同性排斥，相互約束，也有相互排斥、隨時可以脫離的關係。彼此之間的愛戀以男性魅力、女性魅力、情調、環境為基礎。而至於將來能否得到家長同意、是否能照顧家人、是否能團結親屬等則是屬產生愛戀之後才考慮的事。

這兩種狀態沒有誰好誰壞，也沒有誰高誰低。男女之間的感情變化就是這樣：對方是否有我傾心的魅力，是否有能讓我安全的責任心，是否在一起能長久生活……

故此：

1．男命八字中只有正財，女命只有正官者會傾向常態婚姻。

2．男命八字中只有偏財，女命只有七殺者會傾向非常態婚姻。

3．男命八字財星混雜，女命官殺混雜者，選擇配偶舉棋不定，廣泛接觸後才會安定下來。正因經常舉棋不定，選對象眼界廣而婚姻往往不順。

4．男命正偏財混雜明露天干者，異性緣佳——印多的除外。

5．女命官殺混雜明露天干者，異性緣佳——印多的除外。

6．不論男命女命、官殺是否混雜、財星是否混雜，八字多合則人際交往較為自然，婚戀較為容易。但是一旦配偶星混雜而又八字多合，則會有腳踩多船、多角戀的傾向，身弱者則自己墜入情網不能自拔，身強者則同時交往、享齊人之福。

7．正官、正財為善神，八字中一旦透出就須有生護，則配偶一生不遭兇險，如此也主自己會體諒、關愛配偶。即：女命八字需有財，因財能生正官配偶星，又能化解傷官之剋。故此，只要有財星明露，女命並太不怕傷官。同樣，男命須有食傷，食傷能化解比肩劫財剋制財星，又能生護財星，故此男命食傷明朗者，多會保護家人、討女性歡心。

8．配偶星明透（不透則不做如下解釋），月支反剋配偶星者，青年時期婚戀不順。日支反剋配偶星者，婚姻少幸福感。時支反剋配偶星者，配偶晚年體弱多病，或者中晚年有婚變。

9．八字中沒有配偶星者，與配偶緣份淺，心中少牽掛。

至於「綠帽子」、「出軌」等這些屬「事」而非「命」的範疇，就不將其作為預測項目講述了，以免對號入座。

配偶性情

配偶性情，『預測總綱一節』已經提及。主要是看配偶星的五行干支屬性，與宮位的五行、十神屬性。從夫妻宮所屬十神也可看出夫妻之間的關係狀態。

夫妻宮十神類屬判斷配偶性情

表一

	從吉而言	從凶而言	
偏財	慷慨。講排場。靈活變通。重視機會。善於調度，能臨機應變。	虛榮吝嗇。貪玩不喜學習。輕浮，容易風流，玩世不恭。	彼此重面子，夫妻生活浪漫。
正財	樸實、勤勞。本分不投機。善於安排、計劃。能持家。	好逸惡勞。貪圖享受。缺乏耐心，容易不求上進。	夫妻生活較美滿。但恐婚後不思進取。
傷官	活潑好動，敢做改為。有才藝善表達。聰明，多能。	不穩重。剛愎自用。不服管。恃才傲物。私心重。	夫妻生活透支。有以攻為守、虛言虛語維護自尊的傾向。
食神	厚道，善良。有專才，有思想。隨遇而安。能自給自足。	固執，不善溝通。容易玩物喪志。天真不切實際。	能相互體諒，相互彌補。但有貌合神離跡象。

表二

	從吉而言	從凶而言	
劫財	積極進取。善走捷徑。自尊強。能辯駁。勞心。	狡猾，投機心重。急功好利。只知有己不知有人。	彼此不吃虧。唯我獨尊。有不尊重對方的跡象。
比肩	能體諒人。有責任心，任勞任怨。勞力。	排斥他人，自私。優柔寡斷。不善爭取。	雖能相助，但屬爭爭鬧鬧類型的相助。各有各的界限不容侵犯。
偏印	聰穎、領悟力強。精明能干。善於研究琢磨。	冷漠不近人情。尖刻。自閉，手段毒辣。	不信任他人，雙方互相隱瞞，溝通不暢。婚姻生活缺乏情趣。
正印	仁慈、賢良。平易近人，和藹、風雅。	保守、自閉。悲觀、消極。老成缺乏活力。	彼此能讓。婚後各自有各自的精神世界。
七殺	體形健壯。果敢、機敏。剛斷、不容侵犯。	叛逆、固執。魯莽、激進。缺乏仁慈心。	夫妻互不相讓，性格過強導致家庭不合。
正官	相貌端正，做事盡責，人品正派。逢沖刑則大打折扣。	呆板，猜疑，氣量狹小，假斯文。	男得賢妻，女得佳夫。但不宜再有七殺。

至於宮位與六親星五行干支屬性，參看『六親預測總綱』部分。

散論

1．男命唯一財星坐死絕，坐比劫者。主妻自顧不暇，有剋妻嫌疑——如丙丁為財星，坐下亥、子。同樣女命夫星坐死絕、比劫者，主丈夫自顧不暇，或者心思不定。

2．日帶刑、沖者，主婚姻生活受親友關係制約，又主對方身體欠佳——如生於子日，月上卯，是為刑夫妻宮，若月為午，則為沖夫妻宮。兩柱緊鄰之刑沖吉凶最為明顯。

3．日坐羊刃者，中年時對方身體不佳——主要有壬子、戊午、丙午三日。

4．時干之刃落於夫妻宮者，受對方管制過多——如庚午日丙時。

5．男命比劫過多，或三合三會比肩局者，妨害妻子。

6．女命比劫過多，或三合三會比肩局者，多孤寡。

7．市面上現當代的命理書籍，都是圍繞一個「用神」來談婚姻的，比如「凡妻星有益於用神者，妻賢，破壞用神者，受妻拖累……」，這些都是很有道理的。但正如我前文在「用神」部分所講，一定要弄清各種用神的含義後，才可以做下一步判斷。以我接觸的很多以算命為業的命理界的朋友來看，都是不大談用神的。有個主要原因就是大家對於用神的理解、立場不一樣。若連用神是什麼都說不到一起，其他就都是「雞同鴨說了」。為了尊重入門級讀者可能會對基本概念不慎精通，又沒有實際的操作經驗，故此也不願意將已經很混亂的「用神」二字引入進來。若是讀者一開始直接閱讀本教材，勤加實踐，待有基礎後，實際上也就不會產生關於「用神」的迷惑了。

8．日支沖格局者——會在婚姻與事業之間兩難抉擇。日支使格局成立者，則因對方而事業有成。

9．夫妻星剋合調候用神者——為照顧對方而耽擱自己喜歡做的事。夫妻星生助調候星，或者就是調候星者，能照顧我的健康，能開發我的潛能，對我事業大有提攜。

10．夫妻星過強者——對我壓力大，我不得不遷就對方。

11．夫妻星過弱者——我經常忽略對方，少關心對方感受。

12．從格八字因日支而不成格者——事業上因對方功敗垂成。

13．八字中無生助夫妻星之十神者，如男命無食傷，女命無財星，本人難以幫助對方，對方事業也容易起伏不定。但若生扶過多，則對方有懶惰、固執嫌疑。

14．夫妻星無生泄者，如男命無官殺，女命無印綬，對方性格固執。但若生泄太過，則對方在事業上有力不從心的感覺。

15．命中日支三合局者，必定也是將華蓋星合在一起——女命婚姻不佳。尤其是日支為辰戌丑未者。

16．夫妻星為天月德者，配偶有威望——前提是夫妻星天透地藏。

17．水多，火多，夫妻生活要求多。

18．女命木盛妖妍，水澄則清潔（乾淨），金多夭折，火多剛強。

19．不論男女命均不宜純陰純陽。也不宜多合，多合則情意不堅。

20．女命日時卯酉，且卯酉多者，易小產。

21．女命傷官與正官同柱，敢於同丈夫作對，也會瞧不起丈夫。女命正官坐日元的陽刃者，丈夫難以駕馭妻子。而且會向丈夫突發脾氣。

22．日支為配偶星又透出天干者是為夫坐夫宮、妻坐妻宮，配偶會比較本分，能持家。不過此時日支逢臨柱六合，則自己很容易出軌，視為貪心不足。

23．配偶星強旺者（強是指天干至少兩個，旺是指地支有祿、旺位），日元有根則婚戀複雜，日元無根則清淨、隨遇而安。若是日元有根逢合，則較容易出軌，若是日元無根逢合，則會夫唱婦隨。

24．日支逢月令六沖，婚姻會受長輩干擾。

25．日支與時支沖，有子以後配偶與孩子之間多分歧。

26．男命財星合會為七殺，易逢女性小人。女命財星合會為七殺，容易倒貼（說好聽點是旺夫）。

27．只有單個配偶星，不透出天干，居於長生位者，配偶有才能，且對方家中有能人。比如男命丙火為財，寅為丙火長生，或者壬水為財居於申中，庚金居於巳中，甲木居於亥中。

28．只有單個配偶星，不透天干，居於墓中辰戌丑未中，配偶興趣廣泛，但不會發揮。如丁火為配偶星，存在於戌中，癸水存在於丑中，乙木存在於未，辛金存在於丑中。

擇偶方面

1．若八字年柱日柱相同，嫁、娶同年配偶為佳，若不然第一個配偶、對象很容易生離死別。

2．四生日宜嫁娶四生年之配偶，四旺日宜嫁娶四旺年之配偶，四墓日宜嫁娶四墓年之配偶。如子日人，嫁娶子午卯酉年生人為佳。

3．若是生日與對方生年三合、六合、五合者，雖然雙方感情較好，但很容易遭外力干擾而分別。如甲子日生人，如對方申、子、辰年，或者丑年，或者已年，若是自己八字中有申、辰、丑、甲幾個字者則無妨。

4．選取對象時，宜考慮八字的喜忌，自身八字喜水者，對方八字水多，尤其是對方日元是水時，對我極佳（幸福感）。

5．生年納音相剋者，氣場不合。納音相生者相互有精神扶持。

6．年命相沖者，雙方家族不大和睦。

婚戀時機、年齡

1．男命財運，財流年易動情。

2．女命官殺運，官殺流年易動情。

3．日支逢合、逢沖，若未有對象，則易有婚戀機會。已有對象則容易不和、分手。

4．男命三合財局者宜有婚姻。

5．女命三合官者宜有婚姻。

6．男命三合財年結婚，以後不易離婚。女命三合官年結婚也不宜離婚。

7．男命官殺流年合時柱，同時夫妻宮也有刑沖會合者，宜奉子成婚。女命食傷流年合時柱，同時夫妻宮也有刑沖會合者，宜奉子成婚。

8．男命三合官的前一年容易結婚，女命三合傷官的前一年容易結婚。（須是45歲前，45後則有可能離婚）

9．不論男女，均宜將結婚年選在命中所缺五行的那一年。

離婚，婚姻危機年份

1．不論男女，沖刑日柱的大運均主婚姻不牢。

2．男命財多而又行財運，婚姻關係壓力大。未結婚者會迫於形勢結婚。結婚者則婚姻壓力大，關係不牢，甚至出軌。女命則是官殺多行官殺運會出現上述情況。

3．生子後，日支三合官殺，易有婚姻危機。

4．不論男女，比劫運易有婚姻危機。

5．任何六親的判斷都要注意「星宮同應」這個原則。即論父母時，參考年月地支，又參考父母星，兩者皆動則父母必有事。婚姻則是參考日支與配偶星。

早婚晚婚

1．只要日元有根，八字多合則容易早婚。

2．日元有根，男命年月見財星宜早婚，女命年月見官殺宜早婚。

3．八字無根，日元無配偶星，若早遇配偶星大運，也會早婚。

4．女命月令傷官或偏印而年月無官殺者，婚遲為佳——月令印綬之人不易動情。

5．男命年月無財（包括地支藏干）而月令比劫者，婚遲為佳——月令比劫，不逢沖刑，多因交友耽誤戀愛。

6．女命八字無財無印綬者，早婚不利——丈夫事業不穩。

7．男命無食傷無官殺者，早婚不利——妻欠發展。

實例

1，坤 戊午 庚申 辛亥 丁酉

- 月日無財官，且年上七殺合不到日柱，故青中年時期不利夫。
- 年上丁火透於時，晚年當會有「昔日認識過」，「早年的朋友」，「遠房親戚」等類似異性陪伴自己。
- 女命辛金天生合丙正官，合出的水反剋丙火正官，恰又日坐水星傷官（傷官剋正官，日為夫妻宮），故丈夫身體不佳。
- 丁火有根在年太遠，又坐下為日元的比肩酉金，故晚年時丈夫或者另結新歡，或者晚年認識已有過婚姻的男子。
- 八字無明財透出來生官殺，夫力不從心。
- 辛金申月用壬水泄秀，壬水為傷官子星，又為欲望星，均不利夫星。
- 實際上，丁巳大運，03癸未年丈夫去世。此年夫星大旺，形成巳午未。此年若不認識新的異性，則自己的丈夫當有不順。

2，坤 己未 戊辰 甲辰 癸酉

- 若未婚，則日支逢沖合之年易動婚，此人庚午大運，06丙戌領證，丙戌沖夫妻宮，又戌中辛金夫星動，為星宮同應。

• 年月無官，又夫妻宮伏吟，婚姻必有波折。青中年時代婚姻即便有也和沒有一樣。

• 辛未大運09己丑此年又形成流年秘訣中的『伏吟待用』，必有不幸發生。此年離婚。

3，乾 丙申 戊戌 戊寅 丙辰

• 《五行精紀》有：戊寅日多王孫貴族，即今日富二代、官二代。此人為旗人，祖上有權。

• 八字中比劫遍地，每個地支都有，故一生婚姻多有爭執。

• 自坐七殺，因身旺，故此是自己對妻子不好（若是日弱則是妻子壓制自己）。

• 八字中辰戌、寅申兩組地支相沖，故此人生性好動，一生走到哪裡那裡亂。又八字純陽，月日暗拱陽刃，又是偏印透出，若在古代，必定是帶兵打仗之人（印刃相隨，官居極品）。現實中，此人是個練家子。但無兵權，可能是和自己「不紅不正」的出身有關。實際上此人當著老婆面前公然帶回外遇，家敗後在女人身上撈錢。其妻晚年作下「疑神疑鬼」的怪病。

按：

正印格多出文職，偏印陽刃多出武職。純陽不利家中女性。

4，坤 辛卯 庚寅 戊寅 甲寅

• 官殺重重沒有有效的化解而只是庚辛反剋，故難享夫利。

• 庚辛無力制服官殺，反有戲弄、激怒官殺之嫌。實際上此人與男性接觸，均是先賣弄、扭捏

（食傷起作用），而後甘心隨波逐流（從官殺之象）。

- 命中三虎坐於夫宮，青年以後有剋夫之嫌。
- 此人為上造的一個對象。早年有過娃娃親。
- 此人無生育能力（木太多，寅木暗中藏有三陽真火，耗盡一切水氣。女命水氣代表生殖系統）。
- 55歲後給人算命、改運，但生意不佳（我教了她一段時間合婚。因她眼睛不好，看不了書，又和我非一代人，難以溝通，沒有學成就不知所蹤了）。
- 自己的積蓄都放在姐姐那裡，要不回來（官殺遍地，所有親人均會對她顯出七殺作風）。

5，坤 丁巳 乙巳 乙酉 壬午

- 日坐七殺：婚姻質量不高，夫妻常有爭執。
- 乙木夏生，水太少：夫妻生活上有苦難言。
- 食傷太旺，善於制御丈夫。
- 日支巳酉逢合，且巳上為比肩（比肩有情敵含義），故丈夫有火中取栗，冒險調情的舉動。酉金合巳火，有飛蛾撲火之象，自找倒黴。
- 實際上，戊申大運09己丑年丈夫外遇，自己以自殺要挾，被丈夫阻止。

6，坤 丙寅 戊戌 壬寅 丁未

- 財多生殺，能幫夫。

●日元無根，不起爭妒之心。

●若未婚，則日支逢沖合之年易動婚。故丁亥年結婚。

●日元無根而財殺旺，逢陽刃之年易有血光。戊子年逢陽刃，穿害時支，子女宮動，又未中乙木子星動，故血光，生子——不論六爻、六壬、八字都以女命生子為「血光」。

●此人丙申大運 07丁亥年結婚。08戊子年生子。

7，乾 丙寅 己未 辛酉 戊子

●在適婚年齡段內，逢夫妻星『星宮同應』均易有婚姻方面的事發生。

●己丑年合日支夫妻宮，又丑沖未，未中丁火夫星動。星宮同應。故此年有婚戀之事。丑字又合動子女宮子女星，此年又主可以生子。

●此人丁酉運 09己丑年結婚生子。

8，坤 癸亥 丁巳 癸丑 丙辰

●生月財旺而不沖日柱，能得父母財力照顧。但被年柱比劫沖剋，當應在家財易被兄弟姐妹分奪。

●癸水夏生，需有庚辛印星，庚金在月不透，只是能在關鍵時刻得到特殊恩惠照顧。

●申運，寅年，湊成四生局，本有不幸發生，但此命得父母贊助婚房而結婚，為大吉大利一年

(此為以喜沖凶，民間常以此法調節運氣)。

9，乾 戊午 甲子 丁卯 庚子

•若只有月令一個七殺，則為夫星健旺，表示會嫁有能力丈夫。可惜時支子水重犯，婚事定有反覆。

•實際上此人丁卯運 02壬午年結婚 05乙酉年離婚

10，乾 丁卯 丁未 丙辰 丁酉

•職業為算命。

•同時與兩個女人過日子。

按：

唯一財星逢沖又逢合者，同時又遷動夫妻宮，很客易重婚。

11，乾 丁卯 己酉 丙辰 乙未

•多婚，至少四次（原理同例10）。

12，坤 甲戌 甲戌 己未 甲戌

•婚姻很好很穩定。

•庚午大運丈夫從商，連同己巳大運發財上千萬。

按：

合化八字，夫妻星不破合局者，夫妻宮之字也不壞合局者，婚姻都會美滿穩定。

13，坤 癸酉 壬戌 庚午 丁亥（他人提供案例）

•可惜水星明剋夫星，不利夫。

● 丁為庚自身之喜，重要的是夫星透藏有力，故能得夫之力。
● 此人十八歲庚寅年給人當第五任妻子。收男方大筆聘禮。
● 四十一雖癸丑年丈夫去世，坐擁大筆遺產。
14，坤 庚子 壬午 戊寅 甲寅（他人提供案例）
● 戊生夏天，須以水降溫，壬水近身，故天生愛財。又壬字為生殖器官，戊土天生喜甲七殺。此命財坐沖，沖中有生，可推得有早早外出謀生傾向。
● 此人21歲庚申年落風塵。
15，坤 丁酉 甲辰 丁丑 丙午（他人提供案例）
● 生辰月，甲木破土，故能自食其力。
● 官殺星皆藏於食傷內，夫星天生受剋，夫不濟事。
● 火旺水少，又食傷多，欲求不滿。財星逢多合，易發人際關係之財。
● 此人丙午運落入風塵。
16，乾 甲子 丁卯 辛丑 戊戌（他人提供案例）
● 木星為財落於月令，主妻子有能力，可惜日時相刑，其中有比肩，故難以留住妻子。
● 夫妻宮合刑均有，且妻星刑合均有——妻不正，婚亦不正。『妻子的出門而走』只是時間問題。
● 實際上此人己未年妻子被人勾搭走了。

17，坤 丁亥 戊申 辛未 丁酉

• 日坐印，女命不喜生小孩，也不愛帶小孩。兩個丁火一個坐食傷、一個坐比劫，可論丈夫一為子女、一為其他女人而忙。

• 實際上此人性格孤僻。因未能生孩子，被迫同意丈夫娶二房。娶二房後自己反而懷孕。

18，坤 戊子 己未 辛亥 丙申

• 比丈夫小近三十歲。

按：

印格印多女性易嫁大齡男性。

19，坤 癸巳 乙卯 丙辰 辛卯

• 比丈夫小三十二歲。

• 原因同上造。

20，坤 辛未 丙申 甲子 乙丑

• 八字多合，故善於交往。

• 日支被雙合，故婚姻出軌，移情別戀是再所難免。

• 時支中藏官星合入夫妻宮，時支上又有劫財，固有與他人丈夫相好之意。

• 實際上此人離婚後又與有婦之夫相好。

21，坤 戊戌 乙卯 戊申 丙辰

- 月令夫星，能嫁有能力丈夫。
- 只可惜自坐食傷，不利夫。
- 實際上此人庚申年結婚，當年丈夫車禍死亡。

按：

女命食傷之年結婚但又不懷孕生子，且無祖輩去世，則丈夫多少會有不順。

第六章　財富

六爻占卜財運、一生財富以財星為用神，以子孫爻為輔。八字論財富的思路可以借鑒六爻。

八字只要成格均有富貴可言。

八字中的財星等十神都是論斷一個人致富的手段、致富過程而已。

本書一掃過往一切老套，借鑒易卦原理，又以《三命通會》、《子平真詮》為主要依據來判斷一個人關於財富的信息。

注：

《三命通會》重命運之過程、細節。《子平真詮》注重命運的高度、「結果」。本書所講之財不是錢，而是『養命之源』，是『維持生存』的含義。

謀財過程

命理學兩大預測命題：「過程」與「結果」。

結果即是一生貧富貴賤之終局如何。

過程即是不論結果如何，而重在於：貧是怎麼貧的，富是怎麼富的，貴是如何貴的，賤是怎樣的賤。本章謀財正是告人以如何謀財。

以表格形式如下：

十神謀財方式列表

表一

比劫重重	人際關係之財，如朋友接濟，又或朋友互相出賣之財。	
食傷和比劫	人際關係之財，如自己技術產品好，有朋友介紹買主。	（如投奔朋友參與他的技術研發，給他打下手）。
食傷多	財多財雜，有機會就上。技藝之財。如既會針灸按摩，又會算命，還兼職心理醫生。	
印和比劫	專業技能之財，"清名"之財。人際關係之財。如教師、親友之財。朋友之財。百家財。如要飯、依靠兄弟接濟。方丈。	
印和食傷	專業技能生財，如相士算命，醫生看病。	挑剔之財。專心一個行業則謀財簡易。食傷為財源，需自斷一部分財源才能更好謀財。
印多	清流，名聲之財。因有名氣，人品佳而自有人奉養送財。奉養之財。技術專業之財。如某大師點出他的人生缺點，此人每逢年過節都送大師財禮。	
官殺和比劫	任勞任怨之財。兩袖清風。俸祿、工資之財。	是非之財。如出賣朋友，舉報他人而得賞金。

表二

官殺和食傷	公私之財皆有，以公謀私。	公私之財皆有，私財充公。
官殺和印	因貴而富。俸祿、工資收入。	技能、技藝之財，而又有因地位得財。如作協作家。
官殺多	營謀之財。雜業技藝之財（如管家，領導的司機）。空手謀財。	
財和比劫	競爭謀財。奪財。兄朋幫助謀財。依靠人際關係之財。	是非之財。
食傷和財	家業遺傳。利息。代理。	以名氣謀財。以技謀財。比如律師，說相聲。
財和印	依附於某一行業，憑本事謀財，或者憑商品的品質好壞賺錢。	以原則做交易。把文化、藝術等作品當商品賣。（比如寺廟旁邊賣靈符）。
官殺和財	限制競爭、官私合營，官商勾結，空手謀財（比如行賄受賄）。	套取情報，空手謀財（如偷盜，盜墓、撿錢）。
財星多	以財謀財，即所謂有投資有收入。謀財簡單（簡單與否和財富多少無關）。	

實例

1，乾 癸亥 庚申 壬辰 壬寅

- 身旺，陽刃流年，若不沖財則未必破財，若有刑沖財星，則有破財之事。
- 財星伏於比肩下有與人分財之象，往壞地說比如賭博、搶劫，往好的說會是分家另過、朋友互相幫助謀財等。
- 此人戊午大運 08戊子年因賭博賠光所有錢。

2，乾 癸亥 庚申 丙申 丙申

- 立為財格，財多而透，官星也透出，本為較好局面，可惜日元無根，不能走傷官運。
- 此人戊午大運 09年己丑年傷官流年發給員工的工資被人卷跑，自己又連帶責任坐了幾天牢，賠錢四萬。

3，乾 乙丑 壬午 癸巳 丁巳

- 庚辰大運 06丙戌年至08戊子年在火電廠上班。08戊子年發點不義之財。09己丑年不義之財被揭發。

按：

比劫沖刑流年發財多有後患。

4，坤 辛酉 乙未 庚戌 辛巳

•立為財格，可惜比劫競透，壞了格局。財來財去之象。

•此人戊戌大運 09己丑10庚寅兩年接連遭遇網絡詐騙，為此事打官司、破財。正是財格弱又逢刑，身強又走印綬比劫運，不破財還等什麼？

5，坤 庚辰 癸未 癸亥 戊午（他人提供案例）

•癸生夏月，以庚辛發源。又官出印出，走印運無妨，故庚辛二運事業向前。

•此人庚辰運投資房地產和零售商店發財近千萬。己卯運開始走下坡路，財產破盡。

6，乾 壬午 辛亥 壬申 己酉（（他人提供案例））

•以《子平真詮》觀點看：官格逢印，且印根深。官殺格不宜身印二旺，若是印旺則不宜比劫運，若是身旺則不宜印綬運。故此人印運不忌，而忌比劫運。

•此人庚申、辛酉二年大賺，可惜接下來壬戌年因擴大基業不慎而失敗。壬戌年申酉戌加比肩，為身印二旺，破了官星貴氣，因此失去官方內幕消息而失誤。

7，乾 壬辰 壬寅 辛卯 己丑

•立為財格，財逢天干食傷生。因是雙透壬水，雖被己剋，但單己不怕。固有特殊機遇。財逢食傷，身弱宜比劫運，故庚辛流年不忌。

•此人乙巳大運 庚申年大發，但辛酉年垮臺敗盡。

按：

庚申流年與大運天地合固有奇遇。可惜辛酉年又形成巳酉丑沖寅卯辰，固有一敗，若是原局為亥卯未，則有喪命危險。

8，乾 乙亥 己卯 甲申 丁卯（他人提供案例）

- 月柱財坐刃上，有「刀頭舔血」之象。
- 乙亥運身旺逢比肩，丁火無根之傷官雖說能轉生財星，但因其無根，也很容易周轉失靈，此運事業無成。
- 甲戌大運地支合卯，丁火得用而盤活財星，專門與富家子弟賭博，大賺黑錢。
- 甲戌運與月令雙合，有奇遇。但卯戌合刃，再有沖刃之年當有凶非。

9，乾 甲戌 甲戌 庚辰 丁亥（他人提供案例）

- 以《子平真詮》看，立為官格，可惜丁火之根戌土伏吟逢沖，反為下下流之命。
- 以《三命通會》看，官格不喜魁罡逢沖，否則為屠豬宰狗之輩。
- 此人買狗賣狗，直到五十歲還沒有積蓄且滿身是債。

10，乾 辛卯 丙申 庚寅 壬午（他人提供案例）

- 天干皆有生旺地支，七殺有制，故此人一生過的有模有樣。
- 年上財星，家長有積蓄。

● 八字多合（卯申暗合、寅午半合、丙辛五合），故能得人緣之利。

● 辛酉年沖年財，不利父。壬戌年又合財，有財去財又來之象。

● 實際上此人癸巳大運 辛酉年父親去世。壬戌年得到大筆遺產。辛酉年去的是父親財星，壬戌年回來的是父親遺留的財。

第七章　事業

事業為立身之本。作為入門教材，我這裡傾向以命運自知的立場闡述命理，至於讀者日後如何給他人批八字則是要參考專業、師承、技巧……可以參考更高級教材。

第一節　十神可以預示人的事業、行業傾向

• 這個十神是指十神的祿、旺地，比如甲為正官，與其相對的是寅。丙火為正財，則相對的是巳……

• 若八字月令是某一十神祿位，則在青壯年時代傾向於這個十神相對的行業。若是時支為某一十神祿地，則是指中晚年傾向於這個十神預示的行業。

• 若是八字某種十神多，則也是一生會有這個十神預示的行業傾向。

• 更須注意明暗關係：天干十神是日常忙碌的工作內容，地支十神是私下本人對事業、工作的「歸類」。具體參考下表十神事業、工作屬性列表。

十神及十神組合對應職業範圍列表

	傾向的行業、事業類型	十神正偏的差別	常見列舉
傷官	組織、展示、口才、藝術、文化、宗教	食神內秀，更注重人的內涵。傷官躁動，注重一個人發揮和展示。	傷官配正印能通琴棋書畫，適合在藝術、宗教、文化領域。
食神	服務業、技術類、口才，展示		食神與比劫配合適合服務業，如看小孩、廚子等。
偏財	貿易、依靠於人緣、信息等的行業	正財傾向於穩定職業，以工資過活。偏財則是依靠能力和機會賺取差價。	偏財與正偏印配合謀財清閒不費力，多依靠智力，如鑒定、古玩等行業。偏財與傷官配合適合做高管，偏財食神配合宜做專業投資。
正財	商業、理財、會計、出納、金融		正財與正官佩能掌財權。正財與印綬佩則很容易進高雅工作，如出版商、古玩商、商業規劃、企業策劃等。
比肩	自由行業、服務業、運動類型、體力類型	劫財善於保護自己，比較會走捷徑，把握機會，故此流動性更強。比肩則是呆板、單一、缺乏變通。	比肩與正印配合，適合幕僚。與官殺配合適合軍警司法。與食傷相配適合運動、如武術等。
劫財	消耗體力類型、人際關係類型、冒險類		劫財與食神配合適合身體展示，如舞蹈，模特、運動員。劫財與七殺配合適合從軍。
偏印	研究、諮詢、服務、宗教、藝術、占卜算命	正印傾向於社會中在政府監管之下的行業部門，偏印則是更多依靠個人的能力、智慧。	偏印與偏財配合，其人依靠智慧謀財，如算命、醫生等。
正印	文書、文化、文學、教育、宗教、教、藝術、出版		正印與天月德同，會有社會名聲。與傷官配合則精通文藝。
七殺	管理類、執行類、司法、行政、決策、破壞、鎮壓	正官趨向於鐵飯碗，依靠組織關係的職業。七殺更多依靠個人魅力、個人手腕。七殺靈活、善走捷徑，正官正直原則性強。	七殺配印，文武雙全，宜擔當幕僚、間諜等。七殺食神相配宜從事高精尖行業，七殺傷官相配適合做講師、從事人力資源行業。
正官	管理類、組織類、行政類、政治類、多與公共事業相關		官印相配合容易在有關信用、實權部門工作。容易做公務員，在政府工作。食神正官相配也會是專業的官員、公務員。

第二節　分析事業、行業所依據的常見法則

• 官殺印綬傾向於公，八字中官殺印綬多者容易從公。

• 食傷財星傾向於私，八字中食傷財星多者容易從私。

• 四長生逢沖者宜從事外勤。八字中六沖也主動，八字中有沖者，適合流動性強的工作或部門。

• 八字多合者，人緣關係較佳，宜從事依靠客戶資源生存的行業，或者管理客戶關係的部門。

• 寅申巳亥四地支也主動，但此動為「生機」之動，八字中多者，宜在開拓性、創新性行業部門工作。

• 辰戌丑未主收藏、包容，八字中多者，宜從事科研、總結、保障等類型的工作。

• 子午卯酉主靜，宜在穩定、掌握實權的部門，或業務性、技術性強的部門工作。

• 日柱決定人的終生性格和自己私下裡「就近染指」的行業，比如：

A．陽日干自坐印綬者，宜在有上司擔當的部門工作，宜從事創新，開拓類型工作。

B．陰日干自坐印綬者宜在總結、分析、科研類型工作崗位工作。

C．日主坐死墓者，宜在大企業從事按部就班的工作。

D．……

• 干支的排列和體象也能看出一個人的行業傾向

A．金木多者易從事加工行業、商業貿易類型行業。
B．土多者易從事建築等行業。
C．水火多者易從事貿易行業，小到代購，大到遠洋巨輪。
D．辰巳戌亥多者易在「九流」，比如醫卜星相等，也多有宗教緣份。
E．木火之象──春木食傷局，文章藝術。火生木月則宜接近政治、宗教、佛教。
F．金土之象──土生秋月，理財、手藝。
G．……

•可以按照干支特性判斷其人容易接近的行業

A．寅申二字為驛道、傳送，八字有如此者容易接近交通、物流行業。
B．女命丑未為風水學孤寡之門，八字多者容易接近與宗教、文化相關的行業。
C．男命戌亥為天門孤絕之地，八字中有者容易接近佛教、玄學。
D．丑寅在地理上為艮，八字多者易接近道教。
E．又金水為道家養身之本，得宜者為有道高人。
F．甲戌乙亥為伏明之火，八字中有者為妙道高人，十分適合幹算命一行──在現在而言即是適合做理論研究，如研究天文、地理等高深學術。
G．丙申、丁酉長流之水，秉之者瀟灑脫俗，有呂洞賓神仙之機──在現在而言即是適合做藝術類工作，很多畫家、書法家都是丁酉日生人。

H．丙戊丁甲為道家法符印信兵棋，命中配合適宜者，多會為人解災——在現在則是容易接近巫術、行為藝術等。

I．丁日主，辛酉、己未、亥字多者易從事食品行業。

J．……

•又可以用喜忌來尋找自己喜歡的行業①

A．喜木者：宜林木，園林，花草，中藥，花園，木雕，苗圃，纖維，毛筆，竹筷。偏於火者宜煤炭、風力發電，偏於水者宜天然氣石油……

B．喜火者：電信，電力，傳媒，廣電，照明、熱能，光能、紅外線……

C．喜土者：土建，房地產，農業種植，布匹絲綢服裝，放牧，開墾，古董，養殖……

D．喜水者：水利，遠洋運輸，旅遊，水產，玄學，娛樂，製冷，釀酒……

E．喜金者：金屬，鋼鐵，機械，修理，首飾，儀器，礦產，交通，聲樂……

以上即是判斷一個人事業、行業的普遍流行的方法，至於事業的成就大小，則是屬格局、喜忌搭配的範疇。格局佳良者，事業有力，也會很有成就，故書有云：『成格成局者富貴』。格局不佳，或者格局破敗者事業不得長久。沒有『有用之神』者，事業隨風倒，經不起歷練。調候不當者缺乏機會，成就領域非是出於興趣……

實例

1，乾 庚申 戊寅 辛亥 丙申

- 立為財格，又官印俱從月令透出，此為財官印三全，必有作為。只是月財逢沖，失了貴氣。
- 此人庚辰大運05乙酉年考上公務員，是年流年大運雙合，有意外機遇。

2，乾 丁未 癸卯 戊寅 辛酉

- 立為官格，可惜透出傷官，年上之丁無法有效剋制傷官。反而財星透出誘發傷官之性，故官格失敗。又日坐七殺，此又官格一敗。
- 宜行印運，傷官大運為凶。

●此人，辛丑運為傷官運，事業難有進展。此運86丙寅「進局子」。

●庚子運為水鄉，火印死絕之地，當因財出事。此運89己巳年又「進局子」。

3，乾 壬戌 己酉 甲午 甲戌

●立為官格，甲己合而已不剋壬，是為官格逢印。此八字身弱，宜行印綬身旺運。

●此人辛亥大運 05乙酉年官星伏吟，當有工作調整。此人是年工作調動升職。08戊子年與年柱換根，故有印、財兩方面的吉事。是年經濟好轉穩定。

4，乾 甲寅 甲戌 甲申 丙寅

●此八字有兩個格局，一個是七殺格，一個是食神格。前半生以食神格為主。食神格不忌比劫透出，喜走食財運。

●此人丙子運 99己卯年升職，己卯雙合月柱，故有一喜。

●丁丑運 06丙戌年買房，食傷過多有花錢投資之象（此年吉中藏凶）。

●問他幹什麼工作，他不說，他自稱年薪十八萬（2009年時）。

5，乾 癸亥 壬戌 丙子 壬辰

●立為食格，本來食格透殺，只要無財即是貴格。可惜此八字官殺混，食神又不透。此為無用之格。

●官殺透而魁罡逢沖，沒有貴氣，只宜九流。此人自稱是教師。問其教授何種課程，他不願回答。

6，坤 辛酉 甲午 丙寅 己丑

•護士

按：

女命偏印羊刃全者，多從事服務業、醫療，尤其多從事助產士、護士。

7，乾　乙卯　戊寅　甲申　丁卯

•建祿，透財，故以財格看。八字透傷，傷官為此財格所不忌，在透傷時並不忌透出比劫。故此八字當有事業成就可言。

•此人為銀行櫃員主管，10庚寅年時已為副科級（大約鄉長級別）。

8，乾　庚申　戊子　甲戌　壬申

•此為印格透出殺財，為三連環，當有事業作為。

•冬生之木以透火為緊要，復又需戊土擋水。甲木冬印三連環者，貴不在殺印相生，而貴在財。運喜木火鄉。

•此人庚寅大運01辛巳年保送研究生，後還進修博士。

•畢業後做金屬材料行業，為某大型鋼廠技術管理員。

9，坤　乙丑　丁亥　癸丑　己未

•此為建祿。天干乙丁己全透自於時上未土。七殺財星本不宜同透，好在乙木也透出生財制殺。故有事業可言。

•可惜冬生，將來木火運方能安定、事業有力。

•此人己丑大運08戊子年考上大學生村官。此年流年三會水，又雙合日柱，故事上小有成就。

按：

命帶七殺格者，三合會比劫流年均會有事業機遇。

10，乾 丙戌 癸巳 辛卯 丙申

•食神虛透本破不了雙官，此命要害在於月日拱出辰字天罡沖年上戌魁，《三命通會》有云：『官格不宜魁罡沖』。若不然反為屠豬宰狗之輩。

•又八字辛、卯、申三字為懸針，懸針有『操刀弄劍』之像。

•此人為屠夫。

11，乾 己未 甲戌 丙申 戊戌（他人提供案例）

•年上傷官坐刑，家業即便富有，而於我無益。

•生於戌月。透甲破土，當能自創前程。可惜甲己合，終有一失。

•食傷混透則事業多種。

•好在甲合己傷而留戊食，失利後之中年，事業逐漸發力，發力在自己身不由己的行業。

•此人早年幹過刑警，現從事食品加工行業。白手起家。

12，乾 癸丑 庚申 甲戌 丁卯

●甲生申月，立為殺格，丁火透，癸印也透，對七殺制化不一，故一生介乎於有實權和無權之間。

●因水在前，火在後，運行木火則有實權。運行水地則為虛閒之職。

●此命甲庚丁三透有根，有名氣——陽刃七殺者，一生動靜頗大。

●此為周書楷命造。湖北安陸人。中央大學畢業。後赴英國留學，先後畢業於倫敦大學、劍橋大學。曾任駐英國大使館專員，駐曼徹斯特副領事，國民黨政府外交部秘書、情報司副司長。到臺灣後，歷任臺灣駐馬尼拉「總領事」、駐菲律賓「代辦」，「僑務委員會」委員長，臺灣駐西班牙、美國「大使」，「外交部」部長，「行政院」政務委員，臺灣駐梵蒂岡「大使」。

●大運交接為：5歲己未運 15歲戊午運 25歲丁巳運 35歲丙辰運 45歲乙卯運 55歲甲寅運 65歲癸丑運 75歲壬子運

●27歲進入外交部。59歲升外交部長。61歲下臺，後又去多國當大使。

13，坤 甲午 甲戌 癸亥 辛酉

●生於四季月之戌月，月中透辛，立為印格。身印皆有根，故可以食傷為印格之用，偏印格宜用傷而最好不用食。

●此命生於戌月，癸水須辛金發源，又須甲木破土，此命甲辛全備且皆有透藏，必定名揚天下——傷官偏印，均為言行異於常人之星。

●日時金水印綬，晚年有修道養性之心。

●此為林青霞命造，臺灣著名電影女演員。七十年代後期最著名的文藝片巨星。拍過一百多部電影，2011年（己巳大運辛卯年）7月以「作家」身份「復出」。

14，乾 丙辰 庚子 庚寅 丁亥 （坤 乙卯 己丑 己巳 丁卯 此為吳尊賢妻子）

●此為金水傷官宜見官的典型命造。以丙火除寒，以丁火煉金，定有體面人生。

●以《子平真詮》看，金水傷官雖宜見官，也要佩戴財印為佳，否則難為官貴。故只能名揚，有事業可言，而難以大貴。

●此為吳尊賢命造，臺灣省台南縣人，生於陽曆1916年，係「台南幫企業集團」的第一代領導人之一，並創辦「財團法人吳尊賢文教公益基金會」，對社會文教公益事業不遺餘力。

●甲辰運，1956乙未年，與兄弟及親友等籌組「台南紡織公司」，其後逐漸擴大投資

●甲辰運，1960年，設立「環球水泥公司」，擔任常務董事兼總經理。之後事業涉及紡織、化工、遠洋、水泥、教育、銀行

●丙午運，1982壬戌年，捐資壹億元等值之股票，創立「吳尊賢文教公益基金會」，捐助慈善公益事業、體育活動、學術研究機構，培育優秀人才，表揚愛心人士，對改善社會風氣不遺餘力。

●戊申運，1999己卯年年，個人更捐建約值新臺幣兩億元之「尊賢館」，作為臺灣大學邀請海外學人來台講學期間交誼、住宿及學術會議之用。

●戊申運，2000庚辰年年心臟衰竭，壽元八十四歲。

第八章 健康夭壽

第一節 健康

本節所講健康包括疾病、殘疾、夭壽。

八字命理測疾病、健康，壽命並不是只依據十神，而要更多參考五行十干的生、剋，刑、沖、匯、合，等等。

以十神論健康，主要針對的是因性情、生活習慣、工作習慣、環境而導致的人體各系統的功能問題。

五行十干則能給出「病灶所在身體部位」的答案。

諸書論疾病部分均涉及大量中醫術語，本節考慮到入門學者多為80後、90後，大部分人對於中醫瞭解較少，故此儘量將古人所講專業術語轉化為今日常見的中西醫用語。

干支對應的身體結構

古歌之一

甲膽乙肝丙小腸，丁心戊胃己脾鄉。庚是大腸辛屬肺，
壬係膀胱癸腎藏。三焦亦向壬中寄，包絡同歸入癸方。

古歌之二

甲頭乙項丙肩求，丁心戊肋己屬腹。庚是臍輪辛屬股，壬脛癸足一身由。

古歌之三

子屬膀胱水道耳，丑為胞肚及脾鄉。寅膽髮脈並兩手，卯本十指內肝方。
辰土為皮肩胸類，巳面齒咽下尻肛。午火精神司眼目，未土胃脘隔脊樑。
申金大腸經絡肺，酉中精血小腸藏。戌土命門腿還足，亥水為頭及腎囊。
午頭巳未兩肩均，左右二膊是辰申。卯酉雙肋寅戌腿，丑亥屬腳子為陰。

整理後如下：

甲：　頭、膽

乙：肝、項
寅：臂、肢、膽、筋、脈、發、毛
卯：肝、胸、目、手、爪、筋
丙：肩、小腸
丁：心、血液
巳：面、牙齒、心胞絡、三焦、咽喉
午：心腹、小腸、目、舌、神氣
戊：胃、肋脅、背
己：脾、腹
辰：背、胸、項、肩、皮膚
戌：命門、胸、筋、臀、腿、膝、足
丑：肚、腹、脾、肌、肉
未：脾、胸、胃、腹、口、唇、齒
庚：腸、臍
辛：肺、股
申：聲咳、肺、大腸、筋骨、經絡、音聲

酉：　肺、鼻、皮毛、聲
壬：　膀胱、脛
癸：　腎、足、精
子：　會陰、耳、腰、液、溺
亥：　腎、頭、陰囊、髓、精

疾病

判斷健康、疾病、傷殘三大原則：
相剋而「病」。
過旺為「病」。
過衰為「病」。

五行、干支相剋而病

- 木被金傷——腰骨痛痛，腰脅之災。
- 火燥水剋——眼目昏暗。
- 土虛被剋——脾胃傷。

- 金遇火剋——血疾，肺喘。
- 支水見干火——腹脹，胸悶。
- 支火見干水——白內障，近視。
- 甲乙見庚辛申酉多——肝膽之病，驚悸。頭目眩暈，口眼歪斜，跌打損傷。
- 丙丁見壬癸亥子多——心氣痛痛，癲癇，口齒不清；婦女則經血不調；小兒則痘疹，面色赤紅。
- 戊己見甲乙寅卯多——脾胃不和，嘔吐噁心；婦女則濕毒，四肢沉重；小兒則面色萎黃，貪睡。
- 庚辛見丙丁巳午多——脫肛，痔瘡，痰多咳嗽，虛火，煩勞，草莓鼻；婦女則皮膚乾燥，血產；小兒則痢疾，面色黃白。
- 壬癸見戊己辰戌丑未多——遺精盜汗，鬼上身，耳聾喑啞，牙痛，腰痛，膝痛；婦女則白帶多，經水不調；小兒則小腸痛痛，夜間啼哭。
- 甲乙剋戊己——缺唇、脾胃病。
- 丙丁剋庚辛——喑啞。
- 戊己剋壬癸——浮腫。
- 年月辛巳、丙申相刑——手臂有傷或者六指。
- 日時辛卯、庚寅——晚年勞傷筋骨。
- 乙未、甲午逢金——頭上多長疙瘩、癲瘡。

● 癸卯、己丑相刑——腰膝有病。
● 年月甲申、乙酉——幼年多肝病。
● 丑戌未三刑者，主四肢病難痊。
● 辰為天罡、卯為太沖，辰卯互見，主腰腳之痛疾。
● 丑午相害，主久病內氣肚腹之災疾。
● 子未相害，子水臨未土，則生脾胃之疾病。

五行過旺而病

● 火多土焦——禿頭、眼目昏暗。
● 火旺見木——中風失音。
● 水多無土——腎虛、耳聾。
● 金多——外傷。

五行過衰而病

● 木氣休囚——頭髮少。
● 火臨死絕——雙眼昏暗。
● 木下藏金無火——腿足損傷。

五行干支所示常見疾病

- 火盛土衰——皮膚易過敏，注意水火燙傷。
- 水多土衰——同樣也會有皮膚過敏症狀，再遇甲乙寅卯流年皮膚有傷。
- 水土混雜易有性病，尤其是戊日主水多者。
- 丁火衰弱，癸水旺且多者，心臟血液之病。
- 丁火衰弱，甲乙寅卯多者名為木多火塞，易患心肌梗塞。
- 癸水衰弱，庚辛申酉旺且多者，腎結石。
- 壬水衰弱，火土旺盛且多者，生殖泌尿疾病。
- 壬癸衰弱，甲乙寅卯多者，男命前列腺疾病，女命輸卵管堵塞。
- 丙火衰弱，壬癸亥子強旺且多者，視力受損，小腸潰瘍。
- 男命冬生無火易患陽痿。
- 女命金寒水冷印旺，性冷淡。
- 甲乙木衰弱而丙丁巳午火旺者，神經衰弱。
- 辰戌沖，胃有病。
- 丑未沖，脾有病。
- 木不論旺不旺，八字水木多無火者易患風濕。

● 辛金衰弱，火多無水者，易患糖尿病、肺有病。

十神旺、衰、相剋所致之病

● 財多、財少——消化系統。飲食習慣。

● 官殺多、官殺少——神經系統。平衡系統。

● 比劫多、比劫少——四肢、手足。

● 印多、印少——腦力、思維、皮膚。

● 食傷多、食傷少——生殖、泌尿系統。

● 食傷被剋——語言表達、身體展示系統不發達。生殖、泌尿、分泌系統功被壓制。節慾、少慾而病。

● 比劫被剋——免疫系統、體力、筋骨、肢體等方面功能被壓制。不善於保護自己。

● 官殺被剋——腦、精神、控制系統不靈活。多動成災。

● 財被剋——消化系統欠佳。多勞成疾。

● 印綬被剋——呼吸系統、思維系統功能不發達。欲求不滿而病。

不易生病的特徵

- 日元強旺，比劫多者不易生病，但多勞碌——能抗病、抗災。
- 財多身弱而易生病——欲求不滿，病起於「情志」。
- 八字三六合者不易生病——好生惡死，善養生。
- 日元有根，印星強旺者一生少病——善保養，君子不立於危牆之下。

傷殘

- 從十神而言，傷官七殺陽刃三者強旺無制化最易傷殘。
- 年月並排傷官，早年有傷，易面部留傷。
- 陽刃三合局易有凶災刑傷。
- 甲乙木衰弱不論是否是日主，再三合七殺者易有傷災。
- 又有干支沖刑生剋導致殘疾的：

A．甲辰，甲戌相沖者易腿部傷殘。

B．乙丑，乙未相沖者易有手部殘疾。

C．丙申，丁酉，丙戌三會局者易有筋骨扭傷。

D．癸巳，壬午，丙子，丁亥易有頭部傷災。

E．辛卯日時伏吟者，再遇火旺年份，眼睛有病。

F．火炎土燥者易有血光之災。

G．八字財旺，十歲前行三合財運易有水火之災。

H．八字與歲運三合火局者應防火災。

I．八字與歲運三合水局者防水災。

實例

1，乾 己酉 甲戌 甲子 庚午

● 辛未運97丁丑年肺結核。

● 是年丑戌未三刑，八字戌中有辛丁戊，故此年心、肺、胃均有不適。

2，坤 癸丑 辛酉 乙卯 乙酉

● 癸亥大運 92壬申93癸酉 右手無名指中毒，差點要命。

● 《五行精紀》有：『死木最怕癸酉』，又有：『伏吟反吟、哭泣淋淋』，癸酉年三酉伏吟，固有傷災。

3，坤 甲子 乙亥 丁卯 乙卯

●癸酉大運08戊子年破相。出生後15年父母因工作分居兩地。

●戊己丁都主臉面。

●八字中甲乙多而剋戊，癸酉運滅丁，戊子年戊字出現等待被甲乙剋，八字「鎖碼」，故有傷災。

4，乾 戊辰 甲寅 丙午 丁酉

●丙辰大運 08戊子年和對象爭吵，自己發脾氣打碎玻璃，手流血不止。

●此八字身旺，已到極點，再有歲運沖刑八字比劫時，當有凶非。戊子年沖陽刃，觸犯陽刃威嚴，故有血光。

5，乾 乙丑 丙戌 丙申 戊戌

●出生不久得肺炎差點要命。

●吃錯藥造成右腿比左腿短。

●乙酉運 辛未年、癸酉年各有一次水災。

按：

1．甲辰、甲戌，乙丑，乙未四柱逢刑沖者易有傷災。

2．少年時代三合財運，易有水火之災。

6，坤 乙丑 癸未 乙丑 丁亥

●乙酉運 03癸未年查出有子宮癌。

按：

壬午、癸未兩柱，伏吟沖刑者易有生殖病。

7，乾 丙寅 癸巳 己未 乙丑

•甲午大運，01年辛巳斷手。

•乙未大運，03癸未年肺結核。

•此八字命帶乙丑又逢沖，固有傷災跡象。

•甲午運火旺，辛巳年又是火年，此年火星大旺，必有事發生。

•癸未年沖丑，丑中辛肺，丁心，己脾均有不適。

8，坤 乙未 甲申 己酉 乙亥

•己丑大運手術割膽。膽汁返流影響胃。

•申酉旺而甲乙衰死，甲乙為肝膽。

9，坤 丁酉 己酉 甲申 己巳

•甲寅大運 09己丑年車禍骨折。

•是年形成金局全旺而剋大運寅木，固有傷災（甲乙寅卯為四肢手足）。

10，坤 丙午 辛卯 癸巳 甲寅

•己丑大運 93癸酉年全家人生病。

- 丁亥大運 08戊子年車禍。
- 癸酉年沖月令，故家中不安。
- 癸水無根，運入身旺運易有災，故子年有凶災。

按：

不論是不是從格，日元無根而命帶財星者，運入比劫旺地，多有凶非。

11，乾 丁巳 壬子 辛丑 乙未

- 戊申大運 08戊子年妻子流產。
- 男命傷旺不利子女。
- 戊子年害時支子女宮，且未中有丁火子女星，為星宮同應，故子女不利。

12，乾 丁巳 丁未 丁亥 甲辰

- 甲辰大運 10庚寅年被人砍傷手臂和腿。
- 命帶甲辰，再有與甲辰伏吟、反吟、刑、沖歲運會有傷災。
- 此八字身旺至極，又入印運，當有凶、窮、是、非。

13，乾 丙寅 辛丑 辛酉 丙申

- 癸卯運 06丙戌被車撞。09己丑年被鼓風機打傷手指，成骨折。

按：

五陰干身印過旺之年會因為疏忽而犯大錯。

14，乾 癸亥 癸亥 庚申 己卯

•壬戌大運 丁丑年動手術。

按：

年月傷官排門，即便不有傷痕在身，也是父母遭罪。

15，坤 戊戌 甲子 丙戌 庚寅

•壬戌運 庚申年受刺激而癡呆。

按：

甲木為頭，庚申年甲寅皆傷，故當有頭部傷災（甲為頭又甲為腦）。

16，乾 甲辰 辛未 癸未 丙辰

•跛子

按：

命帶甲辰、癸未，且又雙雙伏吟，故此。注意：不是同八字的人都會跛子、傷災，而是有此種基因而已，至於發不發生兇險，則是受很多方面影響的，讀者不可迷信。

17，乾 庚子 戊子 丁丑 庚戌

•小兒麻痹。

按：

丙丁火為神經，丁火太弱，固有神經麻痹之症。

18，坤 庚子 癸未 壬子 庚子

• 壬午運戊午年車禍、殘疾。

按：

身旺至極，陽刃逢沖而災。

19，乾 丁巳 戊申 辛酉 辛卯

• 出生後沒幾天因發高燒成為啞巴。

按：

小兒八字身旺者，不宜由母親過多照看，而應祖輩、父親多加照顧、看管。否則容易有母親疏忽導致的小孩意外人身事件。

第二節 夭壽

夭壽並非是八字「規定」的

人都是好生惡死的。測夭壽並不是為了炫耀自己預測本事高明，而要心存悲天憫人之念。發現命中缺陷而以修心、修身應對。

關於人的壽命，《三命通會》作者萬育吾認為：『八字雖有夭壽的特徵，但是人在現世的饑寒勞碌屬人能自知自控的範疇，而這正是夭壽的主要影響因素』，故作為負責任的態度，應該以修身修心為上，而不應在自己是否能算準都不能肯定的情況下就去斷定一個人是夭、是壽？

拋開悲天憫人的立場，而以術士的立場，我們仍然要去努力發掘五行幽微，要不然就什麼都不要干了，聽任天命算了……

作為初學入門教材，我力圖以一條主線貫穿各門類的預測邏輯。在以往諸書，均是列舉口訣，而很少有理論邏輯的歸納。這個現象是很自然也很合理的。我前文已說：『人是個多層面的現象，並不是單單某個層面決定的』。僅就壽命而言：性格、為人、勞作、父母遺傳、人禍戰亂、自然災害……等等著這些都能決定人的生死，當然不是格局如何、調候如何就可以完全決定的。

現今仍在流通的名著關於夭壽的歸納

總體思路為：

一、先看五行的生旺如何。

二、次看喜用如何。

三、再看歲運流年。

這三者不宜分開，應相互參看①。細述如下：

- 以五行生旺來看，凡日元健旺又得月令者，身體健康，為長壽命。

A．八字多長生而無沖破者長壽。

B．日元根深蒂固而又八字無沖刑者長壽（是指四地支都有日元之根，四地支不沖不刑）。

C．日元死絕多而沖刑者容易早死。

- 若以納音看，則是年命納音剋月令納音為長壽。以月納音剋年納音為短命②。

- 若以格局透藏論。

印綬格、建祿格，食神格三格無破多出長壽人。其餘四格（正官格、七殺格、財格、傷官格）即

① 除此外另有一些如納音、沖刑、空亡……等也可以決定人的夭壽。

② 這一點不能單用，必須參看五行生旺。

便成格，歲運流年破格刑沖嚴重也會早亡。正印、食神為壽星，這兩個十神不破者有壽。

● 四大空亡容易早夭。生於甲子甲午旬中八字無水，生於甲申，甲寅旬中八字無金。

● 日元坐殺，而八字中殺的長生被沖刑者壽短。如丙日遇壬水七殺，而壬水長生申被沖刑者。

● 沖分為三組：子午卯酉一組，寅申巳亥一組，辰戌丑未一組。年月互沖，日時互沖者，且各不在一組者容易夭折。僅僅日時對沖多主妨害夫妻不利子女，僅僅年月相沖者多是不利父母、離家外出。

● 日元無祿旺時，甲乙人申酉運，丙丁人亥子運，戊己人寅卯運，庚辛人巳午運，壬癸人辰戌丑未運多為凶運①。

● 《滴天髓》②中也有專門論述夭壽生死的看法：仁、靜、寬、德、厚五者不破為長壽徵兆。以氣濁神枯為夭之徵兆。

---

① 很多人認為命不可以改，也有很多人認為命可以改。實際上爭論這個沒用。因為這個世界上沒有另一個我，無法參照對比，所以是否能改命無從得知。更何況命是什麼也沒有一個固定答案。若是以算命口訣推倒出來的結果為命運，那麼為什麼同樣一個八字會有不同人斷的不同結果？假如以實際的自己能感受到生存現實為命，那麼是否改得了命也是全憑自己一個感受。八字命理是一個理，不是指向絕對的結果。讀者應在盡人事的立場上理命、塑命，而不宜在聽天命的立場上逃避、聽命。《黃帝內經》中記載：黃帝問岐伯，『為何上古之人能活百餘歲而仍然能健康勞作，今人活六十而不堪勞作筋骨皆衰』？岐伯說，『上古之人能知道、能遵從陰陽能運用術數、知道食飲調節、起居有常、不妄勞作，所以長壽。今天的人以酒為飲料，以不可能辦到的事為目標，以不醉不歸耗泄精力頻繁縱慾，故此耗散了命中最寶貴的東西。不知足，不約束欲念、只圖快活、起居無節，所以短命』。由這一段黃帝與岐伯的對話可見：人若要順著欲望而不約束自己則容易短命。言外之意：一定要知道自己在幹什麼，自己能幹成什麼，自己怎麼幹……而算命就是起的這個作用。瞭解自己而非給自己宣判。

② 《滴天髓》應該說是一部命理哲學之書，需要讀者對中國儒家文化有很深瞭解才可以更好理解其書內涵。

仁、靜、寬、德、厚：

A．所謂仁，即是八字以生為主，而沒有剋——即八字以印為主，或者以食神為主，或者以比劫為主。八字算上日元只有兩種五行時才會只有生而沒有剋。這個仁推廣於格局就是正印格、食神格、建祿格三格不破為長壽。

B．所謂靜即是八字不沖不刑不破不害。十二個地支取出四個，若是不發生刑沖破害，則就是以生和被生，暗合①、六合的關係為主了。

C．寬即是與從格的含義近似，即所謂不爭不搶，順從而不強加己念為寬。

D．德即是合，包括天干五合和地支六合。

E．厚即是四天干各自有根，尤其是日元要根氣深厚②。

氣濁神枯：

A．日元根氣不深。

B．日元之根被沖刑破害。

C．印綬無力生身。

---

①暗合的含義很廣泛，比如寅為丙火長生，可與酉合。寅又為甲之祿，可於己土醜來暗合。這其中暗合必須注意的是：兩兩地支中水火平衡。比如寅不能與未暗合，因為未和寅中都有火而都沒有水。

②這五點同樣不能單獨使用，需要綜合而看。

D．日元太厚而食傷無力，無法展現自身活力。

E．冬生無火為蕭索。

F．夏生無水為神枯。

實例

1，乾　辛卯　辛卯　己巳　壬申

• 丁巳年車禍身亡。

• 妻子八字為「丙申　甲午　甲辰　甲辰」，此八字月令傷官，日帶伏吟，已有防夫之象。

• 七殺格以食神制殺，不宜透財，好在殺不透，但若身旺還可駕馭，身弱當會因財、情而犯大錯。

• 以食制殺不宜印綬運，丁巳年蓋住食神，且又伏吟，多會因自大、疏忽而招凶。

2，乾　辛丑　癸巳　己酉　戊辰（他人提供案例）

• 辛卯大運　癸亥年落海而亡。

• 此八字日元厚，且八字不錯。可惜走閻王運（另因八字歲運鎖碼），故有不測之事。

• 閻王運為：甲乙日申酉運，丙丁日亥子運，庚辛日巳午運，壬癸日辰戌丑未運，戊己日寅卯運。

3，乾　庚戌　丁亥　丙辰　乙未（他人提供案例）

•十四歲癸亥年落水淹死。

•主要是因為身在閻王運，八字沖刑過甚。

按：

生死於那一年並非註定之事，修身修心可以有效避過八字所顯示的災難關口。

4，乾 己亥 丙寅 己巳 己巳

此為黃季陸命造（1899-1985.05），男，字學典，名陸、季陸，四川敘永人。美國俄亥俄州州立大學畢業，碩士學位。曾任加拿大《醒華日報》總編輯、成都大學教授、中國國民黨內政部常務次長、四川大學校長、中華民國行政院政務委員、國民黨內政部長、中華民國考試院考選部長、中華民國教育部部長、中華民國總統府國策顧問、中華民國國史館館長、中華民國總統府資政等職。87歲壽元。

•日元厚重，官格逢印，又春生帶火，豈能不壽！

5，乾 壬午 甲辰 甲午 丙寅

•戊申大運 壬戌年車禍身亡。

•生前被妻子壓迫，痛不欲生。

•日元不厚，氣散。

•申運為閻王運。

•此八字時干丙火，日年均有丙火陽刃，此為朝元陽刃，此種情況多出倔強子女、或有悍妻。

6，坤 乙未 丙戌 乙卯 甲申

•美容師。養女。無子。

•己丑大運丁卯年死於乳腺癌。

•乙木戌月而無明水，多有暗疾。食傷星在女命主乳房，今八字有木多火（火為食傷）塞趨勢，故發病。

7，乾 丁酉 己酉 癸巳 丁巳

•丙午大運 丁卯年死於車禍。

•日元不厚，又伏吟過多。且走閻王運，故此。

易學・術數・養生・太極拳 課程

易學、易占	實用象數易六爻占卜基礎、進階	愚人老師（《增刪卜易之六爻古今分析》作者）	本課程介紹象數易六爻占卜基礎。深入淺出。除理論外，配以六爻占卜實際操作及解卦方法。
	六爻入門、深造、《增刪卜易》理論研討	李凡丁老師（《全本校註增刪卜易》作者）	以《增刪卜易》為經，民間六爻為緯，分易占思維、基礎點竅、事理取用、卦爻結構、作用順序、象法初階等幾方面進行講解。首次公開六爻『流動、卦陣、虛實』三大理論
八字命理	峨眉宗八字命理學及修煉用神（改善運程）	峨眉臨濟宗掌門傳偉中老師指定導師	快速準確掌握八字用神。不單可以通過八字命理「知命」，更可以通過峨眉臨濟宗傳承的獨有修煉用神方法改善運程。
紫微斗數	紫微斗數初班	潘國森老師（《斗數詳批蔣介石》、《潘國森斗數教程》系列作者）	・簡介陰陽五行、星命學、曆法。 ・斗數基礎與局限。命盤十二宮。 ・十四正曜，十四助曜，十干四化，八十雜曜等性質。 ・命格、大運、流年。名人命例。
	紫微斗數高班		十四正曜性質之變化，南北斗中天主星之性質。命身宮與格局，大運流年影響。六親宮位的推斷原則。一百四十四格與十干四化之交涉。以名人命例作教材。並指導學員撰寫簡單批書。
風水	廖氏家傳玄命風水學面授課程（入門班、中級班、高級班）	江西廖氏家傳玄命風水三十七代傳人廖民生老師	本課程系統教授江西興國三僚廖氏過去單傳的風水，包括形勢（巒頭）、理氣的不同用法：〈玄關訣〉、〈斗秘訣〉、〈楊公鎮山訣〉、〈些子訣〉、〈三陽六秀訣〉、〈三合訣〉、〈小玄空訣〉、〈大玄空訣〉……以及擇日等；準確率高達96%以上。
	玄空風水實用初班	李泗達老師（《玄空風水心得》（一）（二）作者）	科學設計課程，深入淺出，一針見血，快速有效。風水基本知識、室內外巒頭、常見風水煞及化解法、元運、量天尺、排山掌訣、玄空飛星盤、四大格局初探、五行擇日、九星初探、簡易斷事、流年風水佈局
	玄空風水高級課程		四大格局精義、合十格局、反伏吟、三般卦、七星打劫、城門訣、兼卦、流年催財訣、流年催桃花訣、流年催官訣
八字命理	八字命理學	段子昱老師（《命理學教材》作者）	從初學、中級到高級，旨在幫助學者瞭解一些命理學所需的基本概念和推算的基本法則，以至於流年吉凶、窮通夭壽。其中八字命理的根本性原理、法則都是經過實踐證明有用、可用的——這些都是先賢發明、今人應該繼承的命學法則。

養生	峨眉十二莊養生功	峨眉臨濟宗掌門傅偉中老師指定導師	博大精深、融匯中醫、氣功、武學、禪修等功法，千錘百鍊，由淺入深。十二莊分別稱為『天、地、之、心、龍、鶴、風、雲、大、小、幽、明（冥）。』十二莊還分為文武兩勢和大小煉形法，根據人身經絡氣脈的順暢程度，運用不同的架勢方法進行鍛煉。益處包括：強健機能，保持悅樂。對各種慢性疾病具有神奇的療理保健作用。習武練功者可迅速加深功境。堅持修煉，可證禪無我境界，身心離苦，得生活藝術大自在。
太極拳、太極內功	汪永泉楊氏太極拳（老六路）內功、行功與揉手	汪永泉傳楊氏太極拳研究會會長	太極拳內練的功法。過去多是秘傳，知者甚少。根據楊建侯宗師再傳弟子汪永泉先生傳承的講法『內功太極拳（老六路），其獨特之處，不僅在招式，當中有動有靜，著重內功。根據行者的年齡、身體情況、練習招或術、養生或技擊等，姿勢可以大或小，高或低，快或慢……太極拳本無特定之招式，為教學之故，非不得已通過招式、套路、推手（揉手）、器械等去掌握內功與外形的配合、陰陽動靜等。』

報名、查詢：心一堂

電話：（八五二）六七一五〇八四〇
地址：香港九龍旺角西洋菜街南街5號 好望角大廈1003室
電郵：sunyatabook@gmail.com
網址：http://institute.sunyata.cc
Facebook: www.facebook.com/sunyatabook

心一堂術數古籍珍本叢刊 第一輯書目

編號	書名	作者	說明
占筮類			
1	擲地金聲搜精秘訣	心一堂編	沈氏研易樓藏稀見易占秘鈔本
2	卜易拆字秘傳百日通	心一堂編	
3	易占陽宅六十四卦秘斷	心一堂編	火珠林占陽宅風水秘鈔本
星命類			
4	斗數宣微	【民國】王裁珊	民初最重要斗數著述之一；未刪改本
5	斗數觀測錄	【民國】王裁珊	失傳民初斗數重要著作
6	《地星會源》《斗數綱要》合刊	心一堂編	失傳的第三種飛星斗數
7	《斗數秘鈔》《紫微斗數之捷徑》合刊	心一堂編	珍稀「紫微斗數」舊鈔
8	斗數演例	心一堂編	秘本
9	紫微斗數全書（清初刻原本）	題【宋】陳希夷	斗數全書本來面目；有別於錯誤極多的坊本
10-12	鐵板神數（清刻足本）——附秘鈔密碼表	題【宋】邵雍	無錯漏原版 秘鈔密碼表 首次公開！
13-15	蠢子數纏度	題【宋】邵雍	蠢子數連密碼表 打破數百年秘傳 首次公開！
16-19	皇極數	題【宋】邵雍	清鈔孤本附起例及完整密碼表 研究神數必讀！
20-21	邵夫子先天神數	題【宋】邵雍	附手鈔密碼表 研究神數必讀！
22	八刻分經定數（密碼表）	題【宋】邵雍	皇極數另一版本；附手鈔密碼表
23	新命理探原	【民國】袁樹珊	子平命理必讀教科書！
24-25	袁氏命譜	【民國】袁樹珊	
26	韋氏命學講義	【民國】韋千里	民初二大命理家南袁北韋
27	千里命稿	【民國】韋千里	
28	精選命理約言	【民國】韋千里	北韋之命理經典
29	滴天髓闡微——附李雨田命理初學捷徑	【民國】袁樹珊、李雨田	命理經典未刪改足本
30	段氏白話命學綱要	【民國】段方	民初命理經典最淺白易懂
31	命理用神精華	【民國】王心田	學命理者之寶鏡

32	命學探驪集	【民國】張巢雲	稀見民初子平命理著作 發前人所未發
33	澹園命談	【民國】高澹園	
34	算命一讀通——鴻福齊天	【民國】不空居士、覺先居士合纂	
35	子平玄理	【民國】施惕君	
36	星命風水秘傳百日通	心一堂編	
37	命理大四字金前定	題【晉】鬼谷子王詡	源自元代算命術
38	命理斷語義理源深	心一堂編	稀見清代批命斷語及活套
39-40	文武星案	【明】陸位	失傳四百年《張果星宗》姊妹篇 千多星盤命例 研究命學必備
相術類			
41	新相人學講義	【民國】楊叔和	失傳民初白話文相術書
42	手相學淺說	【民國】黃龍	民初中西結合手相學經典
43	大清相法	心一堂編	重現失傳經典相書
44	相法易知	心一堂編	
45	相法秘傳百日通	心一堂編	
堪輿類			
46	靈城精義箋	【清】沈竹礽	沈氏玄空遺珍 玄空風水必讀
47	地理辨正抉要	【清】沈竹礽	
48	《玄空古義四種通釋》《地理疑義答問》合刊	沈瓞民	
49	《沈氏玄空吹虀室雜存》《玄空捷訣》合刊	【民國】申聽禪	
50	漢鏡齋堪輿小識	【民國】查國珍、沈瓞民	
51	堪輿一覽	【清】孫竹田	失傳已久的無常派玄空經典
52	章仲山挨星秘訣（修定版）	【清】章仲山	章仲山無常派玄空珍秘 門內秘本首次公開 沈竹礽等大師尋覓一生末得之珍本！
53	臨穴指南	【清】章仲山	
54	章仲山宅案附無常派玄空秘要	心一堂編	
55	地理辨正補	【清】朱小鶴	玄空六派蘇州派代表作
56	陽宅覺元氏新書	【清】元祝垚	簡易・有效・神驗之玄空陽宅法
57	地學鐵骨秘　附　吳師青藏命理大易數	【民國】吳師青	釋玄空廣東派地學之秘
58-61	四秘全書十二種（清刻原本）	【清】尹一勺	玄空湘楚派經典本來面目 有別於錯誤極多的坊本

編號	書名	作者	說明
62	地理辨正補註 附 元空秘旨 天元五歌 玄空精髓 心法秘訣等數種合刊	【民國】胡仲言	貫通易理、巒頭、三元、三合、天星、中醫
63	地理辨正自解	【清】李思白	公開玄空家「分率尺、工部尺、量天尺」之秘
64	許氏地理辨正釋義	【民國】許錦灝	民國易學名家黃元炳力薦
65	地理辨正天玉經內傳要訣圖解	【清】程懷榮	秘訣一語道破，圖文并茂
66	謝氏地理書	【民國】謝復	玄空體用兼備、深入淺出
67	論山水元運易理斷驗、三元氣運說附紫白訣等五種合刊	【宋】吳景鸞等	失傳古本《玄空秘旨》《紫白訣》
68	星卦奧義圖訣	【清】施安仁	三元玄空門內秘笈 清鈔孤本 過去均為必須守秘不能公開秘密 與今天流行飛星法不同
69	三元地學秘傳	【清】何文源	
70	三元玄空挨星四十八局圖說	心一堂編	
71	三元挨星秘訣仙傳	心一堂編	
72	三元地理正傳	心一堂編	
73	三元天心正運	心一堂編	
74	元空紫白陽宅秘旨	心一堂編	
75	玄空挨星秘圖 附 堪輿指迷	心一堂編	
76	姚氏地理辨正圖說 附 地理九星并挨星真訣全圖 秘傳河圖精義等數種合刊	【清】姚文田等	蓮池心法 玄空六法 門內秘鈔本首次公開
77	元空法鑑批點本——附 法鑑口授訣要、秘傳玄空三鑑奧義匯鈔 合刊	【清】曾懷玉等	
78	元空法鑑心法	【清】曾懷玉等	
79	蔣徒傳天玉經補註	【清】項木林、曾懷玉	
80	地理學新義	【民國】俞仁宇撰	
81	地理辨正揭隱(足本) 附連城派秘鈔口訣	【民國】王邈達	揭開連城派風水之秘
82	趙連城傳地理秘訣附雪庵和尚字字金	【明】趙連城	
83	趙連城秘傳楊公地理真訣	【明】趙連城	
84	地理法門全書	仗溪子、芝罘子	巒頭風水，內容簡核、深入淺出
85	地理方外別傳	【清】熙齋上人	巒頭形勢、「望氣」「鑑神」
86	地理輯要	【清】余鵬	集地理經典之精要
87	地理秘珍	【清】錫九氏	巒頭、三合天星，圖文並茂
88	《羅經舉要》附《附三合天機秘訣》	【清】賈長吉	清鈔孤本羅經、三合訣法圖解
89-90	嚴陵張九儀增釋地理琢玉斧巒	【清】張九儀	清初三合風水名家張九儀經典清刻原本！

編號	書名	作者	說明
91	地學形勢摘要	心一堂編	形家秘鈔珍本
92	《平洋地理入門》《巒頭圖解》合刊	【清】盧崇台	平洋水法、形家秘本
93	《鑒水極玄經》《秘授水法》合刊	【唐】司馬頭陀、【清】鮑湘襟	千古之秘，不可妄傳匪人
94	平洋地理闡秘	心一堂編	雲間三元平洋形法秘鈔珍本
95	地經圖說	【清】余九皋	形勢理氣、精繪圖文
96	司馬頭陀地鉗	【唐】司馬頭陀	流傳極稀《地鉗》
97	欽天監地理醒世切要辨論	【清】欽天監	公開清代皇室御用風水真本
三式類			
98-99	大六壬尋源二種	【清】張純照	六壬入門、占課指南
100	六壬教科六壬鑰	【民國】蔣問天	由淺入深，首尾悉備
101	壬課總訣	心一堂編	過去術家不外傳的珍稀六壬術秘鈔本
102	六壬秘斷	心一堂編	
103	大六壬類闡	心一堂編	
104	六壬秘笈——韋千里占卜講義	【民國】韋千里	六壬入門必備
105	壬學述古	【民國】曹仁麟	依法占之，「無不神驗」
106	奇門揭要	心一堂編	集「法奇門」、「術奇門」精要
107	奇門行軍要略	【清】劉文瀾	條理清晰、簡明易用
108	奇門大宗直旨	劉毗	天下孤本 首次公開 虛白廬藏本《秘藏遁甲天機》 奇門不傳之秘 應驗如神
109	奇門三奇干支神應	馮繼明	
110	奇門仙機	題【漢】張子房	
111	奇門心法秘纂	題【漢】韓信（淮陰侯）	
112	奇門廬中闡秘	題【三國】諸葛武侯註	
選擇類			
113-114	儀度六壬選日要訣	【清】張九儀	清初三合風水名家張九儀擇日秘傳
115	天元選擇辨正	【清】一園主人	釋蔣大鴻天元選擇法
其他類			
116	述卜筮星相學	【民國】袁樹珊	民初二大命理家南袁北韋
117-120	中國歷代卜人傳	【民國】袁樹珊	南袁之術數經典